# 海外子会社の
# リスク管理と監査実務

第3版

長谷川俊明［著］

中央経済社

# 第3版はしがき

　本書の第2版を上梓したのは，2020年3月であり，奇しくも日本がコロナ禍パンデミックに見舞われはじめた時期と重なる。そのため，第2版では，「パンデミック対応」の法務課題を取り扱っていない。

　2023年春以降，ようやく収束に向かったコロナ禍だが，この3年間で社会は，生活様式にいたるまで大きく変わった。企業による事業展開も同様で，デジタル化とリモート化への対応を余儀なくされた。デジタル化とリモート化は，重なる点が少なくない。デジタル技術によるウェブ会議で，遠く離れた外国現地法人とも打ち合わせや会議を行うことができるからである。

　本書のテーマである海外子会社のリスク管理と監査実務に関しても，デジタル化とリモート化の波が押し寄せた。海外事業の複雑で多様なリスクを洗い出すのにAIによる分析，評価を使うこともすでに行われているし，海外子会社も対象にした，連結の会計監査におけるAIの活用もすでに始まっている。

　もともと多くがリモートな地理関係にある海外子会社の「監査」は，デジタル技術を駆使したリモート監査が一気に広がり定着することになった。また，最近は，生成AIを，どこまでこの分野で活用できるかといった，新しい検討課題も生まれている。

　一方，2022年2月24日に始まった「ウクライナ侵攻」は，海外事業展開を阻害する要因となる地政学リスクの大きさをクローズアップさせ，特定地域から撤退するか否かの判断を迫ることになった。

　地政学は，「政治現象と地理的条件との関係を研究する学問」と説明されている（広辞苑）。地政学リスクを回避するには，対象地域から撤退するなりして関わりをなくすのが最もよさそうである。

　ところが，「ウクライナ侵攻」がもたらした地政学リスクは，特定地域にとどまらない。ウクライナは，有数の「穀物倉庫」のひとつであり，ロシアの「侵攻」は世界の国や地域における食料サプライチェーンを混乱させた。

　地政学リスクのグローバル化は，他の地域へリスクを伝播させようとしてい

る。「台湾有事」がもし起こったら海外子会社を通じたグローバルビジネスにどう影響するかにつき，企業は，現実的にリスク想定を行わなければならなくなった。台湾や香港に現地法人をもち海外事業を展開している日本企業は少なくないが，地政学リスクは，いつ顕在化してもおかしくない状況にある。

　今般，第2版以降の新たなリスクと企業による，監査を含むリスク管理・対応策につき，版を改めることにした。なかでも，「海外事業のリスク」対応参考ツールとして，主要な外国・地域につき「リスクマップ」を作成の上収録することにした。

　「リスクマップ」の対象に取り上げた国や地域は，日本企業の主な進出先を網羅しているわけではない。また，重要な法的リスクを万遍なく取り上げてもいない。あくまで，関係国・地域につき作成するリスクベースアプローチの一手法を示すための私家版リスクマップである。

　「自社版リスクマップ」を作成するにあたり，参考にしてほしいのは，「ステークホルダー構造」である。同構造は，国や地域によって異なるが，最高権力者の"鶴の一声"でもって市場からの撤退を余儀なくされるといったリスクが現実問題化している。

　初版のはしがきでも強調したように，ステークホルダー構造の見極めを誤らず，そうした事態まで想定しておく，リスクベースアプローチの実践が求められる。ステークホルダーによる"合従連衡"が，広域経済圏を生み，ブロックによる法的ルールを形成している。

　グローバルサプライチェーン強化に向け，シンガポールの地域統括子会社に，物流・ロジスティクス機能，販売・流通統括を担わせるなどは，とくに注目されている。第2版以降の3年半で，グローバルリスクが，ここまで大きく変容するとは，正直にいってまったく想定外であった。ただ，初版以来提唱してきたリスク管理手法が誤っていなかったことを実感できたのもたしかである。

　初版以来，一貫して本書執筆を支援して下さった中央経済社の露本敦氏には改めて感謝申し上げたい。


2023年9月

長谷川　俊明

# はしがき

　いま企業を取り巻く環境のグローバル化は押しとどめることのできない大きな潮流となっている。そのなかで，企業価値を高め中期的な投資を呼び込むための"指標"としてESGが注目されるようになった。

　日本でも2015年6月から適用開始になったコーポレートガバナンス・コードは，「第2章　株主以外のステークホルダーとの適切な協働」の冒頭「考え方」において以下のように述べている。

　　「…上場会社は，自らの持続的な成長と中長期的な企業価値の創出を達成するためには，これらのステークホルダーとの適切な協働が不可欠であることを十分に認識すべきである。また，近時のグローバルな社会・環境問題等に対する関心の高まりを踏まえれば，いわゆるESG（環境，社会，統治）問題への積極的・能働的な対応をこれらに含めることも考えられる。」

　同コードは「持続的な成長と中長期的な企業価値のための自律的な対応が図られることを通じて，会社，投資家，ひいては経済全体の発展にも寄与すること」を目指すのである。

　従来，CSR（Corporate Social Responsibility）が企業の社会的責任を表す語として定着しているが，ESGはそれより広い対象を含む概念である。ガバナンス（G）に関する情報を含むところが最大の違いといってよい。ESGのEは「環境（environment）」，Sは「社会（social）」，Gは「ガバナンス（governance）」をそれぞれ表している。

　CGコードは，「コーポレートガバナンス」を「会社が，株主をはじめ顧客・従業員・地域社会等の立場を踏まえた上で，透明・公正かつ果断な意思決定を行うための仕組み」であると説明している。

　多くの企業の行う事業は国内事業と海外事業に大別できるが，いずれにおいてもステークホルダー（利害関係人）を的確に見極めないと適切なガバナンス体制を築くことはできない。その点，ステークホルダーを見極めるのがより難しいのが海外事業の場合である。

　とりわけ社会主義国においては，許認可権限を握る現地政府が最重要なステークホルダーになりえる。イスラム法国家においては，宗教上の教義が法令の内容となっており，現地企業が活動上最上位に置くべき価値基準はそこから生じるといってもよい。

　海外事業には，国内事業とは異なるレベルと質・量のリスクが襲いかかる。代表例がいわゆる新興国における法的リスクである。中央政府・地方政府による許認可にかかるリスクや現地公務員に対する賄賂を禁ずる法令・規制違反リスクなどもこれに含まれる。企業は，欧米の成熟国における巨大損害賠償，制裁金のリスクと共にこれら法的リスクを適切にコントロールできなければ，日本親会社グループごと存続を危うくされかねない。

　海外事業は，そのもたらすリスクの大きさのため海外現地子会社を通じて行うのがふつうである。そのため，海外子会社も対象にしたところの，企業集団を単位とした内部統制システムの整備が急務になるのであるが，同システムは海外事業に特有のリスクを適切に管理する体制と一体をなすものでなくてはならない。

　ただ，海外子会社を対象にしたリスク管理体制は，ガバナンス体制とも一体をなすのでなければ機能しない。それは日本親会社の経営陣が海外子会社を"利用"する形での損失「飛ばし」などを防止するためには，"内向きで下向き"の内部統制システムが欠かせないからである。また，近時の日本企業による重大な会計不祥事は，日本親会社トップの関与の下で起こされたことに共通点がある（本書28頁以下参照）。

　したがって，本書の扱うテーマは，ガバナンス内部統制と一体となった「海外子会社のリスク管理」である。対象となるリスクは，著者の専門からして法的リスクが中心になるが，上述のとおり，新興国を中心にいま最も管理が必要とされながら管理手法が難しいのが法的リスクである。

　そこで本書は，海外子会社を取り巻くさまざまな法的リスクの管理につき，最近の海外現地の法令や分野によっては域外適用もありえる米，英，日本の法令内容などに適宜照らしながら解説を加えている。

　本書の書名が『海外子会社のリスク管理と監査実務』となっているのは，監査体制そのものが内部統制の一部であるとともに，とくに海外子会社について

は監査の対象はリスク管理体制であり内部統制システムだからである。

　書名からもうかがえるように本書は，2013年8月に刊行した『海外事業の監査実務』の続編である。前著では，公益社団法人日本監査役協会が2012年7月に「監査役の海外監査について」と題する資料を発表したのを契機に同文書および添付の「チェックリスト」の一部を同協会の許諾を得て巻末に転載した。

　教科書のないこの分野において，とくに同「チェックリスト」は大変利用価値の高いものである。そこで，発表後，法的リスクも新たに生まれたり変容を遂げたりしたので，「私家版」チェックリストをつくり本書巻末につけることにした。近年，海外子会社も対象に含む日本企業のガバナンスや企業集団内部統制の要求が急速に高まりを見せるようになったことから，ガバナンス関連のチェック項目を加えるようにした。チェック項目に対応する本書の頁数も書き入れてあるので，チェックシートを索引代わりに使うのもよいであろう。

　なお，本書においては，監査役，監査委員および監査等委員を「監査役員」と総称している。ただ，独任制の監査役と異なり後2者の場合，監査を行うのは委員会である。

　本書の刊行に当たっては，書名から構成面に至るまで，株式会社中央経済社編集部の露本敦氏に大変お世話になった。

2017年1月

長谷川　俊明

# 目　次

## 序 章　海外事業・海外子会社のリスクコントロール

第1節　海外事業のリスクを管理する必要性　2

 Ⅰ　海外事業からくるリスクの増大　2

 Ⅱ　リスクに応じたコントロール体制と内部統制，ガバナンスおよび監査　4

 Ⅲ　海外事業からくるリスクの特徴　6

 Ⅳ　海外事業の不祥事が海外子会社に多い理由　7

第2節　海外事業のリスク管理体制と内部統制整備　9

 Ⅰ　企業集団内部統制の一環としての海外子会社におけるリスクコントロール　9

 Ⅱ　グローバルな企業集団内部統制の人材育成　10

 Ⅲ　グローバルなデータ管理内部統制とデータガバナンス　11

第3節　海外事業のリスク管理上の諸課題　15

 Ⅰ　海外駐在員の安全確保……海外駐在員の安全をどう守るか　15

  ⑴「海外在留邦人の状況」調査／15　⑵ 海外拠点における従業員の安全配慮義務／15　⑶ 進出形態の選択と従業員の安全確保／17　⑷ いかに現地の"生の"情報を的確に入手するか／19　⑸ いかにこちら側の企業秘密が漏出しないようにするか／20　⑹「不可抗力条項」の整備，活用による危険回避／21

 Ⅱ　海外子会社の独立性向上によるリスクコントロール　23

  ⑴ 日本親会社と海外子会社の"特別な関係"／23　⑵ 海外子会社の独立性判断基準／24

 Ⅲ　海外事業の再構築，グループ再編　25

  ⑴ リスク管理としての海外事業の「選択と集中」／25　⑵ 海外子会社を対象にしたグループ再編／26

第4節　海外子会社にかかる近時の不祥事―ケーススタディ　28

 Ⅰ　東芝事件の場合　28
  ⑴ 事件の概要／28　⑵ 本事件の教訓／29

 Ⅱ　オリンパス事件の場合　30
  ⑴ 事件の概要／30　⑵ 本事件の教訓／31

 Ⅲ　日産自動車事件の場合　31
  ⑴ 事件の概要／31　⑵「ガバナンス改善特別委員会」による
  提言／33

 Ⅳ　タカタ・エアバッグ事件の場合　34
  ⑴ 事件の概要／34　⑵ 本事件の教訓／35

# 第1章　海外子会社の管理体制

第1節　海外子会社の管理とGRC　38

 Ⅰ　リスク管理のPDCA　38

 Ⅱ　CSAによるリスクの自己評価　41

 Ⅲ　リスクの分類―外的要因リスクと内的要因リスク　42

第2節　海外子会社のガバナンス　44

 Ⅰ　海外子会社のガバナンスと日本親会社　44

 Ⅱ　グローバル企業集団内部統制とガバナンス　45
  ⑴ グローバル企業集団内部統制システム／45　⑵ グローバル
  ハブによるガバナンス体制／47

 Ⅲ　海外子会社のガバナンス体制―企業理念の浸透　48

 Ⅳ　海外子会社のガバナンス体制―親会社による意思決定　50
  ⑴ 中庸を得たコントロールを目指す／50　⑵「リコール権限」
  の適正分配／50

 Ⅴ　海外子会社のガバナンス体制―親会社による監査・モニタ
  リング体制（総論）　52

 Ⅵ　海外子会社のデータガバナンス　53
  ⑴ GDPRの適用開始／53　⑵ GDPR対応は日本親会社主導で
  行うべき／55

Ⅶ　日本親会社役員の責任が問われる場合　56
(1) 海外子会社も対象にした不祥事防止責任／56　(2) 子会社における不祥事についての親会社役員の責任を扱った裁判例／57　(3) 会社法・金商法の求めるグループ内部統制と親会社役員の責任／59　(4) 親会社の役員が責任を負う「特段の事情」／61　(5) 監査役員（会）監査のポイント／62

Ⅷ　改訂CGコードと海外子会社ガバナンス　63

第3節　海外事業のコンプライアンス体制　67
Ⅰ　コンプライアンスの要は「法令」遵守　67
Ⅱ　「法令」のグローバル化とコンプライアンス　67
Ⅲ　海外子会社に適用される法的ルールとBREXIT　68
Ⅳ　英国によるTPP加盟の意義と海外子会社　70
Ⅴ　新興国・地域における法の未整備，改廃などとコンプライアンス　72
Ⅵ　海外事業の内部統制・コンプライアンス体制の整備とチェック　72
Ⅶ　コンプライアンス体制の監査　73
Ⅷ　グローバルなグループコンプライアンス体制の内容　74
Ⅸ　グローバルなコンプライアンス体制の内容　75
Ⅹ　グループ・ヘルプラインと海外子会社　76
Ⅺ　現地法重視のコンプライアンス体制　77

# 第2章　海外子会社の法的リスクコントロール体制

第1節　新興国型法的リスクの管理　82
Ⅰ　海外事業展開における"入口"戦略と"出口"戦略　82
(1)「入口」戦略・「出口」戦略の重要性／82　(2) コロナ禍パンデミックとウクライナ侵攻後における海外子会社の撤退／83
Ⅱ　企業がコントロールすべきリスク　84
Ⅲ　新興国型リスクの増大　85
Ⅳ　新興国型規制・コンプライアンスリスク　85

第2節　外国公務員に対する贈賄防止体制　90
　　Ⅰ　グローバルルールの形成　90
　　Ⅱ　グローバルルールの下でのコンプライアンス体制　91
　　Ⅲ　CSRからESG，SDGsへ　92
　　Ⅳ　"三重のコンプライアンス体制"を整備すべきこと　93
　　Ⅴ　現地法コンプライアンス―中国の場合　94
　　Ⅵ　日本の不正競争防止法下でのコンプライアンス体制―同法の域外適用を回避するために　95
　　Ⅶ　「外国公務員贈賄防止指針」の2015年改訂　97
　　Ⅷ　「指針」の2021年改訂　98
　　Ⅸ　FCPAの下でのコンプライアンス体制―FCPAはどのような法律か　99
　　Ⅹ　FCPA「ガイドライン」を遵守する　101
　　Ⅺ　英国2010年ブライバリー・アクト　103
　　Ⅻ　英国法務省ガイダンスが求める贈収賄防止の内部統制　104
　　ⅩⅢ　ファシリテーション・ペイメントに関する「事例研究」の内容　106
　　ⅩⅣ　新興国型贈賄事件への「日本版司法取引」の適用とグローバル法務　107
第3節　独占禁止法・競争法コンプライアンス体制の課題　110
　　Ⅰ　独占禁止法・競争法違反リスクのグローバル化　110
　　Ⅱ　リニエンシー制度の下での現地情報収集の重要性増大　110
　　Ⅲ　各国・地域のリニエンシー制度の概要　111
　　　　⑴米国の場合／112　⑵EUの場合／113　⑶中国の場合／114
　　Ⅳ　リニエンシー制度が求めるグループ内での「円滑な情報伝達」　116
　　Ⅴ　海外子会社の情報管理　118
　　Ⅵ　海外では「情報交換」だけでカルテルを疑われる　119
　　Ⅶ　日本企業が加わる国際カルテルの構造的特徴　121
第4節　知的財産権の侵害・被侵害防止コンプライアンス体制　123
　　Ⅰ　海外子会社における知的財産権管理　123

Ⅱ　海外での技術情報流出リスクの増大　123

Ⅲ　新日鐵住金（現，日本製鉄）vs ポスコの国際訴訟　124

Ⅳ　知財権侵害者にされないリスク管理　129

Ⅴ　権利取得で後手に回ると「侵害者」にされてしまう　132

Ⅵ　事前調査と情報管理の徹底　136

第5節　人事・労務分野コンプライアンス体制の課題　137

Ⅰ　"日本的"人事・労務慣行を現地に持ち込むリスク　137

Ⅱ　現地法人の"現地化"　137

Ⅲ　現地での「セクハラ」問題と日本親会社の責任　138

Ⅳ　中国やベトナムなど社会主義国における人事・労務コンプライアンス　139

Ⅴ　中国労働契約法の下でのコンプライアンス体制　140

Ⅵ　撤退の認可に際して問われる人事・労務コンプライアンス　142

Ⅶ　中国「反スパイ法」の下でスパイとみなされかねない行為に注意　143

第6節　サプライチェーンのコンプライアンスとCSR　144

Ⅰ　サプライチェーンのCSR　145

Ⅱ　英国「2015年現代奴隷法」の内容　146

Ⅲ　「紛争鉱物」規制　147

Ⅳ　SDGs の下でのグローバルサプライチェーンの"クリーン化"　148

Ⅴ　海外子会社を通じたサプライチェーン強化とリスク管理　150

Ⅵ　グローバルサプライチェーンと海外子会社　152

第7節　M&A とグループ再編のリスクコントロール　155

Ⅰ　M&A と海外子会社　155

Ⅱ　海外M&A に適用される法律　156

Ⅲ　海外M&A におけるポストマージャー問題　158

Ⅳ　海外M&A 研究会報告書にみる PMI の課題　159

(1) 海外M&A 研究会報告書の目的／159　(2) 報告書の内容・

　　　　　　ポイント／160　(3) 日本企業の海外M&Aに関する意識・実態
　　　　　　アンケート調査について／161

　　　Ⅴ　実態調査報告書「海外M&Aと日本企業」の内容　162
　　　Ⅵ　企業組織のグローバル化と地域ハブを使ったグループ再編
　　　　　163

第8節　日本親会社と海外子会社間取引のリスクコントロール　167
　　　Ⅰ　日本親会社と海外子会社間取引の「非通例的」内容　167
　　　Ⅱ　親会社と子会社間の取引における利益相反管理　168
　　　Ⅲ　海外子会社のステークホルダーの見極め　169
　　　Ⅳ　「パナマ文書」と国際税逃れ　171
　　　Ⅴ　タックスヘイブン税制と裁判例　172
　　　Ⅵ　「悪質なタックスヘイブン」の基準づくり　176
　　　Ⅶ　移転価格税制と海外子会社コンプライアンス　177
　　　Ⅷ　国際課税の新グローバルルール　180

# 第3章

# 海外子会社の内部統制・ガバナンスおよび監査体制

第1節　海外事業監査と海外子会社　184
　　　Ⅰ　海外子会社の内部統制とガバナンスの関係　184
　　　Ⅱ　内部統制・ガバナンスと監査の関係　184
　　　Ⅲ　海外事業監査の意義　185
　　　Ⅳ　海外事業監査の必要性　187
　　　Ⅴ　海外事業遂行の形態と監査　188
　　　Ⅵ　海外子会社監査の根拠　188

第2節　日本企業による海外事業監査の実態　190
　　　Ⅰ　海外子会社監査が"不十分"な理由　190
　　　Ⅱ　「アンケート」にみる海外監査の各論的実態　192

第3節　海外事業監査を誰が行うか　195
　　　Ⅰ　海外事業監査を担う機関と人　195

Ⅱ　監査役員による連携，役割分担　196

Ⅲ　監査役員と内部監査部門との連携　197

Ⅳ　監査補助者の活用　200

Ⅴ　監査役による監査か委員会による監査か　201

第4節　海外事業監査をどう行うか　203

Ⅰ　海外事業は海外だけで行われるわけではない　203

Ⅱ　日本親会社における海外事業監査のポイント　204

Ⅲ　海外子会社の現地往査のポイント　205

Ⅳ　日本親会社による「ハブ監査体制」の必要性　205

Ⅴ　AIを使ったグローバル監査体制　206

Ⅵ　コロナ禍など非常事態による海外事業監査の遅れと開示　207

第5節　海外事業監査の基準　209

Ⅰ　会計基準と国際事業監査　209

Ⅱ　IFRS導入の動向　209

Ⅲ　IFRSと監査役員（会）による海外事業監査　211
(1)「関連当事者との取引に関する注記」について／213　(2)「在外子会社の会計処理」について／214　(3)「持分法に関する会計基準」について／216　(4)「企業結合」について／217　(5)「セグメント情報等の開示」について／218

Ⅳ　会社の意思決定と監査役員の関与についての「監査基準」　219

Ⅴ　海外事業に係る意思決定の監査基準　222

Ⅵ　取締役会による海外事業の意思決定と経営判断原則　223

Ⅶ　独立社外役員による海外事業監査　224

Ⅷ　海外事業の連結会計監査　224

Ⅸ　海外子会社を含むグループ会社における決算期統一と海外事業監査　225

第6節　海外事業の内部統制監査　226

Ⅰ　会社法のもとでの内部統制監査　226

Ⅱ　金商法のもとでの内部統制報告　226

Ⅲ　近時における「開示府令」の改正と海外子会社　227

**第７節　企業集団内部統制についての事業報告における開示例　229**
Ⅰ　改正会社法で"強化"された企業集団内部統制と海外子会社　229
Ⅱ　事業報告におけるグローバル企業集団内部統制の開示例　230
Ⅲ　"グループガバナンス・ガイドライン"と海外子会社　232

**第８節　内部統制報告書と監査役員（会）監査報告書に見る海外事業管理の「不備」　235**
Ⅰ　海外子会社における不祥事と「重要な欠陥」　235
Ⅱ　「重要な不備」　242

資料１　私家版・海外事業の内部統制，ガバナンスおよび監査のチェックリスト　249
資料２　海外子会社現地従業員（ナショナルスタッフ：NS）向けコンプライアンスアンケート＜参考例＞　269
資料３　海外事業監査項目＜参考例＞　274
資料４　私家版・海外事業の法的リスクマップ＜参考例＞　276

索　引　285

# 序章

# 海外事業・海外子会社のリスクコントロール

第**1**節
# 海外事業のリスクを管理する必要性

## I ◆ 海外事業からくるリスクの増大

　日本企業が行う事業には，大きく分けて国内事業と海外事業がある。いずれに事業展開の重点を置くかは企業によって異なるが，急速にグローバル化の進むいま，「益」（profit）も「損」（loss）も，海外事業からくる比率が増大している。

　海外事業展開によって得られる「益」をいかに最大化し反面においてその「損」をいかに最小化できるかが，企業経営における最重要の課題といわなくてはならない。

　企業活動をチームスポーツにたとえるならば，なるべく多くの「得点＝利益」をあげられるようにする一方で，「失点＝損失」をしないようにチームワークを向上させなければ競争に勝ち残れない。

　こうした"勝つためのチームづくり"を企業の内部統制と称し，いまや法令がその整備を要求するようになった。およそ他と競い合うためには統制が取れていない組織が強いはずがない。企業でもスポーツのチームでも同じである。

　強いチームになるためには，得点をあげるための"攻め"のチーム統制と失点を防ぐ"守り"のチーム統制ができなくてはならない。10点取っても11点取られれば負けは負けであるし，逆にたまたま手に入れた1点を守り切っても勝ちは勝ちである。真に強い一流のチームは，必ず攻めと守りの両面においてバランスよく統制が取れている。

　企業が組織の統制を強め，高い収益を目指すのは，経営者にとっては至上命題である。いま法令がわざわざ企業に整備を求めているのは，むしろ"守り"の内部統制である。"攻め"の内部統制は，法令が求めるまでもなく経営者の責任でしっかり行わなくてはならない。

　企業における"守り"の内部統制は，損失を防ぐためのリスク管理体制が中心となる。企業活動にリスクはつきものであり，むやみにこれを避けようとす

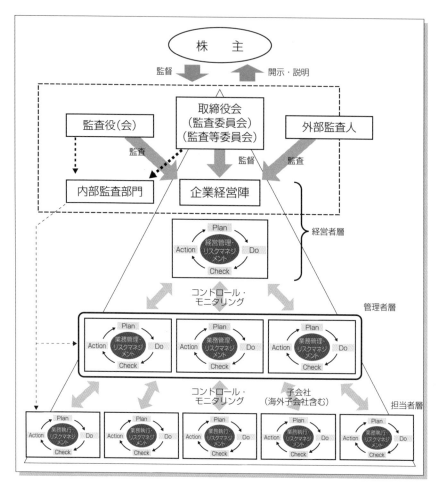

るのではなく適切に管理することに重点を置くべきである。

　企業ごとに，また，進出先の国，地域ごとに異なるとはいえ，海外事業からくるリスクは国内事業の場合と比較すると，質・量共に異なっている。まずは，自社の海外事業からくるリスクの洗い出しをし，次にその特徴を分析するところからリスク管理を始める必要がある。

　ただ，ここでいうリスクコントロールは，以下に記述するとおり，企業の経営陣の関与する不祥事まで防止するには，内部統制，ガバナンスと一体をなすものでなくては機能しない。そのことを1つにまとめたのが上の図である。経

済産業省の研究報告などの図を参考にして作成した。

　この図においてピラミッド部分の内側は，「執行」を表しており，海外子会社も対象にしたところの内部統制がPDCAサイクルを通じて行われなくてはならない。

　ガバナンスが行われるのは，主に株主などからする，ピラミッドの外からの矢印による。

　2014年の会社法改正後，監査役（会）設置会社，指名委員会等設置会社，および監査等委員会設置会社のいずれかを選択できるようになったが，後2者は監査などの分野に委員会を設置する。

　2015年6月から適用されているコーポレートガバナンス・コードは，「上場企業は……独立社外取締役を少なくとも2名以上選任すべきである」としており，会社法は，各委員会のメンバーの過半数は社外取締役でなければならないとするので取締役会は半分ピラミッドから出ている。

　ガバナンスは"外から"の経営陣に対するコントロールである。この図には示されていないが，「企業理念」や「行動指針」に具体化された企業風土による"内なる"自己規律も重要である。企業風土は，海外子会社を含むグループ全体に浸透させる必要がある。

## Ⅱ ◆ リスクに応じたコントロール体制と内部統制，ガバナンスおよび監査

　海外事業には国内事業とは異なる質，量のリスクがある。国や地域によってもリスクは異なるが，本書が主にコントロールと監査の対象にする法的リスクは，国や地域によって適用される法的ルールが異なるところから生じるといってよい。

　企業は，海外事業にまつわる多様なリスクの特質に応じた適切なコントロール体制を築かなくてはならない。これは海外子会社を通じて行われることの多い海外事業を対象にした企業集団内部統制システムの整備義務である。同システムの主たる内容といえば，海外事業からくるリスクのコントロール体制，コンプライアンス体制，監査体制である。

　コンプライアンスの問題は国，地域によって異なる法的ルールを対象とする

が，コンプライアンスからくるリスクも法的リスクの一部と考えれば，いま内部統制が，リスクコントロールと一体的に捉えられるようになったことに納得がいく。

　監査は，内部統制がPDCAを回し適切に行われているかどうかの監査を含むのでこれと一体的に考えるわけにはいかない。しかし，リスクに応じた適切なコントロールが行われているかを監査すべきであるから，内部統制・リスクコントロールの体制は監査の対象そのものといってよい。

　また，経営陣による職務執行を組織・グループの外から監視する眼を光らせる仕組みであるガバナンス体制は，とくに海外事業にまつわり多く発生する重大な会計不祥事を防止するためには不可欠といわなくてはならない。

　そこで，本書においては海外事業のリスクコントロール，企業集団内部統制，ガバナンス，および監査を有機的に組み合わせて不祥事防止に役立たせるべきであるとの考え方に基づいて以下記述を進めていく。まずは，海外事業からくるリスクの洗い出し，分析・評価から行うが，随所に内部統制，ガバナンス，監査の視点を織り込んでいくことにしたい。

　なお，一般的なリスク管理の流れは本書39頁の〔**図表　リスク管理の流れ**〕のようになるが，海外子会社のリスク管理には，「リスクの優劣決定」に基づくリスクベースアプローチが有効になる。

　というのは，世界のさまざまな国や地域に点在する海外子会社に起こり得るリスクのすべてを想定しリスク管理の対象とするのは事実上困難であるし，そのための対応マニュアルなどを作成したとしても，実態から離れた実効性のないものになりかねないからである。

　とくに，2022年2月に起こった「ウクライナ侵攻」は，海外子会社の置かれた国・地域における地政学リスク管理の難しさを改めて痛感させた。

## Ⅲ ◆ 海外事業からくるリスクの特徴

　およそ企業が直面する（かもしれない）リスクは，人為的リスクと自然的リスクに大別できる。前者は人間の作為・不作為または過失による事故などから生じるリスクである。後者はそれ以外のリスクで，地震・津波・台風などの自然災害リスクを含む。また，前者には為替変動リスクや法的リスクが含まれる。

　国際事業展開に伴うリスクとしては，人為的リスクと自然的リスクの双方を想定しなくてはならない。東日本大震災が発生した2011年の8月にはタイで大洪水が起こり，日本企業の現地工場などが浸水被害を受けた。

　奇しくも同じ年に起こった2つの大自然災害は，共にグローバルなサプライチェーン（供給網）の切断をもたらし，日本企業はその修復に追われた。また，サプライチェーンの修復を含めたBCP（事業継続計画）を日頃から策定しておくことの重要性を痛感させられるところとなった。

　このように自然的リスクがもとになってBCPの下で供給契約による対応など，人為的リスク対応，管理が求められることがある。

　企業活動の継続の視点からいうと，海外事業からくるリスクとしては自然的リスクより人為的リスクのほうが大きくなりがちである。その理由は2つある。ひとつは，上述のように自然的リスクがもとになって人為的リスクを派生させうるからである。もうひとつは，自然災害のもたらす人的・物的被害の大きさから眼をそらすつもりは毛頭ないが，企業のグローバルな事業展開にとってより大きな阻害要因になり得るのは，人為的リスクだからである。

　それは2008年秋のリーマンショック後の世界的金融危機や同時株安，通貨危機などを考えるとすぐにわかる。これに対し，アジア，ヨーロッパ，アメリカの主要拠点が同時に自然災害リスクに見舞われることは，確率的にもほとんど考えにくい。

　人為的リスクのうちの法的リスクでいえば，海外市場で「データ偽装」が発覚しコンプライアンス問題を惹起したとする。いまはその海外市場でのみ，消費者団体の不買運動が展開されるなど企業のブランド価値を毀損する事態に発展するにとどまらず，あっという間に，いわゆるレピュテーションリスクとなって世界中の市場に伝播するおそれを秘めている。

## Ⅳ ◆ 海外事業の不祥事が海外子会社に多い理由

　海外に限らず，国内においても，企業不祥事が子会社を舞台に起こるケースが増えている。その理由を探ると，「法人格によるリスク遮断」が浮かび上がってくる。

　つまり，リスクの大きな事業を別法人である子会社に行わせることにより，親会社にまでリスクが及ばないようにするのである。不祥事が子会社に多く発生するのは，リスクのより大きい海外事業を現地法人に担せているのであるから，いってみれば当たり前の現象である。

　法人格を別にすることでリスクの遮断をはかるといっても，子会社の法人格が有限責任原則の働くものではなくては目的を達せられない。有限責任原則は，この場合，株主などが出資の限度でしか子会社の債務につき責任を負わないとする原則である。

　有限責任の反対は無限責任であるが，この場合は子会社が不祥事などで第三者に対し負う債務について，親会社などが出資先の会社の債務につき，無限連帯責任を負うことを内容とする。

　海外事業から生じ得る法的リスクは，国内事業からくるそれとは，質・量ともに比べものにならないほど大きくなり得る。日本の親会社が海外子会社と無限連帯責任を負うリスクを何としても避けようとするのは当然である。

　海外事業から生じる法的リスクの巨大さを物語るのが，独フォルクスワーゲン（VW）の排ガス規制逃れの不正事件である。VW社は，この事件で2016年6月，米当局に対し，当時，1兆5千億円相当にも上る米国でも史上最高額の民事制裁金を支払うことで当局と和解に達した。

　後述するところの（34頁以下参照）日本のエアバックメーカーによるリコール事件においても，日本親会社と在米子会社がこぞって倒産手続を申し立てたことが，もたらす法的リスクの大きさをものがたっている。

　そうなると，海外直接投資の受け皿となる子会社は，有限責任原則の適用される企業組織から選ばなければならない。有限責任原則が適用される典型的な企業組織が株式会社である。株式会社は，企業形態としてあまりにもポピュラーなため，どの国・地域にも存在するものと考えがちであるが，新興国を含

めるならば必ずしもそうではないことがわかる。

　とくに中国やベトナムなどの社会主義国の場合，改革・開放路線が始まった後もしばらくは株式会社形態を認めなかった。それは，社会主義や共産主義にとって，「資本の論理」で動く株式会社は，いわば資本主義の"道具"のような存在でしかなかったからである。

　ただ，いくら改革・開放をうたっても外国企業は株主有限責任が明確な株式会社形態を"受け皿"として認めてくれるのでなければ，無限（連帯）責任をおそれ直接投資に踏み切ってくれない。

　そこで，中国の場合1994年の会社法制定時に株式会社と有限責任会社という２種類の有限責任原則の"受け皿"を用意することにした。

　このような経緯に照らすとき，「海外事業のリスク管理」は，有限責任原則に支えられた法人格すなわち海外現地法人を通じて事業を行うことによるリスクの遮断からスタートすべきである。その目的はいうまでもなく海外現地で起こるリスクを日本の親会社グループにまで波及させないことにある。

　リスク波及をブロックする海外子会社を防波堤にたとえるならば，有限責任原則のはたらく防波堤は数が多ければ多いほどよい。たとえば，アジア諸国にある子会社群をシンガポールに設けた持株会社の下で地域統括をはかり「地域ハブ」を活用した場合，タイやマレーシアで直接事業を遂行する現地法人は，日本の親会社からは形の上で孫会社となり，親会社は二重の防波堤で守られることになる。

　ただ，法人格によるリスクの遮断の試みも，法人格が否認されるならば元も子もなく挫かれかねないことに注意しなくてはならない。中国の場合，法人格否認の法理を2005年会社法改正の際に明文化した。日本のように判例法で同法理を認めているにとどまる国・地域は多い。

　法人格否認の法理が適用されないためには，海外子会社の独立性を高めておく必要がある（この点については23頁以下参照）。そのうえで，海外現地で起こったリスクは，なるべくその国・地域，ブロック内で処理することを最優先にすべきである。

第**2**節
# 海外事業のリスク管理体制と内部統制整備

## I ◆ 企業集団内部統制の一環としての海外子会社におけるリスクコントロール

　海外事業がもたらすリスクはきわめて大きなものになり得るので，有限責任原則の現地法人を通じて事業を遂行することで"リスクの遮断"を図ろうとする。そのために，メーカーであれば直接所有の工場や支店によるのではなく，極力，製造子会社，販売子会社を通じた製造，販売を行うようにすべきである。

　地域統括のための"ローカル・ハブ"的持株会社をヨーロッパであればEU（欧州連合）本部のあるブリュッセルに置き「二重の防波堤づくり」を試みること自体が，海外事業のリスク管理体制の基盤的内容となっている。

　いまはリスク管理と一体をなす内部統制の考え方がグローバルにも主流の考え方になっているので，こうした海外子会社のリスク管理体制は，企業集団内部統制の一環をなすのである。

　つまり，会社法令は「当該株式会社及び子会社から成る企業集団」の内部統制を要求しており，「子会社」には，実質支配力基準でもって，海外子会社などを対象に含むようになった。

　加えて，2015年5月1日から施行の改正会社法は「企業集団内部統制」の法的根拠を法務省令（会社法施行規則）から会社法の規定へといわば"格上げ"をした。

　この改正によって，反射的に海外子会社を含む子会社において不祥事が起こった場合などにおける日本親会社およびその役員の責任＝子会社管理責任は重くなったとみることができる。法令が企業に整備を求める内部統制は，不祥事防止システムだからである。

　海外子会社のリスク管理体制は，日本の親会社の責任で企業集団内部統制を整備し，半面，海外現地で起こるリスクをなるべく現地にとどめ，日本に及ぼ

させないようにしなくてはならない。

　これら2つのリスク管理のための対応は，方向が逆で，ときに矛盾しかねない関係に立つ。

　一方で，海外子会社に対する統制上の"グリップ"を強めつつ，他方で，海外子会社の親会社からの独立性を高めて親会社への責任などの追及を遮断しようと試みるからにほかならない。

## Ⅱ ◆ グローバルな企業集団内部統制の人材育成

　グローバルな企業集団内部統制は，海外子会社のリスク管理体制とほぼ重なる。そこで同リスク管理体制構築の決め手になると思われるグローバル人材育成について考えてみる。

　まず，一般的にいって内部統制が適切に行われているかどうかは，「文書化」「記録化」がしっかりできているかどうかによる。なぜかというと，内部統制はP（Plan）→ D（Do）→ C（Check）→ A（Action）サイクルに要諦があるからである。PDCAサイクルのうちでとくに重要なのがCheckの部分である。

　この部分では，内部統制が計画どおりにしっかり実施，運用されているかどうかを評価し，是正・改善につなげるが，既に行われた取引などの記録化ができていないと成り立たない。

　企業活動はさまざまな取引・契約を中心に行われる。取引活動が適正に行われているかどうかの評価の可否は，交渉段階を含めたところの契約締結プロセスの透明性が保たれ，いわゆる見える化ができているかにかかっている。この作業は，過去の事業活動のレビューだからでもある。

　グローバルな事業プラクティスにおける，交渉から契約締結に至るプロセスの文書化，記録化は，日本企業が最も苦手とする。交渉プロセスにおけるLOI（Letter of Intent）やMOU（Memorandum of Understanding）といった基本合意書の文書管理は，リスク管理と一体をなす内部統制の視点からは，いま日本企業に最も求められている課題といってよい。

　残念なことに日本語はマイナーな言語で，英語のもつグローバル性はとうてい持たない。日本企業は，大半の国際取引・契約を英語で取り交わしているのが実情である。最終の英文契約書はもちろんのこと，その締結に向けた交渉段

階でつくられる英文基本合意書を含め，日本企業はこれらを適切に扱えなくてはならない。英文契約リテラシーをもったグローバル人材がいかに重要かは多くの説明を要しない。

2015年5月1日から施行になった改正会社法は，内部統制のなかでも企業集団内部統制を"強化"しており，グループ会社の不祥事を防止する親会社による管理責任がより重要になる。

そのため，海外子会社と日本親会社間の取引を含むところの「関連当事者間の取引」（コーポレートガバナンス・コード原則1-7）につき，「……，その手続を踏まえた監視（取引の承認を含む）を行う」（同）ことのできるグローバル人材育成も急務となる。

## Ⅲ ◆ グローバルなデータ管理内部統制とデータガバナンス

内部統制は，いってみれば企業単体あるいは企業集団内における不祥事を防止するためのシステムである。そのため，リスク管理体制と一体となってより有効に機能するといってよい。

企業の実践する内部統制にも，"攻め"と"守り"の両面がある。いま法令が半ば義務づけてまで企業に求めるのは後者である。法令が求めなくても，企業は，自発的に，業績向上のため，"攻め"の内部統制を固めるものである。

リスク管理の視点でみると，いま企業を襲うリスクとして最大のものは，大量のデータのネット流出である。流出原因には，いわゆるハッカーによるサイバーアタックも含む。

21世紀は「データの世紀」であり，膨大なデータは，「石油に代わる資源である」とまでいわれる。いかにデータを活用できるかがビジネスの成否を分ける。裏返していうと，データセキュリティに失敗し，とくに大量の個人データを流出させてしまうと，企業の業種によっては"命取り"になりかねない。

それは，個人データの場合，「データ主体」である本人から被害の賠償を求めるクラスアクション（集団訴訟）が起こされ，直接的法的リスクに見舞われるおそれがあるからである。

それだけでなく「データの世紀」にあって，データセキュリティ体制に不備があるとなれば，データ取引社会のグローバルな"輪"に入れてもらえないほ

どのレピュテーションリスクを招いてしまう。

　さらに，ヨーロッパの海外子会社からの個人データの流出は，EUのGDPR（General Data Protection Regulation：一般データ保護規則）違反となり，多額の制裁金賦課（世界での売買高の4パーセントまたは2,000万ユーロのいずれか大きいほう）の可能性がある。GDPRは，ヨーロッパにおける"個人データ保護法"にとどまらず，今後，日本をはじめ世界がめざすべき個人データ保護のより高い水準となっていくであろう。

　その意味で，日本企業は，EUのGDPRが求める個人データ保護の内部統制を整備するようめざすのがよい。最も重要なのは，EUのGDPRの内容と性格を，日本の個人情報保護法と比較しつつよく理解し，コンプライアンス体制に不備がないようにすることである。

　日本では，2018年5月25日から適用開始になったEUのGDPRの下で日本は，個人データの安全管理措置に関するEUによる「十分性認定」を意識しつつ，2015年9月には，個人情報保護法（個人情報の保護に関する法律）とマイナンバー法の改正を行った（2017年5月施行）。

　同改正もあって，日本は2019年1月にはEUから「十分性認定」を受けたが，GDPRと日本の個人情報保護法令との間には，まだ隔たりが残っている。

　最大の論点は，「データ主体」のもつ「忘れられる権利」をどう確保するかである。GDPRは，個人情報につき権利を行使できる本人を「データ主体」と呼んでいる。日本の個人情報保護法が，「個人情報によって識別される特定の個人をいう」として「本人」を定義するのに対応する。

　ただ，両者の定義内容には，「視点の違い」のようなものがある。それは，GDPRが，大量の個人データがクロスボーダーで流通する"データ大流通"社会における"主権"が個人に存することを改めて確認する視点に立つからである。

　GDPRが諸外国の個人情報保護法とも違うのは，この点である。ここで，個人データは，デジタル化した個人情報の集合体を指すと考えてよいが，個々の個人情報を集めた"ビッグデータ"が，「本人」の知らないところで売られたりしている。

　ネット通販など日本国内で消費者向けサイトを運営する主要100社を対象としたあるアンケート調査によると，その5割が具体的な提供先を明示せずに外

部とユーザーの利用データを共有していた。クッキーと呼ばれる閲覧履歴データや端末情報のやり取りが多く，使い方次第で氏名や住所，収入なども特定されかねないらしい。

日本では明確な個人情報保護法違反ではないが，利用者の意に反して個人情報が拡散するおそれがある。そのため，GDPRは，クッキーも「個人情報」とし，収集や外部提供に「明確な説明」を義務づけている。

このようにデータ取引社会において個人を"主権者"と位置づけ，個人データのポータビリティ権などその権利を明記したのがGDPRである。忘れられる権利もそのうちのひとつであって，各個人が，ネット上などの自分の全データを消去するよう事業者に要求できる。

日本法にも忘れられる権利が全くなかったわけではない。事業者に個人データを開示させ，利用停止や消去を求める権利を本人に保障しているからである。とはいえ，同権利の行使は，データの内容が間違っている場合や不正取得，目的外利用の場合などに限られる。

もうひとつ重要なことは，EUのGDPRには，「域外適用」があり得ることである。EU域内の子会社など現地拠点でGDPRの違反がないようにしなくてはならないのはもちろんのことである。

加えて，「十分性認定」を得ていない国や地域にあるグループ会社に個人データを持ち出し移転するさいには，GDPRの示す標準契約書式によるなどの条件を満たすようにしなくてはならない。

GDPR制定の意義は，世界で最も厳しい個人情報保護法として日本をはじめEU以外の国・地域で，同法の制定や改正に大きな影響を与えた点にある。

日本においては，個人情報の保護に関する法律が2020年6月に改正され，2022年4月から施行になった。同改正の主な内容を列挙すると，①利用停止，消去など本人個人による請求の要件緩和，②仮名加工制度の創設，③法の域外適用の範囲拡大，④罰則強化である。

いずれの改正項目も，GDPRの"先進的な"内容にならっていることがわかる。

EU・GDPR対応は，グループのハブにあたる日本企業が率先して個人データ保護の企業集団内部統制を構策，運用させるべきである。

　個人データの安全管理体制は，企業単体を超えグループを挙げて日本企業の経営トップ主導で行うべきものでもある。そのため，グループの外からするリスクコントロールを効かせるガバナンス体制とも一体となるのが望ましい。

　フランスのデータ保護機関（CNIL）は，2019年1月，米IT大手のグーグル社に対し，GDPR違反を理由に，5千万ユーロの制裁金を課す決定を下した。この決定が同社グループのEU内の地域統括会社に対してではなく，米国の親会社に対して，GDPR上のデータ「管理者」として下されたことに注目したい。

　データガバナンスの国際規格（ISO/IEC38505-1）にも照らしたチェックリストを巻末（266頁以下）に収めたので参照してもらいたい。

　なお，GDPRは，「一般データ保護規則」と訳されているとおり，個人情報・個人データだけを保護の対象にしているのではない。広く産業・技術データを含むデジタルデータを対象にしている点に，大きな意義がある。

　「データの世紀」にあって，デジタル化された大量のデータが，クロスボーダーでグローバルに流通するようになった。なかには，一度に何億件もの個人データがネットに流出する事故も起こっている。

　顧客の個人データや製法ノウハウの詰まった技術データを，適切に管理する一方で，AIを駆使しながら存分に活用できなければ，事業活動の成功は望めないであろう。

　食料，エネルギー資源，半導体など，国民生活の安心安全に直結するグローバルサプライチェーンは，個人データと技術データのサプライチェーンが，重要物資の流れと逆行するかたちで，“裏打ち”するのでなければ，強化できないであろう。また，データ自体のグローバルサプライチェーンも考えなくてはならず，同強化のポイントを握るのは，拠点となる海外子会社である（151頁以下参照）。

---
第**3**節
# 海外事業のリスク管理上の諸課題

## Ⅰ ◆ 海外駐在員の安全確保……海外駐在員の安全をどう守るか

### ⑴ 「海外在留邦人の状況」調査

　外務省が2018年５月31日付で発表した2017年（10月１日時点）の海外在留邦人数の調査結果（要約版）は，前年比１万3,493人（約1.0%）増の135万1,970人で，過去最多を更新した。

　外務省が，2022年10月１日現在の推計としてまとめ発表した「海外在留邦人数調査統計」によれば，日本の領土外に在留する邦人（日本人）の総数は，「130万8,515人で，前年より３万6,385人（約2.7%）の減少となり，新型コロナウイルスの世界的な感染拡大の影響を受けた結果」であった。

　だが，これだけ多くの日本人が海外に在留すると，なかには，テロや戦争，内乱などに巻き込まれたりあるいは感染症に罹患する人の数も増えてくる。在留邦人の安全確保は，国や企業にとってこれまで以上に喫緊の課題となっている。

　同「調査統計」は，「海外における邦人の生命及び身体の保護その他の安全に資するため，旅券法の定めにより在外公館（日本国大使館，総領事館）に届け出されている『在留届』を基礎資料として，各年10月１日現在の海外在留邦人の状況（所在の確認，緊急時連絡先の変更の有無等）を把握するために行うものです」と説明されている。

　本書では，日本企業が海外に派遣している日本人従業員および現地従業員の安全確保のために何をすべきかを検討してみる。

### ⑵ 海外拠点における従業員の安全配慮義務

　安全配慮義務は，従業員などの生命や身体を危険から保護するように配慮する義務をいう。海外の拠点に派遣し現地で働いてもらう従業員に対しては，原則として派遣した日本企業が安全配慮義務を負わなくてはならない。

　この点は，国内の子会社などに派遣する場合と変わらないが，海外拠点の場

合は日本法だけでなく現地法が適用になることがあり，さらに現地パートナーとの合弁契約（joint-venture agreement）などによる対応が求められることもある。

そもそも海外派遣先の国や地域にはテロや感染症など安全（危険）度合いがまったく異なるところがあり，安全配慮義務の内容について国内と同様に論じることはできない。

また，一口で海外子会社といっても完全（100％）子会社もあれば現地パートナーとの合弁子会社もある。海外拠点の形態によっても安全配慮義務の内容は異なる。事業拠点が現地法人になっているか，駐在員事務所（representative office）や支店（branch）のように日本企業のいわば"手足"の存在かによっても異なる。

駐在員事務所や支店に社員を派遣するのであれば，それが海外であっても会社が直接安全確保をすべきなのは当然のことといえる。

とはいえ，遠く離れた海外赴任地における，日本とは大きく異なった環境，リスク状況の下で直接，安全配慮義務を果たすのは容易ではない。現地の事情に通じたコンサルタントや法律事務所，会計事務所などのアドバイスを受けることも検討すべきである。

直接の"手足"として海外現地で仕事をしてもらう場合であっても，日本法に加え現地の労働法など法令の下での安全配慮義務的な内容で法の要求があり得る。海外子会社の場合であればとくに，現地法下で設立された現地の会社であるから，現地法遵守は欠かせない。

現地法令の求める「安全配慮義務」は日本法と重なるところもあるが，安全衛生面，テロ対策など，現地特有のリスクに対応して個別法によって強化されていることがある。

合弁会社の場合であれば，派遣先である合弁会社が第一次的に安全配慮義務を果たすべきである。合弁会社の運営については現地パートナーとの合弁契約が取り交わされることがほとんどである。現地の法規制を含む諸事情に精通した現地パートナーの役割として，合弁会社による安全配慮義務をサポートすべきことを同契約中に明記すべきであろう。

会社が負う安全配慮義務は，雇用契約に付随すると考えられるが，会社法改

正（2015年5月1日施行）で強化された企業集団内部統制整備の一環とみることもできる。同内部統制システムは，海外子会社も対象にするし，そこに派遣している社員のリスクを適切に管理すべき体制を含む。

　社員を派遣している国や地域に，健康面や安全面でどのようなリスクがあるかを把握し正しく評価すること（risk assessment）から，リスク管理は始めるべきである。

## (3)　進出形態の選択と従業員の安全確保

　いわゆる新興国には，地政学的なリスクが生じやすく，クーデターや内乱，反政府組織によるテロなどに従業員が巻き込まれるリスクが常にある。

　従業員の安全確保の面からいっても，そうしたリスクの高い国や地域においてはリスクアセスメントの方法に工夫が必要になる。リスクを評価・分析するには想定されるリスクに関する情報の収集とリスクの洗い出しを行わなくてはならないが，この点に合弁形態の進出で現地パートナーの協力が得られるかどうかが大きく影響する。

　海外進出先現地のリスク情報入手先としては，まず日本の外務省や在外大使館などがある。上述の「調査統計」はそのためにあるといっても過言ではない。

　「調査統計」は，「日系企業の動向」として，企業拠点総数，企業形態別拠点数を，示している。

　企業拠点は，2021年10月1日時点の集計では，77,551であり，2020年10月1日時点の80,373より減少している。コロナ禍パンデミックの影響によるとみられる。ちなみに，2017年10月1日の集計数は，75,531であった。

　海外での事業展開に伴うリスクコントロールは，事業主体の企業形態によって左右される。とりわけ中国のような社会主義国では，進出（入口）から撤退（出口）まで，政府（地方政府）の認可にかかる。

　進出の認可は，外国企業100％出資の子会社よりは，行おうとする事業の地域と事業内容にもよるが，合弁形態のほうが得やすい。撤退の認可も，とくに地方政府の場合，その地方のローカルパートナーに持分を譲渡するならば，最もスムーズに得られる。

　新型コロナウイルス禍が，2020年から始まり，猛威をふるった2021年にかけ

ての，上記調査統計対象の時期は，「チャイナリスク」や「チャイナプラスワン」といった言い方が復活し，中国市場からの撤退がテーマとして浮上していた。

　2021年における合弁企業の進出拠点数が，100％子会社の場合に比して，より多くの割合で減少しているのは，撤退に係るリスク軽減策として，合弁企業を優先させたからかもしれない。

　企業拠点総数を，企業形態別に見ると，日本企業100％出資の現地法人が，拠点総数比で，34.48％（2020年），34.94％（2021年）で，微増している。

　同じく合弁企業の場合は，11.89％（2020年），11.76％（2021年）で，逆に微減している。この減少は，2020年から2021年の拠点総数の減少分にほぼ比例しているものの，後述するように，撤退のやりやすさと関わりそうである。地域別の拠点総数に占める割合で，最も多いのが，アジアで，2020年，2021年共に，約70％を占める。ただ，アジアにおいて特徴的なのは，企業形態の「区分不明」が，アジアの総数の約6割を占め，両年共，他地域の合計数の約97％に上っていることである。

　2020年，2021年以前の調査統計でも同じ傾向はあった。主な原因は，アジアの拠点総数に占める中国企業の数の多さであり，中国企業の場合における区分の難しさにあるとされてきた。

　調査統計をみると，進出企業の約半数で現地法人化する進出形態であることがわかるが，現地法人化自体にリスク管理の目的がある。すなわち，有限責任原則に基づく株式会社のような企業組織にすることによって，現地子会社で生じた損害賠償責任リスクなどが出資者・親会社に及ぶのを遮断することを狙うからである。

　加えて，現地法人化は海外駐在員の安全確保上も大きな意味を持つ。過去には，不幸にして日本企業が反日デモの標的にされ現地拠点が襲撃される事件もあったが，進出先への「現地化」度合いが高いほどリスクは低減する。

　たとえば，日本企業が直接海外現地に工場を所有しそこで製造した物を現地の支店を通じて販売する場合と同様のことを，現地製造子会社と販売子会社で行う場合と比較してみる。現地の拠点を法人化までして事業展開するほうが，現地化度合いは高い。進出を受け入れる側でも，"本腰を入れ"進出してきた

との印象をもつであろう。

　現地法人も，日本企業が100％出資する完全子会社より，現地企業と共同で出資する合弁子会社のほうが現地化度合いは高くなる。理由は，合弁すなわちジョイントベンチャーは，現地ローカルパートナーと手を携え共同で事業を展開する形態だからである。

　襲撃で従業員に人的被害が出るのは最も避けなくてはならない。現地化度合いが高ければ高いほど風当たりが弱くなるのはふつうである。現地の合弁会社であれば，会社名を書いた看板を見ただけで「ABC・XYZ有限責任公司」のように日本企業（ABC株式会社）と中国企業（XYZ股份公司）が共同で作った合弁会社であることがわかるからで，「有事の合弁，平時の独資」である。

　100％出資の現地法人でも現地法に基づき設立された法人である以上，「ABC, Inc.」のようにそのことを示す会社名が看板に表示される。「ABC K.K., U.S. Branch」のように，日本の株式会社の在米支店であることを表示する場合よりは風当りは少ないであろう。

　また，こうした現地化を高めることによるリスク低減策とは別に現地法人を合弁子会社にすることで従業員の安全確保に役立たせることができる。

### ⑷　いかに現地の "生の" 情報を的確に入手するか

　海外現地における反政府組織やテロ集団の動きに最も敏感で，これについての情報を最も多く持っているのが現地政府である。海外駐在員の安全を守るには，こうした現地の有力な情報源からの情報入手が欠かせない。

　現地情報としては，日本国の在外公館が集めて保有する情報の活用は当然考えておかなくてはならない。ただ，課題はその先にある現地の情勢に深く根差した "生の" 情報を現地政府や現地企業からいかにして入手できるかである。

　この点，合弁やコンソーシアムといった事業形態をとる場合であれば，ローカルパートナーからの情報提供を期待できる。コンソーシアムは合弁と同じく共同事業体であるが，組織的な連合体であるところに特徴がある。合弁の場合は，共同事業の受け皿として会社をつくることが多い。

　コンソーシアムは，新興国における資源開発など巨大プロジェクトのために複数の企業や現地政府機関によって組成されることがよくある。組成するにあ

たっては，コンソーシアムのための協定書を取り交わすのがふつうである。

　同協定書中で，ローカルパートナーに当たる政府機関などから現地政府筋の安全に関する情報を提供してもらえるようにすべきである。

　合弁であれば合弁契約を取り交わすのであるが，同契約中には，共同事業に参加する当事者の役割を書くのがふつうである。「技術者の派遣」，「資金の調達」などのほか，「従業員・従事者の安全確保」を，情報提供を含めてローカルパートナー側の義務とするような契約条項づくりが欠かせない。

　とりわけアフリカ，中東，中南米の一部のようにテロや暴動のリスクが大きい地域での安全対策には，実情をよく知るローカルパートナーの協力が不可欠である。パートナーに現地の政府機関や企業だけでなく，現地政府とリスクを軽減できる投資協定を締結している欧州の国の企業を加えるのもよい。

　あるいは，日本企業から直接投資するのではなく，そうした欧州の国に地域統括のために作った持株会社の子会社を通じた投資にする“工夫”も必要になる。欧州には，アフリカ主要国の旧宗主国が多く，現地政府に次いで情報を多く集めているからであり，そうした国の現地公館からの情報入手を期待できる。

　なお，2013年1月に発生したアルジェリア人質事件後，日本政府はいくつかの邦人の安全確保対策を講じた。国家安全保障会議（日本版NSC）の創設による情報の一元化や海外で邦人の陸上輸送を可能にする自衛隊法改正などがこれである。

　アルジェリア人質事件では，現地の情報収集，状況把握は欧米の政府などに頼らざるを得なかったとされている。日本版NSCには，各省庁に情報提供を義務づけ，政府の外交・安全保障の司令塔的機能を期待する一方で，官民の連携を深め外務省が危険と認定した地域では，現地の大使館と進出企業が月1回，情報交換する場を設けることになった。

## ⑸　いかにこちら側の企業秘密が漏出しないようにするか

　安全に関する情報は，入手や取得面だけでなく，情報流出防止面での工夫や努力が欠かせない。アルジェリア人質事件では，コンソーシアムに参加していた日本やヨーロッパの企業幹部が集まるのを狙って襲撃が行われた。

　現地従業員中に内通者がいて幹部が集まる日時を漏らしたのではないかが疑

われたが，それも含めて安全に関わる重大情報を流出させないようにしなくてはならない。現地従業員採用段階における身辺調査などを怠ることはできない。

　日本人誘拐が危惧される国，地域では，通勤ルートを毎日変えるなどして動きを知られないようにしている企業は少なくない。

### ⑹ 「不可抗力条項」の整備，活用による危険回避

　進出先現地拠点で，戦争や内乱といった駐在員の生命，身体に重大な危険が及びかねない事態が発生した場合には，速やかな現地駐在員の退去，避難が求められる。

　たとえば資源開発プロジェクトにおけるプラント建設現場からの撤退の場合であると，ほとんど合弁やコンソーシアムの契約中に含まれる不可抗力条項の適用場面になる。

　不可抗力条項は，戦争や内乱あるいは自然災害のような，契約当事者がどうすることもできない事態によって契約義務の履行ができなくなったとしても債務不履行（履行不能や履行遅滞）の責任を負わなくてよい旨を規定する条項である。

　ただ，同条項に不可抗力事由として「戦争」が書いてあったとしても，局地的な戦闘行為が宣戦布告を経て戦争に発展する通常のケースで，いつから「戦争」状態といえるかは判断が難しい。退去命令が早過ぎれば，契約違反による損害賠償を求められてしまう。

　過去には，現地側とのいわば危険認識のずれが生じたIJPC（イラン・ジャパン・ペトロケミカル・カンパニー・リミテッド）プロジェクトの例がある。1971年に基本協定が結ばれ，イラン側国営企業と日本側大手商社（のちに日本企業6社による共同出資会社）との間で一種の合弁契約が締結された。その後，本プロジェクトは当事者が想定していなかったイラン革命（1979年2月），イラン・イラク戦争（1980年9月）の勃発によって工事が何度も中断され，結局は合弁会社の清算に追い込まれた（1990年2月）。

　本合弁の基本協定には不可抗力条項が規定されており，パーレビ国王の国外脱出（1979年1月）の直後には，日本人作業員による工事現場からの引き揚げが行われた。同条項には不可抗力事由として「内乱」や「戦争行為（宣戦布告

の有無にかかわらず）」が入っていたが，イラン側とは不可抗力的事態に当たるかどうかの解釈にくい違いが生じた。

　このときは，イラン側，日本側のトップ同士により引き揚げが不可抗力免責の対象になることをいったん口頭で確認した。1979年10月には，共同出資会社に日本政府が200億円を出資して「IJPCプロジェクトのナショナルプロジェクト化」が行われ，1980年7月には工事が一時再開したが，同年9月，イラン・イラク戦争が勃発した。3日後にはIJPCの建設現場がイラク機により爆撃され数度にわたって繰り返されたことから，同年10月，IJPCは不可抗力事態であることを宣言し，日本人技術者・職員の750人全員がイランを脱出した。

　その後，イラン・イラク戦争の休戦協定成立（1988年8月）に至るまで，工事は中断，再開を繰り返しつつ，工事現場は放置されたままの状態に置かれることになった。1988年10月以降，両国当事者共同で被爆状況調査を行ったのち，日本側は合弁解消やむなしを，イラン側は工事再開を主張し，交渉は難航したものの最終的にはIJPCの清算に至った。

　本件では，「不可抗力事態」と認識し危険な工事現場から引き揚げを決断するのが遅れていれば，日本人従業員に重大な危害が生じていたかもしれない。その点，日本側としては適時，適切な決断を下したといってよいが，イラン側は最初の引き揚げ段階ではとくに不可抗力事態とするのは時期尚早であると考えていたようである。

　リスクの大きい新興国などの合弁パートナーとの間でこうした「認識ギャップ」が生じることは珍しくない。戦争や内乱だけでなく，革命やクーデターでもって国家体制まで突如変わる国や地域もある。海外駐在員の安全確保のためには，進出先現地特有の地政学的リスクについての十分な情報収集と分析に基づいて，合弁契約中の不可抗力条項などを想定リスクに備えた内容にしておくことが求められる。

　世界には，テロや内戦，戦闘行為などの脅威にほとんど常時さらされている国や地域がある。そうした国・地域には近づかないのが最もよい。そうはいっても人を派遣せざるを得ない場合には，安全に関する意識を高め，「入手」と「流出」両面における情報管理を徹底できるかが対応策の鍵となる。

# Ⅱ ◆ 海外子会社の独立性向上によるリスクコントロール

## (1)　日本親会社と海外子会社間の"特別な関係"

　日本親会社と海外子会社との関係はやや"特別"である。とくに海外現地で海外子会社が問題を起こした場合などに，現地当局が日本親会社と海外子会社との"特別な関係"を不祥事の原因とすることがしばしばある。

　関係が「特別」かどうかは別としても，海外現地では，日本企業の現地法人は「親離れ」ができていない特別な存在とみられがちである。言い換えれば他の外国企業の現地法人と比較して，現地子会社の独立性が低いと考える傾向がある。

　親会社と海外子会社間の取引・契約の「非通例的」な内容が法令のもとで問題にされ得る典型例が，移転価格（transfer pricing）である。これは親会社が子会社に対する支配力を利用して取引条件を"操作"することで，税制面で有利な拠点に利益を"移転させる"ことをいう。似たような問題はさまざまな場面で生じる。

　たとえば，日本企業が海外完全子会社の経営陣を日本からの出向者を中心に日本人だけにしていたとする。このことが現地における法規制に違反するとしたら，現地取締当局は，日本企業の子会社だから違反が起こされたとみるであろう。過去に在米子会社の経営陣を日本人男性だけで占めていた日本の総合商社が，現地従業員・ナショナルスタッフ（NS）から，国籍，人種，性別による差別を禁じた公民権法違反で訴えられたケースがあった。

　子会社の独立性が低いと，重要な事項について親会社の承認を得なければ決定できなかったり，親子会社間の取引条件が親会社のいいなりで決まったりしがちである。

　その結果，移転価格やダンピングを疑われ得るのだが，こうした規制違反を別にしても，契約違反などの場面で相手方からは親会社の関与を強く推認されることになる。

　仮に，海外子会社を通じて海外販売代理店契約を現地企業と締結し，日本親会社グループの製品の現地における市場開拓の任に当たらせていたとする。販売する商品がすべて親会社製品だと，海外子会社はいわば導管でしかない。

　その後，日本親会社が現地市場の様子も分かってきて，現地企業との契約を解消して子会社に販売権を一本化しようとすると，よく起こるのが不当な契約打ち切りを理由とする損害賠償請求訴訟である。

　契約当事者は海外子会社だが，実質的には親会社の意向と方針のもとに契約の解消が行われたとして，日本親会社が共同被告で訴えられ，共同不法行為をしたといった主張がなされる。

　他の分野としては製造物責任（PL），知財侵害などがある。ハイテク製品になればなるほど，日本の親会社が製造ノウハウをほぼ独占している。かつては"門外不出"でブラックボックス的に，国内でこれをしっかり管理していたが，海外現地生産のため海外子会社にライセンスするようになっている。その結果，これらの法的トラブルが起こると，現地では日本親会社主導で起こったと，みられかねない。

### (2)　海外子会社の独立性判断基準

　一般に海外子会社の独立性は，①資本面，②人事面，③業務面および④意思決定面で判断される。日本企業は，①でいえば，100％出資の完全子会社形態を好む傾向があり，②では日本親会社の役員が現地法人の役員を兼任したり，日本親会社から社員が出向する例が多く，③では販売子会社の取扱いが親会社の製品のみに限られるといった事実を指摘することができる。

　とくに役員兼任が多いことは，監査役を含め役員個人の責任が追及される原因にもなり得るので注意が必要である。

　たとえば，よくある例として取締役北米事業部長Ａさんがアメリカにある現地法人のトップ（CEO：最高経営責任者）を兼任し現地で北米事業の陣頭指揮を執る場合を考えてみる。ほとんど日本の本社で行われる取締役会へはテレビ会議あるいは電話会議によって出席できる。

　ただ，現地法人で大規模な欠陥製品のリコール問題が発生したとすると，Ａさんの取締役としての職務執行上の任務懈怠によるのか，それとも現地法人のCEOとしての職務執行の結果，損害が発生したのか判然と区別をつけにくい。

　現地の規制当局，あるいはこのリコール問題で直接被害を被った消費者は，「加害行為」について日本の親会社および役員の関与を前面に出して責任を追

及してくるであろう。取締役の職務執行を監査すべき監査役員（会）などは，日本だけではなく現地法人に出向き，A取締役の現地での職務執行を監査しなくてはならない。これを怠ったために会社に損害が発生したのであれば監査役として賠償責任が生じ得る。

　現地法人で起こった不祥事が日本親会社としての企業集団内部統制の不備に原因があるのであれば，取締役のほか監査役の善管注意義務違反にもなりかねない。内部統制の不備を，監査を通じて発見し監査報告などにおいて指摘，開示しなかったと認められれば株主や投資家などに対する賠償責任も生じ得る。

　監査役員自身が海外子会社の役員を兼任することもある。監査役員は子会社の業務執行を行う役職を兼任することはできないが（会社法335条1項他），子会社の監査役あるいは監査委員会や監査等委員会のメンバーである取締役を兼任することはできるからである。監査役員Bさんが在米現地法人の取締役監査委員を兼ねているとするならば，上記リコール問題について監査役員の責任が生じる場合はよりいっそう明確に想定できるであろう。

　なお，「監査役員」の語は，監査を専門的に担う役員である監査役，監査委員，および監査等委員の3者を総称した著者の造語である。

## Ⅲ ◆ 海外事業の再構築，グループ再編

### (1)　リスク管理としての海外事業の「選択と集中」

　ひところ中国やインドの現地法人や工場で，人事労務トラブル，ストライキなどが続発し，2012年9月には，尖閣諸島国有化に端を発した反日デモが中国各地で繰り広げられ，襲撃やその後の日本製品不買運動によって被害を受けた日本企業グループが出た。

　BRICsと呼ばれた新興国への進出ブームに冷や水を浴びせるようなこれらのリスクに直面して，こうした国からの「撤退」を検討する日本企業が出たとしても不思議はない。ただ，2012年の後半に発生が集中しただけで，これら新興国に特有のリスクは以前からあった。たとえば，1989年6月の天安門事件の後しばらく，日本企業を含む外国企業の中国への投資は大幅に減少した。

　当時の最高指導者である故鄧小平氏が，社会主義市場経済を標榜し改革・開放路線へのいわば巻き返し策を打ち出したのはよく知られた事実であるが，そ

の際唱えた「先富論」が現在の所得格差を生む素地になったのは皮肉な話である。これらの国々では，各国特有のリスクをよく見極めてリスク管理を徹底するしかない。

　そうしたリスク管理の一環として「撤退」があると考えてよい。とかく「撤退」というと，その国，地域での事業活動を止めて，「荷物をまとめて帰ってくる」的後ろ向きのイメージがあるが，いま必要なのは，リスク管理としての海外事業の選択と集中であり，そのための「撤退」である。中国でいえば，労働コストの上昇と労働者間の所得格差が著しい沿海部，都市部を避けて内陸部へ拠点を移すにも「撤退」が必要になる。

　海外子会社取得のいわば手段となる合弁契約（joint venture agreement）などにおいては，「撤退」のことを考えた条項づくりをしておくことである。矛盾するようであるが「撤退を考えない進出は失敗する」を契約段階から徹底すべきである。言い換えれば，これからの海外進出は「入口」戦略と同時に「出口」戦略を立てて行うのがよいであろう。

　新興国における「撤退」には，ほとんどの場合，現地当局の許認可が必要になる分，より難しい問題がある。とくに100%子会社を清算しての「撤退」となると従業員の大量解雇を伴うのが普通であるが，インドだと裁判所の許可まで必要になったりする。それまで黙っていた従業員から内部告発的に残業代の未払いを指摘され，撤退に必要な許認可が下されない場合もあり得る。

　あれこれ考えると，清算よりは合弁のローカルパートナーへの持分譲渡が最もスムーズな「撤退」方法だったりする。そこで合弁契約中に予め"膠着"状態解消のためのデッドロック条項や持分譲渡の際の条件決定方法，仲裁機関などについての条項をしっかり入れておくべきである。

## ⑵　海外子会社を対象にしたグループ再編

　海外事業は，そのリスクの大きさを考えて現地法人を通じて行うことが多い。さらに大手グローバル企業の場合，たとえば同じベトナムに事業部ごとに２つも３つも子会社を設けるケースがみられるようになる。メーカーであれば製造子会社と販売子会社を別々に，しかも製品グループごとに同一地域に持つこともまれではない。

　日本親会社との結びつきを事業部ごとに強め，いわば縦系列で役員兼任や従業員の出向を通じてグループ経営の意思決定をよりスムーズに行おうとするのは日本企業の海外事業展開における特徴である。日本企業の競争力はここからくるともいえるであろう。

　ただ，このやり方だと同じベトナムにいくつも子会社をもつことになって，親会社による"守り"の統制が行き届かないおそれが生じる。"守り"の内部統制の主柱はコンプライアンス体制であり，その決め手はコンプライアンス・オフィサー（CO）の配置である。

　現地の法制にも対応したコンプライアンス体制や監査体制を構築するには，「製・販統合」などを通じてなるべく同一国・地域内の子会社の数を減らすことである。そのそれぞれにCOを配置するのは現実的ではない。その上で，アジアであればたとえばシンガポールに地域統括の持株会社（ホールディング・カンパニー）を置き，"守りの内部統制"の要となるチーフ・コンプライアンス・オフィサー（CCO）を配置するようにするのがよい。

　シンガポールは，タックスヘイブン（租税回避地）のひとつとされてきたくらいであるから，日本親会社直接の海外子会社よりは，たとえばシンガポールの"地域ハブ"の子会社を通じて事業を遂行するほうが税務上有利な点が多い。加えて何よりも，いまはリスクに対応した機動的なグループ再編ができないと競争に勝ち残れない（シンガポールの地域統括のための子会社と「タックスヘイブン税制」の適用につき174頁以下参照）。

　この点，シンガポールの持株会社の子会社同士の合併を例にとっても，手続面，税務面の双方において有利さが発揮される。手続面では同国の会社法はイギリスに範をとっており，法治先進国としての合理的な内容を備えている。法適用の結果の予測可能性も高い。

第**4**節

# 海外子会社にかかる近時の不祥事
## ―ケーススタディ

## Ⅰ ◆ 東芝事件の場合

### (1)　事件の概要

　大手電機メーカーである東芝は，一部インフラ関連の工事進行基準に係る会計処理において不適切な処理が指摘され，2015年3月期連結決算の公表を同年6月以降に延期すると発表した。また同決算期の業績予想を取り消して「未定」にし，期末配当の見送りを決定した。

　東芝は，特別調査委員会を設置し，同委員会は2015年5月8日から調査を行い，同年7月21日には調査報告書の全文を公表した。報告書は，不適切な会計処理を認定し税引き前利益ベースで1,518億円の減額修正が必要と指摘する一方で，直接的原因には，経営陣らを含めた組織的関与，当期利益至上主義と目標必達のプレッシャー，巧妙な会計処理手法などを，間接的原因には内部統制やガバナンスが機能していなかった点などを挙げた。

　次いで，東芝は2015年9月中旬に外部の弁護士3人から成る役員責任調査委員会を設置，同委員会は同年11月9日に報告書の全文を公表し，歴代3社長と元最高財務責任者（CFO）計5人には取締役として負う善良な管理者の注意義務を怠ったとして会社による損害賠償請求の訴え提起が相当とした。

　同報告書の指摘した不祥事案のいくつかは，海外子会社が関係していた。以下はその要約である。

(1)　傘下の原子力事業会社，米ウェスチングハウス（WH）社が受注した原子力プラント建設計画に関し，見積もり工事原価総額の増加が見込まれると指摘されたが見積もりより低い原価が計上された。

　　当時の社長は適切な損失引当金が計上されないことを認識し，または認識し得たが，その計上を担当者に指示しなかった。また，CFOは，社長の指示によりWH側の工事原価総額の増加見積もりを採用しないよう担当者に

指示した。

⑵　子会社で産業用モーターやインバーターを製造する東芝インターナショナル米国が，地下鉄車両に使う電機品を受注し，同社から東芝社の社内カンパニーの社会インフラシステム（SIS）社が当該電機品の設計及び一部の製造を請け負ったことに関し，損益が赤字になると試算されたにもかかわらず，損失引当金を計上しないなど，適切に処理されなかった。

　当時の社長は，損失引当金の計上を懸念する趣旨の発言をしており，損失発生の可能性が高いことを認識していたことがうかがわれる。CFOは自ら損失引当金を計上しないことを承認し，さらに損失引当金計上に消極的姿勢を示していた。

## ⑵　本事件の教訓

　東芝事件では，役員責任調査委員会の報告書によれば，インフラ関連，「バイセル」関連，およびキャリーオーバー関連の3事業分野で不適切な会計処理が行われている。そのうちインフラ関連分野に，上記の海外子会社が絡む不祥事が集中している。

　とくに，米WH社の損失処理問題は金額的にも大きな教訓を多く含んでいる。WH社は，2006年に東芝が社運をかけて買収した原子力大手企業であり，加圧水型原子炉を世界で展開していた。

　東芝は買収以前は，米ゼネラル・エレクトリック（GE）社から沸騰水型原子炉の技術を導入して原子力発電所を建設してきたが，フランスは加圧水型を採用しており，中国が加圧水型の導入による原発の建設を打ち出すなど世界の主流は加圧水型であった。東芝は海外市場への“原発輸出”を目論むにあたり，WH社の買収をいわば切り札にしようとした。

　ところが，2011年3月に東日本大震災とその後の福島原発事故が起こり状況は一変した。世界のあちこちで原発の建設計画が見直されるなどしたため，WH社の業績も影響を受けて悪化が懸念された。にもかかわらず，東芝はWH社の収益は拡大を続けているとの説明を続け，買収時に資産計上した約3,400億円の「のれん」についても減損処理を行わなかった。そして役員責任調査報告書が指摘したところの工事原価の計上に係る損失引当金の不計上も行った。

　買収した企業の収益力が低下すると，ブランド価値を表す「のれん」の評価を切り下げる減損をしなくてはならない。これを親会社は行ってこなかったのであるが，子会社WH社においては2012年と2013年の決算でそれぞれ1,110億円（9億2,600万ドル）と480億円（4億ドル）の原発関連の減損が計上されていた。

　なぜこのように親会社，子会社で決算処理が異なるかといえば，日本親会社において米国会計基準（U.S. GAAP）が適用されていたからである。日本の会計基準では「のれん」は20年内の一定期間で償却されなくてはならない。米国基準による場合は，「のれん」の償却をしなくてもよい代わりに対象事業の将来キャッシュフローを見積もり，これが投資と「のれん」の合計額を上回っているかどうかの確認のためのいわゆる減損テストを行い，もし下回る場合には差額分を減損しなくてはならない。

　ただ東芝は，連結決算上WH社を1つの事業部門として扱い，WH社全体でみれば年平均2億〜3億ドルの利益が出ており将来収益も見込めるので減損の必要はないと説明した（本事件についての会計監査人などによる監査報告については，243頁以下参照）。

## Ⅱ ◆ オリンパス事件の場合

### (1)　事件の概要

　精密機器メーカーのオリンパス株式会社は保有金融資産の含み損を「飛ばし」を使って分離したのちに国内外のM&Aを利用して資金を解消した会計不正を行った。かつての連結の会計制度が1998（平成10）年の証券取引法（当時）改正により整備されるまでは，海外子会社を使った損失「飛ばし」が多く行われた。

　同改正によって連結計算書類における連結の範囲に海外子会社を含むようになったことから，本件では「飛ばし」先に，連結の対象外にあるかないか微妙ないわばグレーゾーンに属すると考えられた海外のファンドが選ばれた。本件「飛ばし」は海外のファンドを使って巧妙に行われ社内でもごく少数の人間しか知らず，歴代社長が申し送り的に不正の事実を隠していたが，外国人の社長の「内部告発」によって明るみに出た。

## (2)　本事件の教訓

　本事件も海外現地事業拠点が関係した会計不祥事である点は，東芝事件と共通する。ただ本事件の場合は，海外子会社（ファンド）を損失を隠すためのいわば隠れ蓑として"利用"しており，歴代のトップ主導で行ってきた点で組織ぐるみの不正ともいうことができる。

　東芝事件は海外子会社であるWHを悪用して会計不正を行ったわけではなく組織ぐるみ性は一見なさそうであるが，やはり経営トップ主導の不正である点は共通する。WHの工事原価見積もりに関しても当時の社長は適切な損失引当金の計上を指示しなかったし，CFOは社長の指示で海外子会社による工事原価総額の増加見積もりを採用しないよう担当者に指示するなどの事実が役員責任調査委員会の報告書には示されているからである。また，本件会計不祥事の原因に挙げられたのは，経営トップによる「チャレンジ」と称する無理な業績向上目標の押しつけであった。

　そもそも決算は，会社の経営陣・執行側によって行われる。粉飾決算を行おうとしたら利益を水増しするか損失がないように見せかけるかのどちらかしかない。後者による損失隠し先に海外子会社がなることが多いのは2つの不祥事例に見たとおりであって，親会社，子会社双方の経営陣が関与しないとなしえない。

　そうなると，海外子会社に関わるこの種の会計不祥事を防止するリスク管理体制は，役員のコンプライアンス違反などについて，報復を恐れずに通報できるヘルプラインのグローバルな整備を中心に構築するのがよい。また，リスク管理体制と一体をなす内部統制システムを監査する体制も経営トップ直属であったりする内部監査部門ではなく，監査役員によるしかないのではないかと思われる。

# Ⅲ ◆ 日産自動車事件の場合

## (1)　事件の概要

　2018年11月19日，東京地方検察庁特捜部は，日産自動車の会長であったカルロス・ゴーン氏と同じく代表取締役であったグレッグ・ケリー氏を金融商品取引法違反容疑で逮捕した。

　容疑内容は，ゴーン氏の場合，報酬を約50億円過少申告したというものであった。ただ，逮捕時から，同氏による私的な目的での投資金支出と会社経費の不正使用が疑われていた。

　後者の不正支出・不正使用として本書のテーマとの関連で重要なのは，4か国4物件に上るとされた自宅の無償提供である。

　オランダに設立した子会社を通じてリオデジャネイロ（ブラジル）の高級マンションやベイルート（レバノン）の高級住宅を次々に取得し，購入費など総額20億円超を日産自動車（側）が負担する一方，ゴーン氏は賃料を支払わずに自宅の無償供与を受けていたという。

　会社の金銭を不正に流用した場合，会社法の特別背任罪の適用があり得るが，会社に「損害を加える目的」があったことを立証する必要があり立件は難しい。

　とくに本件の不正容疑はオランダなど外国数か国に及ぶことから，日本の当局による捜査は難航が予想された。これもあって外国人の専務執行役員と地検特捜部との間の「合意」による司法取引が成立したものといってよい。

　刑事裁判で，海外子会社を使ったクロスボーダーでの巨額の報酬や資金の不正な流れの解明が期待されたが，その矢先の2019年12月30日，ゴーン氏が保釈条件に違反してレバノンに「海外逃亡」したことが明らかになり，一転，日本で刑事裁判を行うのが難しくなった。

　日本の法務省は，直ちに警察庁を通じ，国際刑事警察機構（ICPO）に国際手配を要請した。レバノン政府には，保釈取消の2日後である2020年1月2日に，ゴーン氏の身柄拘束を求める「国際逮捕手配書」がICPOから届いたという。

　本件と関係があるかどうかは不明だが，ゴーン氏の逮捕直前，日産自動車が東京国税局の税務調査を受け，タックスヘイブン（租税回避地）の子会社に関し，2017年3月期の税務申告で200億円強の申告漏れを指摘されていたとの新聞報道があった（2018年11月8日付日本経済新聞）。

　報道によれば，東京国税局は日産が税負担の軽いバミューダ諸島にある海外子会社につき「タックスヘイブン税制」（172頁参照）を適用し，同子会社利益を日産の利益と合算すべきと指摘したようである。

　これに対し，日産側は本海外子会社につき主として日産グループ以外と取引

をしているため，税制の適用が除外される「非関連者基準」を満たしており，申告漏れには当たらないと争っているもようと新聞記事は述べていた。

　いずれにしても，日本の親会社と海外子会社間の資金の流れをチェックし，「非通例的」な内容がないかどうかを監視する体制づくりが欠かせない。その体制が構築されているかどうかを監査する体制と海外子会社のガバナンス体制も重要である。

## ⑵ 「ガバナンス改善特別委員会」による提言

　2019年 3 月27日，日産自動車が設置した有識者らで組織する「ガバナンス改善特別委員会」は，同社の経営体制の見直しに向けた提言を発表した。

　報告書は，元会長のカルロス・ゴーン氏に権限が集まり不正を防げなかった反省から，取締役会の議長にあえて社外取締役を充て，執行と監督の分離を明確にするよう求めた。

　権限の集中を防ぐ仕組みとしては，会長職の廃止も求めた。日産の執行トップが企業連合を組むフランスや日本の自動車メーカーその他日産の主要株主の取締役や執行役などを兼任してはならないともした。報告書が理由として挙げたのは「利益相反のリスクを抱える」からであった。

　同委員会は，名称のとおりガバナンス改善を目的とするが，そのための“決め手”として，日産自動車の経営監督体制として指名委員会等設置会社への移行を提言した。同体制は，指名，報酬，監査の 3 分野に社外取締役を過半数とする 3 名以上の委員から成る委員会を設けなくてはならないとされる。

　報告書は，本事件で最も問題とされたのが高額の役員報酬であったことに鑑みてであろうが，「報酬」においては法定要件を超えて委員の全員が社外取締役である 3 〜 5 人の委員会をつくるよう求めた。

　「報酬」に関連して，報告書は，ゴーン氏と共に2018年11月19日東京地検特捜部により逮捕されたグレッグ・ケリー元代表取締役が，2013年 3 月期から2018年 3 月期まで，年 1 億円以上の役員報酬を受け取りながら開示していなかったと指摘した。ケリー氏も，金融商品取引法の下で有価証券報告書の虚偽記載の罪で起訴されている。

## Ⅳ ◆ タカタ・エアバッグ事件の場合

### (1)　事件の概要

　タカタは，1985年代からエアバッグの製造販売を開始し，世界各国に開発，製造および販売拠点を広げていった。2000年頃からは製造工程に問題のあるエアバッグを米国工場などから出荷しはじめていた。

　2007年頃から，同社グループ製造のエアバッグのインフレータが破裂し，その金属片による死亡事故が発生，不具合が判明するようになった。そして，2008年11月以降，各自動車メーカーは，同社グループが製造したエアバッグを搭載した車種について不具合の有無，原因を調査するためにリコールを実施し，対象を拡大していった。各自動車メーカーの要したリコール費用のうち，一定割合はタカタが負担するおそれがあり，同社グループの信用収縮・資金繰り悪化の要因となった。

　2015年11月，米タカタホールディングス・インクが，米運輸省道路交通安全局（NHTSH）との間で「エアバッグ製品に係る一連のリコールに関し，同意指令に同意し，これにより同ホールディングスは，7,000万米ドルの民事制裁金を支払う義務を負うこと」（「臨時報告書」より）になった。

　2017年１月，「米国司法省との間で，インフレータの性能検査試験にかかる自動車メーカーに対する報告の不備の問題に関して司法取引に合意し，かかる司法取引において，当社は2,500万米ドル（円貨換算約29億円）の罰金を科され，さらに，当社グループ製インフレータの不具合による被害者の損害補償のための１億2,500万米ドルの補償基金拠出義務を負い，各自動車メーカーの損害補償のため８億5,000万米ドル（円貨換算約978億円）の補償基金拠出義務を負うことにな」（同報告書より）った。

　2017年６月26日，タカタは東京地方裁判所に民事再生手続の申立てを行った。米国子会社のホールディングスを含む米州子会社12社についても，同年６月25日（米東部時間），チャプター11に基づく手続開始の申立てを，米デラウェア州連邦破産裁判所に行った。

## (2)　本事件の教訓

　本事件の発端は，2004年5月，米国で発生した事故でエアバッグの不具合が明るみに出たことだが，タカタは当初，自動車メーカー・ホンダの米子会社工場の製造工程に不備があったと報告したため，2008年11月，自動車メーカーのホンダが米国でエアバッグのリコールを届け出た。

　2009年5月には，米国で初めて，エアバッグの欠陥に関連した死亡事故が発生，日本でも2010年6月，他の日本の自動車メーカーがリコールを届け出た。その後10年以上に及んだエアバッグのリコールは，世界で累計1億2千万台以上，費用総額は1兆3千億円に上った。日米欧の自動車メーカー（十数社）が費用の大半を肩代わりした。

　2015年11月，NHTSAから民事制裁金が課されたことを受け，ホンダはタカタに「不適切な報告の形跡」があるので，今後はタカタ製インフレータを使わないと発表し，他メーカーも追随した。

　自動車メーカー側も，高い専門技術に頼りすぎ，不具合問題の対応をタカタ任せになってしまい，業界全体のリスク対策の不十分さを露呈させたとの指摘がある。初動対応の重要性を痛感させた。というのも米国でホンダによるリコールがあった2008年から倒産に至る2019年6月まで，タカタの経営トップ（会長兼社長）が記者会見などの席に出て謝罪や説明をしたりすることはなかったからである。

　2009年に北米で乗用車の大量リコール問題を起こしたトヨタ自動車の場合，対照的に社長みずから米下院の公聴会に出席し，被害者に謝罪の言葉を述べ米国でも相応の評価がなされた。

　ちなみに，トヨタ自動車は，この事件におけるリコール対応の遅れは海外の情報が本社に迅速に伝わらなかったことが一因と分析，この問題を解消するため，2010年3月，世界を6地域に分け，それぞれ「車両品質責任者」を置き，本社のリコールの判断に関与できるようにし，各地域には品質管理の小委員会も設け，本社の指示に頼らずに改善策を検討する体制も整えることにした（50頁以下参照）。

　両事件から共通して得るべき教訓は，とりわけ米市場において欠陥製品のリコール問題を起こすと，日本親会社やそのグループ全体が，社会的制裁（不買

運動など）を含む責任追及の対象にされるおそれが大きいことである。

　日本親会社が主導して，迅速な危機管理対応を行えるかどうかがポイントになる。最悪の場合，親会社，グループ会社ごと倒産手続を申立てることになりかねない。

# 海外子会社の管理体制

第 **1** 節

# 海外子会社の管理とGRC

## I ◆ リスク管理のPDCA

　リスク管理は，**図表**のようにリスクを①認識・識別し，これを②分類・分析・評価して③対応を行う流れで一般に行う。この流れの中で最も重要でかつリスク管理の前提にもなるのが①であり，リスクの洗い出し作業が欠かせない。そもそも認識できないリスクを管理することは難しいので，リスクを想定できないと，いきなりリスクに見舞われ危機に陥ってしまう。国内事業に比べ海外事業のほうがはるかにリスクの洗い出しは難しい。想像を越えたリスクが潜んでいたりするからである。

　海外事業からくるリスクを洗い出すのが難しいのは，社会における価値観や国家体制が根本から違う進出先があるからである。極端な場合には，日本の社会における「正義」が彼の地では「不正義」になったり，その逆もあり得る。また，世界中の国が民主制国家かというとそうではなく，国家体制が社会主義体制である国や封建国家も少なくない。コンプライアンスをいう以前に，日本における「常識（または非常識）」が海外の一定地域では「非常識（または常識）」になり得る点が重要である。

　また，海外現地で「法令」は，日本の国会や行政庁の制定した法令でないことはもちろん，一党独裁の「議会」や専制君主が制定した法律であったりする。

　日本列島は海で囲まれているため外国はすべて「海外」にある。そのため昔から日本人は外国からの影響をあまり受けることなく独自の文化を育むことができた。ただ，それが島国根性といわれるような少数派に属する「非常識」的考え方や行動を生みかねないことも事実である。進出先がEU加盟国のスペインであったとする。同国の「法令」遵守だけに腐心していてEU法，とくにEU独占禁止法の存在を忘れていると大きな制裁金で痛い目に遭うかもしれない。進出先現地が基本的な法適用構造から違うことにも気づくべきである（英国のEU離脱（BREXIT）との関連につき，68頁以下参照）。

　国内に限定しても「会社の常識が社会の非常識」としかいいようのない不祥事を惹き起こした企業もあった。そうなると日本企業の海外事業監査で最も重要なことは，いかに島国根性を捨てて，進出先現地社会における常識やグローバルな考え方を理解できるかであるといってよい。

　リスクの洗い出しの点でいえば社外役員を中心とした監査役員（会）が執行ラインから独立した客観的な視点でもってリスクを認識，察知し取締役会の場で意見を述べられるようになっているかどうかがポイントになる。海外事業については，その特有のリスクを社外役員が認識できるかどうかにかかっている。

　このほか，海外事業からくるリスクの洗い出しには，以下のような“工夫”が必要になる。

> ①　グローバルヘルプラインを設け海外現地従業員（NS）の“声”が日本親会
> 　　社（グループハブ）にも届くようにする（76頁参照）。
> ②　現地従業員（NS）向けアンケート調査を実施する（巻末資料2参照）。
> ③　チェックリストを活用する（巻末資料1参照）。

　ヘルプライン（①）は，リスクを芽のうちに摘むために有効であるが，人事面での報復などを恐れてなかなか通報に踏み切ってもらえないことがある。その点，現地従業員全員を対象に匿名でアンケート（②）を実施するとそれまでまったく気づかなかったリスク要因を明らかにしてくれることがある。

〔図表　リスク管理の流れ〕

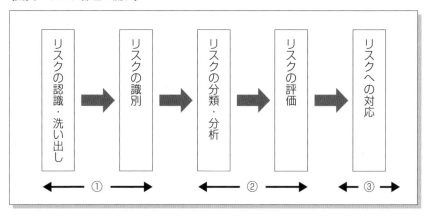

　企業による比較的新しいリスク管理手法として，2000年頃から唱えられるようになったERM（enterprise risk management）がある。

　ERMの統一的な定義があるわけではないが，アメリカのトレッドウェイ委員会（COSO）がCOSO-ERMの枠組み（Enterprise Risk Management Integrated Framework）中で示した次のような定義が国際的に広く使われている。

　　「ERMは事業体の取締役会，経営者，その他の組織内のすべてのものによって遂行され，事業体の戦略策定に適用され，事業体全体にわたって適用され，事業目的の達成に関する合理的な保証を与えるために事業体に影響を及ぼす発生可能な事業を識別し，事業体のリスク選好に応じてリスクの管理が実施できるように設計された，ひとつのプロセスである。」

　この定義で，「全社的視点で」，「プロセスに組み込んだ」ものである点が従来型リスク管理と異なる。

　動的なプロセスとして重要なのは，Plan→Do→Check →ActionのいわゆるPDCAサイクルを回すことである。リスク管理のP（計画）部分では，「リスクの洗い出し」に力を注ぐ必要がある。これに失敗すると，入口部分で多くのリスクが「想定外」になってしまいプロセスが先に進まない。ただ，想定すべきリスクの中味は企業の規模や行う事業内容によって異なる。たとえば保険会社や金融機関の場合，業務遂行上のリスクの多くが財務的なリスクで定量化も比較的容易だが，一般の事業会社の場合，内容は多様で定量評価できるリスクは多くない。

　リスクによって管理手法が異なるが，業種を問わず一般に契約による管理が必要なリスクにオペレーショナルリスクがある。これは，業務の過程，役職員あるいは取引先企業の活動，システムの不具合といった事象によって企業が損失を被るリスクである。とりわけシステムは，開発・保守・点検について外部委託をすることが多く，そのリスク管理は適切な委託契約管理が主になる。

　いまやIT関連分野では外部委託契約が欠かせず，しかもシステム開発などは現地子会社を通じてインド企業に委託するといった例が珍しくない。

　国際開発委託契約を内部統制の観点から検討する際のチェックポイントを列

挙してみる。

　まず第1に，海外に業務を委託することからくるリスクの管理が十分にできるような体制を委託契約によって構築すること，第2に，委託先との秘密保持契約（secrecy agreement）を必ず締結すること，第3に，再委託の原則禁止などを委託契約中に明記すること，第4に，海外の外部委託先に対するモニタリングが甘くならないよう，委託業務の遂行状況などを随時検証できるようにすべきである。

## Ⅱ ◆ CSAによるリスクの自己評価

　2015年に発覚した電機メーカー大手の会計不祥事の多くの部分に子会社，しかも海外子会社が絡んでいた。同社の設けた役員責任調査委員会が2015年11月9日に公表した報告書には，傘下の米国現地法人が受注した原子力プラント建設計画の見積もり工事原価総額の増加が見込まれたが当時の親会社トップが適切な損失引当金の計上を担当者に指示しなかったとある。

　かつて連結会計制度が整備され，連結子会社に「支配力基準」によって海外子会社が含まれるようになった1998年より前，海外子会社へ損失を「飛ばし」て隠す会計不正が横行したことがある。海外子会社を舞台にした会計不正リスクの発生をどう防止しコントロールすべきかは極めて大きな検討課題といわなくてはならない。

　自然災害リスクなどと違い企業グループ内部の要因によって生じるリスクは，企業がコントロール可能なリスクである。とくに子会社の不祥事などは主に親会社による「企業集団内部統制」の整備で対応すべきとするのが近時の改正を含めた会社法令の流れである。

　とはいえ，実際に内的要因リスクをコントロールする有効な方策を見つけるのは難しい。大きく，ガバナンス，リスクマネジメント，およびコンプライアンスの展開によるものとし，それぞれの頭文字をとってGRCという。

　R（リスクマネジメント）において欠かせないのは，リスクの洗い出しにつづくリスクの重要性評価，リスクコントロールの有効性評価である。ただ，海外子会社の場合，その置かれた海外現地それぞれに特有のリスクもあり日本の親会社主導の一元的対応には限界がある。

　そこで登場するのがCSA（コントロール・セルフアセスメント）である。self-assessmentは「自己評価」を表し評価の対象は（risk）controlである。CSA活用のメリットは親会社の負担を軽減できる点にあるものの，海外子会社の自己評価にすべてを委ねたのでは親会社，子会社双方の経営層が関与する重大会計不祥事の"コントロール不全"が生じかねない。少なくともCSA導入当初のスタート時には，親会社側でアンケート項目を用意しそれに子会社側で自主的に答えた結果を親会社に報告してもらうのがよいであろう。

　CSAを導入し次第に海外子会社がアセスメントする項目を増やしていくことで，何よりも子会社みずから主体的にリスクを管理する意識を高めることができる。加えて，負担軽減にとどまらず親会社による内部統制，ガバナンスの効率的運用を期待できる。

　とくに内部統制とガバナンス体制の主柱である監査体制の実効性向上につながる点が大きい。海外子会社の数が増加しグローバル化が進むにつれ，日本親会社の内部監査部門が世界各地の子会社を監査して回るのは不可能に近くなってしまう。現地法人の内部監査部門や外部監査人との連携がおのずと求められる。

　また，海外子会社が関わる会計不祥事は経営陣によって起こされることが多い。日本の会社法で，経営陣の「職務執行」を監査するのは監査役や監査（等）委員会などの職責である。親会社，子会社双方で監査機関相互の連携が求められるところであり，そこにCSAの手法が加わってはじめて実効性のある海外子会社を対象にした内部統制とガバナンス体制ができ上がる。

## Ⅲ ◆ リスクの分類―外的要因リスクと内的要因リスク

　リスクの分類方法はいくつかあるが，自然災害のように組織外の要因で生じるリスクとカルテルによる独占禁止法令違反のように組織内の要因で生じるリスクがある。

　企業組織の存続にとっては自然災害リスクよりは法令違反などの人為的リスクのほうがより大きな脅威になり得ることについてはすでに述べたところである（6頁参照）。それだけでなくコントロールが可能かどうかの視点からも両者には大きな違いがある。

　ここでいうリスクのコントロールは，リスクを予知し，軽減や防止につなげる作業をさす。内的要因によるリスクは，この意味でコントロールが可能である。少なくとも理論的には人間のつくった法令を人間が違反することをなくそうと思えば人間の手でできないことはないはずだからである。

　仮に大きな法令違反の発生を防止できなかったとしても発生後の巨額の制裁金の軽減，付随するレピュテーション，毀損リスクの回避などを適切に行わなくてはならない。さらに最悪の場合グループごと経営破綻に陥ってしまうことも極力避けなくてはならない。

　最悪の事態を回避するために有効な方策としてGRC（ガバナンス，リスクマネジメント，コンプライアンス）が唱えられているのである。次節以下で順を追って，その具体的な内容について解説する。

第**2**節

# 海外子会社のガバナンス

## Ⅰ ◆ 海外子会社のガバナンスと日本親会社

　2015年5月から施行になった改正会社法は，海外子会社も対象にした企業集団内部統制を"強化"した。

　内部統制は，企業組織「内部」の統制を指し組織における"内向き，下向き"のコントロールを内容とし，英語ではinternal controlという。ただ，これをその企業単体でもって理解するか子会社を含む企業集団をベースに考えるかによって「内部」の範囲が異なってくる。いまは子会社を通じて，とくに海外をはじめとするリスクの大きい分野を中心に，事業を展開するグローバルなグループ経営の時代であるから，海外子会社とも一体となった企業集団を単位として考える。

　この考え方では，子会社をあたかも1事業部門のように扱うので，内部統制システムの主柱であるコンプライアンス体制や内部通報制度も企業グループベースで整備する必要がある。難題は海外子会社を対象とする同システムの構築にある。コンプライアンス体制を支える法令遵守の部分で，設立準拠法など拠って立つ法令の内容が，日本法と異なるだけでなく海外子会社ごとに異なるほどのダイバーシティがあるからにほかならない。

　企業集団内部統制は，海外子会社単体におけるガバナンスの問題でもある。海外子会社にとって最大のステークホルダーともいうべき日本親会社による，単体「外から」のコントロールだからである。

　親会社による子会社コントロールの方策にもいくつかあるが，役員派遣は最有力な方策のひとつといってよい。契約との関係では，合弁契約中で日本側パートナーの出資比率をどれだけにし，取締役を何人現地合弁企業に送り込めるかなどの取り決めが重要である。たとえば，日本側60%，現地側40%出資予定で合弁企業を現地法の下で設立するとする。取締役の数を5人とし出資比率に比例しプロラタ（pro rata）で日本側3人，現地側2人の取締役を送り込め

るようにするのがふつうである。

　当たり前のことのように思われるかもしれないが，取締役の最低員数，取締役会の決議方法などは現地の会社法で決まり，会社法の内容に反する全株主の合意があったら合意を優先させてよいかどうかも同法による。同会社法の内容をよく確かめたのちに，合弁会社を子会社としてコントロールできる数の役員を選任できる合弁契約（joint-venture agreement）の内容にしなくてはならない。

　合弁契約はいわば主要株主間契約であり，全株主の合意を証拠づける書面でもある。重要な事項についての意思決定を通じてどこまで合弁会社をコントロールできるかに交渉と内容決定上のポイントが置かれる。たとえ50％未満の出資しかしないとしても，株主総会における特別決議を常に阻止できるだけの議決権数を確保しそこから“逆算”する形で，送り込む取締役数も確保できる合弁契約の内容にすることはよく行われる。

　ちなみに，日本の会社法で株主総会の特別決議は，定款に別段の定めがない限り，株主の議決権の過半数を有する株主が出席しその議決権の3分の2以上の多数決で行われる。

## Ⅱ ◆ グローバル企業集団内部統制とガバナンス

### ⑴　グローバル企業集団内部統制システム

　会社法令の求める企業集団内部統制は，海外子会社も対象にしつつ企業集団の外からガバナンスを利かせられる体制づくりである。

　そうした体制づくりの“入口”部分で重要なのが企業グループ全体の“姿”をどのようなものにするかである。このグローバルな企業集団内部統制のシステムは，大きく2つに分けられる。1つは日本企業をピラミッドの頂点とする「中央集権型」システムであり，他の1つが「地方分権型」システムである（次頁の**図表**参照）。

　欧州から中東・アフリカ，アジア・中国，オセアニア，中南米にいたる世界全域に近いグローバルビジネス展開をしている企業であればとくに，日本親会社を頂点とした「中央集権型」の内部統制には無理がある。それだけ，世界各国・地域における関連法令などの内容には差があり，一括りにするのは難しいのである。

〔図表　2つの内部統制システム〕

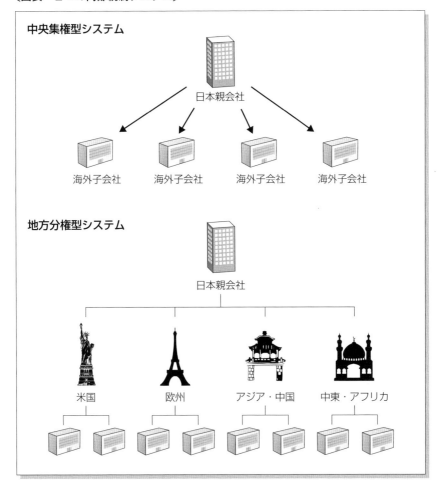

　分野を限定して，財務報告の適正性を確保するための，いわゆるJ-SOXの下での内部統制であれば，日本の親会社が選んだ統一的会計基準の下で「中央集権型」のやり方も効果的である。国際会計基準「IFRS」の適用が世界的に広がっていけばなおさらである。

　会計以外の多くの分野においては，法制度の中身やその運営，慣行の違いが，各国・地域における制度間のハーモナイゼーション（調和）を大きく妨げてい

る。かといって，国や地域ごとに異なる統制システムを構築するのは負担が大きすぎて現実的ではない。国や地域ごとに法令の中身が異なるといっても，大きなグループ分けはできるので，ビジネス関連法の視点で世界を4極，5極に分けブロックごとに子会社群の統轄組織を考えるのがよい。

## (2)　グローバルハブによるガバナンス体制

　こうしたグローバルな企業集団内部統制システムにおいて子会社ガバナンスのあり方を考えてみる。

　一般に日本の会社が海外のグループ会社を直接コントロールするのは難しい。ただ，日本企業は，中央集権的にしかも日本企業の各事業本部に直接"ぶら下げる"ようにして，海外の子会社や孫会社をコントロールしようとする傾向が強い。

　大メーカーであれば製造部門ごとに同じ東南アジアのベトナムに3つも4つも子会社があり，販売子会社はまた別に1つ置くといったことになりがちである。このやり方は，各事業本部からの業務上の指図などが海外子会社に迅速かつ正確に伝わりやすいメリットがある反面，海外子会社などでコンプライアンス違反や不祥事が起こりやすく，責任の所在もあいまいになりがちなデメリットがある。

　同デメリットを克服するためには，「地方分権型」をとりつつ，各ブロック・地域に，統括のために持株会社などを配置する「グローバルガバナンス体制」を敷くのが望ましい（次頁の**図表**参照）。

　地域ハブの配置は，"守り"のコンプライアンス体制を中心に考えるため，4大法体系（大陸法，英米法，社会主義国法，およびイスラム法）とブロック共通の法的ルール（EU法，FTA，TPPなど）をもとにしている。

　次頁の**図表**では，欧州はEU（ヨーロッパ連合）の本部があるブリュッセルに，アジア・オセアニアは自由度の高い国際金融マーケットをもつシンガポールに，中国は外資規制が他の地域に比べて緩い上海・浦東地区に，アメリカであれば州会社法の下で経営自由度が高いデラウェア州に，それぞれ持株会社として地域統括の子会社を設置することが考えられる。

〔図表　持株会社を使ったグローバルなグループ経営形態の例〕

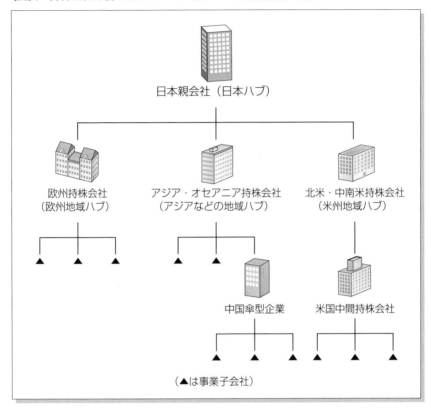

## Ⅲ ◆ 海外子会社のガバナンス体制―企業理念の浸透

　日本親会社が海外子会社のガバナンス体制を構築していく上で基盤になるのが企業理念のグループ内での浸透である。企業理念は，グローバル企業の行動規範と共に「企業風土」を形成し企業経営者を規律する。

　海外子会社の経営者も規律する企業理念は，企業グループの目的，ステークホルダーとの関わり方，目的を達成するための基本戦略，倫理観などを成文化した基本方針といってよい。

　設立準拠法から事業活動上拠って立つ法律，慣習に至るまで異なっている海外子会社がこぞって守るべき基本ルールが企業理念である。そこで，「グロー

バルグループ行動憲章」といった名称を付し全世界にわたる企業集団を規律する根本規範にしている企業は少なくない。

　企業理念はグループに属する世界中の関係者の誰が読んでもわかりやすく，どういった行動を取ったらよいか迷う場面でもこの根本規範に照らせば自ずから適切な答えが導かれるのが望ましい。以下に掲げるのは，日本を代表する製造業のトヨタ自動車がホームページに公表している「企業理念」である。「内外の法およびその精神」の遵守を冒頭に掲げている点が目を惹く。

---

1．内外の法およびその精神を遵守し，オープンでフェアな企業活動を通じて，国際社会から信頼される企業市民をめざす
2．各国，各地域の文化，慣習を尊重し，地域に根ざした企業活動を通じて，経済・社会の発展に貢献する
3．クリーンで安全な商品の提供を使命とし，あらゆる企業活動を通じて，住みよい地球と豊かな社会づくりに取り組む
4．様々な分野での最先端技術の研究と開発に努め，世界中のお客様のご要望にお応えする魅力あふれる商品・サービスを提供する
5．労使相互信頼・責任を基本に，個人の創造力とチームワークの強みを最大限に高める企業風土をつくる
6．グローバルで革新的な経営により，社会との調和ある成長をめざす
7．開かれた取引関係を基本に，互いに研究と創造に努め，長期安定的な成長と共存共栄を実現する

---

　グローバルな海外子会社に対するガバナンス体制に実効性をもたせるには，こうした「憲章」などに具現化された企業理念をすべての海外子会社に浸透させなくてはならない。成文化した企業理念を "空念仏" に終わらせないために，日本親会社がその周知に努めるべきである。とくに経営トップは年頭所感など機会を捉えてはグループの全員に対し，適宜現地語訳を作るなどして，メッセージとしてこれを発信するのがよい。

# Ⅳ ◆ 海外子会社のガバナンス体制—親会社による意思決定

## ⑴　中庸を得たコントロールを目指す

　日本親会社と海外子会社の関係はとくに海外現地からは特殊とされがちである。どう特殊かというと，親会社が子会社の業務遂行に過度に関わり過ぎるか逆にほとんど関わらずに放置するかの両極端で，中庸がない点においてである。

　とくに現地法令の違反があった場合に，現地当局は，他のたとえば欧米の企業の現地法人と比較しつつ日本親会社の特別な関わり方が違反の原因をつくったとみる傾向がある。

　日本企業は海外子会社に出向・派遣のかたちで幹部社員を送り込むことが多いが，それだけでなくいわゆる日本人的人事慣行も現地に持ち込むことがある。その結果，現地従業員／ナショナルスタッフ（NS）から反発を招き，国籍・人種・性別による不当な差別が行われているとしてクラスアクション（集団訴訟）の被告にされたことがある。

　海外子会社に対するガバナンスは，親会社による適切なコントロールを要求する。ただ，コントロールが利きすぎて現地法令に違反する結果になってはならない。逆に，親会社が海外子会社の経営に過度に無関心なため，企業集団内部統制が利かなくなり現地法令違反を招くことがある。

　どちらも避けるべき両極端な事態であるが，必要なのは中庸を得た適正なコントロールである。海外子会社における重要な意思決定に日本親会社がどこまで“介入”できるか，事例に基づいて検討してみたい。

## ⑵　「リコール権限」の適正分配

　2009年11月，トヨタ自動車はアクセルペダルの不具合を原因として乗用車8車種，計446万台のペダル無償交換・自主改修を行うと発表した。次いで2010年1月には，同8車種257万台のリコールなどを行い，同年2月にも追加のリコールを発表するなどした。同じ頃，米運輸省高速道路交通安全局がリコールの遅れがなかったか調査を開始すると発表した。

　2010年2月24日に開かれた米下院の監視・政府改革委員会の公聴会に出席したトヨタ自動車の豊田章男社長は，証言中で品質管理や人材育成の体制を抜

本的に見直す考えを示した。同体制見直しの内容は，その後明らかにされたが，海外現地のリコールについての権限強化が中心になっている。

すなわち，体制見直し案をまとめるならば従来は海外市場でのリコールを日本の親会社が決めていたが，地域ごとにリコール実施の可否を判断できるようにする。グローバルな経営体制を北米，欧州，アジアなど地域ごとの特性を重視した体制にシフトし，主要地域ごとにチーフ・クオリティ・オフィサーを置き，品質への責任体制を明確にする。外部有識者を入れた「グローバル品質特別委員会」を新設し，客観的な意見に基づき品質改善の取り組みを点検する。世界各地に品質保証のための人材育成センターを設置する，などであった。

本「大量リコール事件」における教訓は，リコールの可否を事故が起こった海外現地で決定できず，日本親会社が決定するとしていたことで対応が遅れたとみられる点にある。この点は，日本企業がグローバルなグループ内部統制整備をする上で共通して抱える決裁権限の適正分配の検討課題といってよい。

というのは，日本企業の海外子会社において製品事故などの不祥事を起こすと，決まって問題となるのが日本親会社の責任だからである。日本企業の海外子会社は，日本以外の国の海外子会社と比較して海外子会社の「現地化」が遅れている。

人事面で日本からの出向者が海外子会社の経営陣を占めていたために現地で雇用差別訴訟のクラスアクションを起こされた事件は，裁判の争点からして「現地化」度合いが試されたケースといってよい（77頁以下参照）。

決裁権限の分配面でも日本企業の場合「現地化」が進展していないとみられがちである。概して日本企業の海外子会社は，重要な意思決定につき日本親会社の事前承認が必要と内規で決められていることも多く，子会社経営陣の眼はいつも親会社のほうを向いているとみられがちである。

それも海外子会社の意思決定が現地法令に反する場合においては，日本親会社の意向と日本の法令を優先して考えるあまり現地法令の遵守がおろそかになったとみられないように気をつけないといけない。

57頁以下で紹介するN證券株主代表訴訟では，アメリカ現地法の違反が「内規」に基づく日本親会社からの指図によるのではないかが争われた。日本では「内規」が証拠で法廷に提出されなかったようであるがアメリカで民事訴訟に

なれば広範なディスカバリー（証拠開示手続）の要求の前に提出を余儀なくされたかもしれない。

　そうなると，「内規」的文書ではなく，コンプライアンス体制，内部統制システムの一環として現地裁判所を含めどこに出してもはずかしくない適正な内容の「決裁規程」をつくり，日本親会社と海外子会社間で決裁権限の適切な分配をはかるべきである。

## Ⅴ◆海外子会社のガバナンス体制─親会社による監査・モニタリング体制（総論）

　およそ企業の事業は，国内での事業展開と国外での事業展開に分けることができる。いずれの事業活動においても第三者に損害を与える不祥事を防止する内部統制の整備が欠かせない。

　とくに，海外事業において深刻かつ重大な不祥事が続発している昨今，海外事業の内部統制は喫緊の課題となった。ただ，海外事業は現地で起こるリスクが日本親会社にまで及ばないようにするために海外現地法人＝海外子会社を通じて行われることが多いため，日本親会社による企業集団内部統制がここでのテーマである。

　内部統制は，コンプライアンス・オフィサーを配置するなどの静的な体制と共にPDCAサイクルを回す動的な部分がより重要になる。とりわけPDCAのうちのC（Check）部分は，内部統制が計画・基本方針のP（Plan）に沿って運用・実行のD（Do）が行われているかを不断に点検・検証のC（Check）をしつつ内部統制の是正・改善につなげていく点を最も重視すべきである。

　点検・検証のCは，会社が行う「監査」業務と重なる部分が多い。監査はその意味で内部統制システムの重要な一翼を担うことになるが，監査役をはじめとする監査役員にとって内部統制は監査の対象でもある。内部統制に不備があるときは「監査報告（書）」中に書かなくてはならないとされるのはそのためである。

　内部統制の最大の弱点は，それによるコントロールが「内向き，下向き」に偏るならば，経営トップのルール無視による不祥事を防止できない点にある。経営トップを組織の外から監視するガバナンスが併せて適切に行われなければ

ならない。海外子会社を舞台にした会計不祥事を例にとれば，すでに述べたように日本親会社，海外子会社＝現地法人いずれかあるいは双方の経営陣が関与するケースが多い。日本親会社による企業集団内部統制，海外子会社からすればガバナンスが日本親会社・その経営陣に対するガバナンスと共に有効に行われないとこの種の不祥事発生は防止できない。

　日本親会社グループによる海外事業は，外形的には海外子会社を通じて行われている観があるが，日本親会社のとくに事業部門との結びつきが強いのが特徴である。ベトナムにおける子会社の重要な意思決定が，たとえば日本親会社の取締役海外事業本部長の指示によって決まっていたりする。また，海外市場に巨額を投じて現地法人を持ち進出するあるいは逆にその現地法人を清算して撤退するといった決定は日本親会社の取締役会で承認決議するべき事項であることも多い。

　そうなると会社の監査を担当する「三様監査」の主体のうち，日本国内で取締役の職務執行を監査する監査役員が行う監査の対象になる。内部監査部門は，経営トップ直属であったりするので，経営トップ自身のルール無視を監査することは期待できない。

## VI ◆ 海外子会社のデータガバナンス

### ⑴　GDPRの適用開始

　2018年5月25日に施行になったEU・一般データ保護規則（EU General Data Protection Regulation：GDPR）は，EU・基本権憲章（European Union Charter of Fundamental Rights）8条1項が規定する個人データの保護についての権利を具体化したものである。

　本規則は，全11章，99か条，前文173項からなる。日本の個人情報保護法と比べ，保護の対象が広く，日本にはないデータ保護責任者の配置などの義務規定があり，データ移転により厳しい制限を課し，違反には高額な制裁金を課し得るなどの違いをもっている。

　日本企業によってとくに重要なのは，本規則が個人データの越境移転を原則として禁止しており，域外適用を認める点である。

　越境移転については，十分な保護の措置をしていない第三国へのデータ移転

を禁止することを内容としている。本規則の"前身"であるEU指令（directive）にもこの禁止規定があったが，日本は2019年1月に欧州委員会から「十分性認定」を受けた。

　したがって，日本企業は同委員会の要求するところの，ａ．拘束的企業準則，ｂ．標準約款，ｃ．行動準則，ｄ．認証といった「文書化」の手続を通じて，EU・欧州経済領域から日本へのデータ移転を行う必要はなくなった。

　GDPRは，データ処理管理者に代わって処理を委託できる場合を規定している。この場合，同管理者は，処理が本規則の要件を満たし権利の保護を確実にする処理方法で，適切な技術的・組織的な対策実施を十分に保証する処理者のみを利用しなければならない（28条1項）。

　また，処理の委託契約には，処理者に本規則の遵守を義務づけるための一定の事項を規定する必要がある（28条3項）。

　日本では改正個人情報保護法が2017年5月30日から施行になった。本改正は，外国の第三者に個人データを提供する場合の要件につき特則を設けるなど，個人データの国境を越えた流通を促す措置を講じている。

　日本の個人情報保護法は，GDPRとのさらなる"ギャップ"を埋めるため，2020年6月に再改正され2022年4月から施行になっている。改正の方向性は，個人情報保護法委員会が，2019年4月25日に公表した「個人情報保護法　いわゆる3年ごと見直しに係る検討の中間整理」が示していた。ポイントは，「個人の権利として，データポータビリティや利用停止などの権利をどこまで認めるか」にある。

　また，日本で2019年8月，就職情報サイト「リクナビ」を運営するプラットフォーマーで，学生の十分な同意を得ずに内定辞退率の予測データを38社に販売していた件が発覚した。

　この問題で，個人情報保護委員会は，2019年8月26日，「リクナビ」の運営会社に対し，本人に利用目的などの説明が不足したまま個人情報を外部に提供した点の是正を求める「指導」を行った。

　上記「中間整理」は，「技術の進展に伴うデータ利活用への対応」のタイトルの下，「技術の進展に伴い，情報銀行やデータ取引市場等，さまざまなデータ活用サービスが生まれてきているが，個人の権利利益を保護するという観点

から法令に沿った対応・検討をしていく」と述べている。

　この点，GAFAをはじめとする大手プラットフォーマーの法的責任をGDPRの下で厳しく追及するEUの姿勢を意識しているようでもある。

## ⑵　GDPRの対応は日本親会社主導で行うべき

　EU域内に子会社をもつ日本企業は少なくない。この場合，同子会社は世界で最も厳しい個人情報保護の法的ルールとされるGDPRを遵守しなくてはならない。GDPRは，EU域内外の企業にも直接適用され，制裁をEU委員会が科す根拠にもなり得る。

　そこで，EU内の子会社には，2018年5月25日の適用開始以降，GDPR遵守のためのコンプライアンス体制構築が急務になった。ただ，GDPRの一大特徴は，データ管理内部統制を詳細にわたって要求している点になる。

　しかも，GDPRには，グローバルな企業集団内部統制構築を前提にしていると見られる点があり，日本親会社の内部統制構築上の関与が欠かせない。

　すなわち，GDPRは，EEA（欧州経済領域：EU加盟27か国プラスノルウェーなど3か国）外への個人データの移転を厳しく規制し，原則禁じている。日本親会社が，グループの人事・労務管理の一環としてEEA内の子会社から従業員の個人データを取得しようとしたら，一定の条件をクリアしなくてはならない。

　日本親会社は，企業集団内部統制に責任を負うべき立場で，EEA域内の子会社に直接，あるいは，たとえばベルギーに設けた欧州の地域統括のための会社に寄せられたヘルプライン（内部通報）の内容につき報告を受けるとする。この場合，やはり同じような個人データの域外移転になってしまう。

　したがって，日本企業によるGDPR対応は，現地拠点だけでなく，日本親会社が中心的役割を果たしつつ，グループ全体で取り組む必要がある。

　具体的プロセスとしては，日本親会社が対応プロジェクトをリードするかたちで，グループ全体の対応方針の策定などを行うべきである。

　次に，策定したグループ全体の対応方針や共通基準を各社へ，親会社として展開・指示する。日本親会社は，本対応プロジェクトに関し，グループ全体のコントロールタワーとして，拠点間の調整やプロジェクト進捗を管理すべきで

ある。

　現地子会社の側でも，日本企業の策定したグループの対応方針に従って，子会社としての管理体制，規程・ルールを整備し運用するようにする。そうした運用状況は，まとめて，定期的に日本親会社に連絡し相談する体制をつくるのが望ましい。

　GDPRは，個人情報保護のグローバル・スタンダードとなりつつある。2020年，日本の個人情報保護法は，一部GDPRに内容を合わせ改正され，2022年4月から施行になった。2020年1月からの，米国カリフォルニア州消費者プライバシー法の施行は，日本企業に対するクラスアクション（集団訴訟）のリスクを高める。日本企業の子会社が多いタイでも，2022年6月には，通称「タイ版GDPR」が完全施行になった。

　なお，GDPRについては266頁以下のチェックリストを参照。

## Ⅶ ◆ 日本親会社役員の責任が問われる場合

### (1) 海外子会社も対象にした不祥事防止責任

　海外を含めて子会社に不祥事が発生すると，親会社の役員の責任が追及されることがある。親会社は，多くの場合子会社の株主であるから，株式会社に本質的に備わった有限責任原則の下で，原則として子会社が第三者に対して与えた損害につき賠償責任を負うことはない。親会社の役員も同様である。

　ただ，日本の会社法の下で親会社は内外の子会社を含むグループ（企業集団）内部統制の要となり，その取締役は，グループ内で法令違反をはじめとする不祥事を防止しなくてはならない。旧商法時代に比べ，親会社の役員は，子会社の不祥事に関し，グループ内部統制システム整備を怠ったとして責任を追及されるおそれが増大した。

　会社法は，「子会社」の定義に実質支配力基準を採用して，「親会社」からの一定の支配権が及びうる外国会社を含む法人等を広く対象に入れることとした。そのため，「子会社」の管理・不祥事についての親会社役員の責任を論じるにあたっては，対象が国内の子会社であるか在外子会社であるかは基本的に問わない。グローバルな観点から"内外無差別"でグループ内部統制を検討すべきである。

　また，2015年5月1日から施行になった改正会社法は企業集団内部統制の構築義務の根拠規定を会社法施行規則から直接会社法に"格上げ"した。これによって海外子会社を含むグループ会社における不祥事を防止できなかった親会社役員の責任が反射的に重くなったとみられる。

　金融商品取引法（「金商法」）の下での内部統制報告制度が，2008年4月1日以降開始した決算期の会社に順次適用されている。いわゆるJ-SOXの下での内部統制要求は，財務報告面についてのものであるが，親会社が内外の「子会社」を"悪用"して粉飾決算などの不正会計を行ったとすれば，従来とは違った内容と厳しさで親会社役員の責任が追及されるようになるであろう。

　このほか，進出先現地法令の違反をもとに直接日本親会社役員の責任が追及される場合がある。

## ⑵　子会社における不祥事についての親会社役員の責任を扱った裁判例

（東京地判平成13・1・25判時1760号144頁，資料版商事法務203号186頁）

〔事案〕

　N證券のアメリカの100％子会社N・ホールディング・アメリカ・インク（NHA）の100％子会社（NSI）が，SEC（米連邦証券取引委員会）規則違反を理由とする合計118万米ドルの課徴金を納付した。

　これにつきN證券の株主が，①NSIは実質的にN證券の完全子会社であり，その会長および社長はN證券の専務取締役・常務取締役が兼任しており，実質的にはN證券のニューヨーク支店というべき存在であった，②N證券にはNSIがニューヨーク証券取引所に提出する定期報告書について提出前に被告らの承認を取り付けなければならないとの内規（本件内規）が存在し，被告らは定期報告書の内容について承認しており，当時，N證券の経営責任者であった被告らが証券取引委員会規則に違反した内容の定期報告書の提出に承認を与えたこと，および課徴金の支払いを承認したことは取締役の注意義務違反にあたる，③NSIの経営をN證券に報告すべき内規がなかったとしても，NSIはN證券の米国における証券取引業を行う唯一の実質的な100％子会社であり，その営業規模からいっても，N證券の取締役にはNSIの経営を監視するための内規を制定すべき義務があった，④NSIはN證券の実質的な100％子会社である以上，

NSIに生じた損失はN證券の損失となる──などと主張して，NSIに生じた損害118万米ドルについてN證券に賠償するよう求める株主代表訴訟を提起した。

〔**判旨**〕請求棄却。

① 　親会社と子会社（孫会社も含む）は別個独立の法人であって，子会社（孫会社）について法人格否認の法理を適用すべき場合の他は，財産の帰属関係も別異に観念され，それぞれ独自の業務執行機関と監査機関も存することから，子会社の経営についての決定，業務執行は子会社の取締役（親会社の取締役が子会社の取締役を兼ねている場合は勿論その者も含めて）が行うものであり，親会社の取締役は，特段の事情のない限り，子会社の取締役の業務執行の結果子会社に損害が生じさらに親会社に損害を与えた場合であっても，直ちに親会社に対し任務懈怠の責任を負うものではない。

② 　もっとも，親会社と子会社の特殊な資本関係に鑑み，親会社の取締役が子会社に指図をするなど，実質的に子会社の意思決定を支配したと評価しうる場合であって，かつ，親会社の取締役の指図が親会社に対する善管注意義務や法令に違反するような場合には，特段の事情があるとして，親会社について生じた損害について，親会社の取締役に損害賠償責任が肯定されると解される。

③ 　本件全証拠によっても，NSIの会計処理のあり方やNSIがニューヨーク証券取引所に提出する定期報告書の内容の決定について被告らがNSIに指図した事実並びにNSIのニューヨーク証券取引所に対する違反事実の認定への同意及び課徴金の支払いについて被告らがNSIに指図をした事実は，いずれも認めるに足りない。

　この裁判例では，判旨①の部分に，子会社（孫会社）における不祥事につきどのような場合に親会社役員の責任が生じるかが述べられている。すなわち，現在の判例といってよい考え方が，「特段の事情」がない限り，親会社の取締役には損害賠償責任は生じないとするものである。この考え方は，従来からの判例における原則論である。

　どのような場合に，「特段の事情」があるといえるかであるが，判旨②では，(i)子会社に指図をするなど実質的に子会社の意思決定を支配したと評価でき，

かつ(ii)その指図が親会社に対する善管注意義務や法令に違反する場合をあげている。これら(i)(ii)，2つの基準で「特段の事情」を判断するのは，現在でも通用する規範である。

本判決は，親会社役員の指図があったとは認定できないとの理由でその責任を否定した。しかし，会社法と金融商品取引法が共に内部統制について新たな要求をするようになったいま，子会社を適切に管理し，現地の法令に違反するなどの不祥事を防止すべき義務を怠ったとして責任を認める方向で責任原因が広がったとみることができる。

たとえば，内外で組成したファンドやSPCに不当な指図をして親会社の粉飾決算に協力させることなどは，会社法と金商法の求める内部統制システムが最も防止すべき不祥事である。

### (3)　会社法・金商法の求めるグループ内部統制と親会社役員の責任

日本の会社法令は，「大会社」（資本金5億円以上または負債総額200億円以上の株式会社）にグループ内部統制を求めている。しかも，取締役会を設置している「大会社」においては，取締役会において内部統制の基本方針を決定すべきとする。

グループ内部統制の決議を取締役会がするということは，取締役全員がグループ内部統制整備に責任を負うことを意味する。したがって，内部統制に不備があってグループの子会社にコンプライアンス違反の不祥事があれば，取締役の会社に対する善良な管理者の注意義務違反を問われかねない。

ただ，グループ内部統制を要求する施行規則は，企業グループを「当該株式会社並びにその親会社及び子会社から成る企業集団」とし，次頁の図でいえば，親会社と子会社に挟まれた中間のA社が中心になってA社グループの内部統制を行うとしている。

親会社を持たない会社のほうが多いなかで，なぜ親会社をも対象にしたグループ内部統制を要求したのであろうか。子会社は親会社をコントロールしたり，親会社に一定の体制づくりなどを指示したりはできないはずであるが，親会社からは子会社に対する不当な指示や子会社の独立性を害するような不当な要求が行われ得るからである。

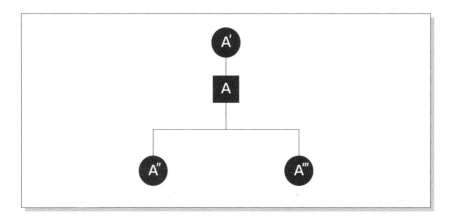

　とくに財務報告の分野では，過去において親会社が子会社を利用した不正会計が繰り返されてきた。つまり，グループ内部統制整備にとっては，親会社の子会社に向けたコンプライアンス違反をいかになくすか，そのための仕組み，体制をどう構築するかが最大の課題になるといってよい。

　ある持株会社企業グループは，「当社グループ（当社並びにその親会社および子会社からなる企業集団）における業務の適正を確保するための体制」につき事業報告中で以下のように開示した。

> 　親会社からの当社に対する経営管理，指導内容が法令に違反し，その他，コンプライアンス上の問題があると認めた場合には，親会社の監査役に報告するものとする。また，親会社との適切で良好な関係を保ちつつ，相互の独立性を維持する。

　製造業の会社が上の図のＡ社で，純粋持株会社Ａ′の下で子会社Ａ″，Ａ‴と共にＡ社グループを形成するとしよう。Ａ社グループの事業の中心は，製造を行うＡ社であり，販売を担当するＡ″，Ａ‴である。こうしたグループとしての中核的事業執行の"現場"においてコンプライアンスやリスク管理を論じるべきであるから，Ａ社がグループ内部統制の中心になるのである。

　ただ持株会社のうち純粋持株会社は，事業活動は行わず持株を通じて子会社をコントロール，管理することを主たる目的とする会社であるため，グループ内部統制の観点からは，いわばコントロールタワー的役割を果たすべきことに

なる。

　とくに持株会社であるA´が上場企業であるならば，金商法の下，経営者の責任でグループの「全社的内部統制」を整備し，その評価・報告を行う必要がある。A´役員のグループ子会社に対する不当な指示によって粉飾決算が行われた場合は，A´の経営者は刑事，民事両面にわたる法的責任を免れそうにない。金商法のJ-SOX部分が施行になったいまは，適正でない財務報告によって損害を被った投資家から損害賠償責任を追及されることも想定しておかなくてはならない。

　金商法の求める内部統制は，会社法の求めるいわば総論的な内容ではなく，財務報告面を各論的に扱うものである。しかも，いわゆるJ-SOXが直接義務づけるのは，上場企業等の経営者による自社（グループ）の内部統制報告書と外部監査人による内部統制監査報告書の提出（有価証券報告書に添付）である。

　評価・報告と受監査がJ-SOXの義務内容とはいっても，評価に耐えられるグループでの内部統制を整備すべきことを間接的に要求しているといってよい。

　適正ではない財務報告の典型例である粉飾決算は，SPC（特定目的会社）やファンドを含む子会社等を親会社が使って行われることが多い。過去には，海外子会社に損失を"飛ばし"たりするケースが相次いだことがきっかけで連結での財務報告が義務づけられた経緯がある。いまは，SPCやファンドなどを使った巧妙な"連結外し"が行われ，親会社の経営者が子会社に不当な指示をしたり，非通例的な取引条件を押しつけたりするケースが目立つようになった。

### (4)　親会社の役員が責任を負う「特段の事情」

　2015年に明るみに出た会計不祥事のように（28頁参照），日本企業の役員が不祥事そのものあるいはその後の不適切な処理に関わっている場合には，親会社または役員の法的責任が認められやすい（28頁以下参照）。問題はそこまでの関与がない場合に法的責任を認める「基準」をどう考えたらよいかである。

　子会社は，親会社とは別個独立の法人であり，独自の業務執行機関と監査機関を持っているので，子会社の経営陣による業務執行の結果，親会社や第三者に損害を与えたとしてもそのことについて，親会社やその役員は原則として責任を負うことはない。

　前述の裁判事例（57頁以下参照）では，例外的に「親会社の取締役が子会社に指図をするなど，実質的に子会社の意思決定を支配したと評価しうる場合であって，かつ，親会社の取締役の右指示が親会社に対する善管注意義務や法令に違反するような場合には，右特段の事情がある」として親会社の取締役に親会社に対する損害賠償責任が生じるとした。

　2015年5月から施行の改正会社法には，子会社少数株主保護の観点から，一定の利益相反取引に関して，親会社の利益を害さないように留意した事項などを事業報告の内容とし，それについての意見を監査役員（会）の監査報告の内容とするとの規定が入った。

　なお，海外子会社の現地設立準拠法の下で法人格が否認され日本の親会社が海外子会社と無限連帯責任を負うことがあるので注意が必要になる。中国は，2005年の会社法改正時に，法人格の濫用と法人格の形骸化の2つの場面における法人格否認の法理適用を明文化した。

### ⑸　監査役員（会）監査のポイント

　監査役員自身海外子会社における不祥事を防止できなかったことについて日本の会社法の下で責任を追及される可能性がある。

　監査役（会）監査において海外子会社の不祥事防止体制のとくに重要なチェックポイントをまとめるならば次のようになるであろう。

- ●子会社の独立性を損なう不当な指示や指図を行っていないか
- ●子会社を会計不正，粉飾決算の"隠れ蓑"に使っていないか
- ●子会社に通例的でない条件の取引を押し付けていないか
- ●子会社の不祥事防止も対象にしたグループ内部統制を整備しているか

　とりわけ親会社から子会社に対し法令違反行為の指図がなされ，その結果子会社が外国法を含む法令に違反したとすると，親会社取締役の，子会社または親会社自身に対する賠償責任がいずれも認められることになるであろう。

　親会社からの指図に基づかないで子会社の法令違反行為が起こった場合でも，グループ内部統制システムに不備があったとして，親会社取締役に善良な管理者の注意義務違反の責任が生じ得る。

　親会社とその役員は，子会社に対する支配力の濫用自制を最優先課題としながら，グループ内部統制システムの整備に取り組む必要がある。同システムは，各論的部分として，グループ会社間の通例的でない取引や利益相反取引の管理体制を含んでいなければならない。

　ちなみに，巻末資料1の「チェックリスト」は，海外現地法人の「日本親会社との取引」の項（257頁参照）において「子会社の利用又は親会社からの不当な圧力による不適正な行為によって会社に著しい損害が生じるリスクがあるか」とのチェック項目を掲げている。健全な関係を実現するためには現地ステークホルダーからどのように考えられているかを常に意識していなくてはならない。

　日本企業による海外事業展開，BRICs諸国をはじめとする新興国への進出が拡大すると共に，日本親会社の株主の間では海外拠点におけるコンプライアンス体制整備，不祥事防止に向けた役員の責任に関心が高まっている。

## Ⅷ ◆ 改訂CGコードと海外子会社ガバナンス

　日本では，2015年6月から適用されていたコーポレートガバナンス・コード（CGコード）の改訂が2018年6月と2021年6月に行われた。

　2018年改訂は，金融庁および東京証券取引所の設置した「スチュワードシップ・コード及びコーポレートガバナンス・コードのフォローアップ会議」が2018年3月26日に公表した「コーポレートガバナンス・コードの改訂と投資家と企業の対話ガイドラインの策定について」と題する提言に基づきなされている。

　「提言」は，①最高経営責任者（CEO）等の後継者計画や選解任に関して，取締役会に対し，主体的に関与するとともに，客観性・適時性・透明性ある手続を確立すること，②取締役会の構成に関して，ジェンダーや国際性の面での多様性を確保すること，③政策保有株式について，その縮減に関する方針や考え方，個別の政策保有株式について保有の適否等について検証した結果について開示すること，④経営陣幹部・取締役の指名・報酬などに関して，独立した諮問委員会を設置することにより，独立社外取締役の適切な関与，助言を得ることその他を提案した。

　CGコードの改訂は，これらに沿ってなされた。本書のテーマに関連しては，外国人の取締役も加わるなどして多様性を増し，より多くの独立社外取締役が

参加する取締役会による「合理的な意思決定」を促している点が重要である。

　多様な意見を勘案しながらの「果断な経営判断」を下し，グローバル競争に負けないようにする必要がある。そのためにCGコードに基づくガバナンス改革があるといってよいが，いま「合理的な意思決定」が最も求められる分野が海外子会社を取得するためのクロスボーダーM＆Aである。

　海外でのM＆Aで大きいプレミアムを支払う「高すぎる買物」を避けるために必要なことは，ガバナンス向上である。それには，親会社の取締役会において海外のどの企業をいくらで買収するかを承認し決定する段階で主に2つのやり方でガバナンス向上策を講じるのがよい。

　ひとつは，独立社外役員が買収を承認する取締役会の場でプレミアムの過大さを指摘することである。提案をする側の経営陣は，何としてもターゲットを取得したいとの思いで頭がいっぱいになっていることが多い。いってみれば，少し頭を冷やしてもらうためにも，独立社外役員の冷静な意見には価値がある。

　もうひとつは，機関投資家がCGコードのいう「建設的な対話」を通じて高すぎる買収に待ったをかけるよう働きかけることである。

　日本では，スチュワードシップ・コード（2014年2月適用開始）が，2017年5月，議決権行使結果の開示を機関投資家に求めるなどの改訂がなされた。

　今後は，日本でも欧米並みに，機関投資家が総会での議決権行使と「対話」を通じて，高すぎる海外M&Aのプレミアムを抑えていかなくてはならない。

　日本企業が海外M&Aを，利益を上げるまでに成功させているケースは意外に少ない。理由は，海外子会社とのシナジーを当初期待したほど生かせないこと，海外子会社の現地子会社とのシナジーを当初期待したほど生かせないこと，および海外子会社の現地経営層の"独走"を抑えられないことにある。いずれも海外子会社のガバナンスを向上させることで対応ができそうである。

　海外子会社のガバナンスは，親会社である日本企業が現地法人の経営をどこまでコントロールできるかの問題である。

　親会社は，通常，取締役の選解任権を握っているので，これをテコにして海外子会社の経営陣をコントロール下に置けると考えがちである。海外子会社の場合は，そう簡単にはいかない。新興国・地域に限らず，世界中どこでも，進

出先独特の経営ノウハウがある。

それまでそのノウハウを生かして経営に当たってきた人抜きで，子会社化したからといって日本的経営を現地に"押しつけ"ようとするとかえって失敗する。

結局のところ，現地の経営陣に経営を委ねつつ，海外子会社の取締役会などを通じてこれを適切にコントロールできるかである。シナジーを高めるためにも，日本からコントロールのために派遣できるグローバル人材の育成が急務になる。

シナジーを高めるための前提になるのが，日本親会社におけるグローバル企業理念，同行動準則の策定とグループ各社への発信，浸透である。

シナジーを高めるためのグローバル人材の育成は，一朝一夕にできるものではない。また，世界中に何十とある海外子会社のそれぞれに同人材を日本から派遣するとしたら負担が大きくなりかねない。

世界を4極，5極に分け，ブロックごとに地域統括のための持株親会社などをつくり，そうした地域ハブに外国人を含めた，"ガバナンス要員"を配置するのが効果的であろう。著者が唱えてきた「ハブ法務」の展開が望まれる。

なお，2019年，香港では，学生を中心とした民主化要求の反政府デモがたびたび警察と衝突し，死傷者が出る事態も招いた。

香港は，日本企業が，東アジアの子会社群を統括するための「地域ハブ」として最有力候補地のひとつであった。ただ，2019年11月末に香港日本人商工会議所が現地の会員日本企業を対象に実施した緊急アンケート調査では，3割超の企業が駐在員家族の帰国を検討していることがわかった。香港が抱える地政学的リスクが顕在化したとみてもよい。

なお，CGコードの2021年改訂は，内部監査部門による取締役会および監査役会への情報提供を充実させるため，補充原則4-13③に，以下のような文言追加を行った（下線部）。

上場会社は，取締役会及び監査役会の機能発揮に向け，内部監査部門がこれらに対しても適切に直接報告を行う仕組みを構築すること等により，内部監査部門と取締役・監査役との連携を確保すべきである。また，上場会社は，例えば，社外取締役・社外監査役の指示を受けて会社の情報を的確に提供で

きるよう社内との連絡・調整にあたる者の選任など，社外取締役や社外監査役に必要な情報を的確に提供するための工夫を行うべきである。

海外事業の監査においては，国内事業の場合よりも，監査役員（会）と内部監査部門との連携が必要となる。同連携のあり方の指針となるのがこの規定である。本改訂後の規定内容を踏まえて，監査役監査基準の2022年改訂では，「内部監査部門等との連携による組織的かつ効率的監査」の第38条に5項が新設された（198頁参照）。

# 海外事業のコンプライアンス体制

## Ⅰ ◆ コンプライアンスの要は「法令」遵守

　コンプライアンス（compliance）をよく「法令等遵守」と訳す。遵守すべき対象は，「法令」に限らず「等」の部分で，自主性，倫理性およびグローバル性において単なる「法令」を超えていなくてはならない。一般に「法令」は，国会の制定する法律および行政機関の制定する命令の総称と説明されるが，国際法務においては，日本の「法令」だけを想定しておけばよいかといえばそうではない。

　海外事業展開の場合，進出先現地の国・地域によって「法令」の内容が異なる点がリスクの根源といわなくてはならない。とはいえ，近時は，国際連合条約などのグローバルルールを取り込んだ国内法がいくつもの法分野で形成され，国・地域によって異なりはするが法令内容の平準化，ハーモナイゼーションが進展しつつある。

　海外子会社を通じた海外事業にあっては，日本親会社による企業集団内部統制，コンプライアンス体制整備が日本法の下で求められる一方で，海外子会社の現地法令遵守は現地政府による許認可の前提となっていたりする。

　進出先現地法と日本法がときにバッティングすることすらあるなかで，いかに日本親会社によるグローバルコンプライアンス体制と海外子会社の現地法コンプライアンスを調和させつつその独立性を貫けるかが最大の課題となる。

## Ⅱ ◆ 「法令」のグローバル化とコンプライアンス

　もともとグローバル化は経済分野における市場の世界規模での一体化を意味していた。経済分野に比べると法の世界のグローバル化はずっと遅れている。法律には各国・地域の文化や慣習に根ざしているものが多く，内容を統一化するのが難しいからである。とはいえ経済分野の急速なグローバル化に引っ張られるようにして，以下の3つのやり方で法律分野のグローバル化も進展してき

た。

　第1は，国際連合条約などによる多国間の共通ルールづくりである。対象は万国手形条約，万国著作権条約に代表されるように商事法分野に絞られてきたが，ちなみに，万国手形条約が締結されたのは1930年のことであり，グローバル化が叫ばれるようになるよりずっと前であったことは興味深い。

　第2は，ブロック・地域単位での域内における共通ルールづくりであり，EU（欧州連合）に代表される。EUは「国家」ではないが，独占禁止法に代表される法秩序があり，グローバル企業によるコンプライアンス上の重要課題を提供する。ブロック・地域による法的ルールとしては，法秩序や条約に準ずるものとして，FTA（自由貿易協定）がある。TPP（環太平洋経済連携協定）もこれに属すると考えられる。

　第3は，2国間で共通ルールづくりを目指すやり方である。通商航海条約の形をとることもあるし，2国間FTAもあり得る。また，1990年6月に最終報告が出された日米構造問題協議（SII）は，日米両国における制度上の市場参入障壁につき話し合うものであった。

　法の世界のグローバル化が，これら3つのやり方の1つを使い，あるいはそのいくつかを併せて使いながら着実に進展していくなかで，企業はグローバルルールに従ったグローバルコンプライアンス経営を指向しなくてはならない。

## Ⅲ ◆ 海外子会社に適用される法的ルールとBREXIT

　たとえば，英国のロンドンに子会社を持ちこれを通じて欧州事業展開を行う日本企業があるとする。この事業展開には，BREXIT前までは，三段階の法的ルールが適用され得たことに注意しなくてはならない。イングランド法，英国・UK法およびEU法である。

　BREXITは，英国（人）を表すBritainとexit「出口，離脱」を組み合わせた造語である。2016年6月23日に行われた国民投票により，僅差で英国のEU（欧州連合）離脱が決まった。離脱の効果が生じるのは，投票の2年以上後になるとされていたが，予想外の結果を受けて，直後に市場では英ポンドやユーロが急落し，日本では円が1米ドル＝99円まで急伸した。

　国際経済のマクロ面で大きな打撃を与えたわけであるが，ここでは日本企業

による事業展開に対象を絞って影響を考えてみる。欧州でのビジネス展開の拠点に英国を選ぶ日本企業は少なくない。金融・サービス業はもちろんのこと，製造業にとっても，資金調達面などで外国進出企業にとって自由度の大きいロンドンの国際金融マーケットであるシティをかかえる英国は大きな魅力をもっている。

　自動車製造業を中心に英国に進出している日本企業にとって，BREXITによる関税引き上げにより最も影響を受ける。製品の原料や部品の一部は日本から輸入するかたちで英国の製造拠点に持ち込み，最終製品をEU市場向けに輸出するメーカーが多いからである。

　銀行や証券といった金融機関にとっては，英国がEUの一員であることによって使えた「パスポート制度」の恩恵を受けられなくなるおそれがある。同制度は，単一の免許でEU域内での営業を可能にする。そこで，英国に本拠を構える金融機関やその現地法人は英国当局の認可を受けさえすれば別のEU諸国に店舗などの営業拠点を出すことができた。

　今後の英国とEU間の交渉次第では，パスポート制度が利用できなくなる事態に備えないといけない。日本の金融機関は，欧州大陸側にある支店を欧州統括の現地法人に"昇格"させ，パスポートを取り直したり，保険会社であれば保険ライセンスを欧州側で再取得することを検討し始めている。

　国民投票でEU離脱を決めたといってもすぐに離脱の効果が生じるわけではない。EU条約50条の下で，英国が欧州理事会に対しEUからの離脱を望む旨の通知を送り，その後，原則2年間の交渉を経てようやく離脱が完了する。

　当時のメイ首相は2017年3月に正式に離脱の通知を行ったために，2019年10月末に離脱が効力を生じることになった。

　ただ，経済界への影響を考えて，関税その他についてEUと合意をして離脱するとの穏健離脱派と強行離脱派とが対立した。2019年7月24日には，合意なき離脱も辞さない強硬派のジョンソン氏が首相に就任したため，見通しが難しくなったが，2020年にEU離脱し，スナク首相が2022年に就任した。

　正式に離脱となったため，法的に英国はEUの加盟国ではなくなり，英国はEU法の適用を受けなくなる。EUの機能に関する条約（Treaty on the Functioning of the European Union：TFEU）は，EUにおける単一市場

（Single Market）実現のために必要な4つの自由（物，人，サービス，資本の移動の自由）を確保するための施策を求めている。

TFEUはEUが関税同盟を構成すると定めている。EU離脱が日本企業に及ぼす影響で最も大きいのは物の移動にかかる関税の部分であるとされるのはこのためでもある。ただ，今後の交渉によって英国がEUと独自の貿易協定を締結し，単一市場へのアクセスを確保する可能性もあり，単純に離脱イコール関税賦課となるわけではない。

日本企業としては，物だけでなく人，サービス，資本面の移動の自由がどの程度確保されるのかを含め，EUとの交渉の行方次第となった。

## Ⅳ ◆ 英国によるTPP加盟の意義と海外子会社

2023年3月，TPPに参加する11か国は，閣僚級が出席する会合で英国の加盟を認めた。TPPには，中国や台湾，エクアドル，コスタリカ，ウルグアイが加盟を申請している。

TPPは，2016年2月，日本や米国，オーストラリア，シンガポールなど12カ国で署名された。17年，トランプ政権下の米国が離脱を表明したものの，18年，11か国が参加して発効した。

英国の参加によって，TPPは，その意義を変えようとしている。名称のとおり，環太平洋の国々による貿易や投資の活発化に向けた取り決めであったが，欧州主要国も含めた枠組みになるからである。

英国にとっても，TPP加盟は特別な意義をもつ。「七つの海を支配」した通商大国，大英帝国の復活を目論むかのように国際経済の世界で再び存在感を示そうとしている。

2021年1月のBREXIT（EU離脱）以降，英国の産業競争力の低下傾向が著しい。とくに金融市場における，英国の"地盤沈下"が目立っている。

従来，ロンドンはニューヨークと並ぶ代表的な国際金融センターであった。欧州における複数の子会社を，資金管理面を中心に統括する機能をロンドンの子会社にもたせる日本企業も少なくなかった。

日本企業のなかには，BREXITによって，財務面の統括拠点を，たとえばドイツのデュッセルドルフやフランクフルトに移した企業があった。

　BREXITの影響で，金融機関にも拠点をロンドンから，欧州大陸に移す動きが多くみられた。EU共通の金融免許の枠組み「単一パスポート制度」が，20年末で使えなくなり，在EUの顧客に自由なサービス提供ができなくなったことが大きい。

　そうなると，企業グループの資金管理センターとして英国子会社を設け，欧州のグループ会社の統括をはかるメリットは，ますます薄れていくようにみえる。外務省の2022年日本企業拠点数調査は英国の拠点数の減少とオランダやドイツにおける増加を示している。

　ただ，英国の，EU離脱，TPP加盟とつづくグローバル通商戦略は，ブロックを超え世界を見据えたものに変わりつつある。ロンドンの国際金融センターとしての重要性は，いまや国際ビジネスの共通語である英語の発祥地にあって，増すことはあれ急速に低下することはないであろう。

　英国に設ける現地法人の活用は，今後も海外子会社戦略の鍵を握るといってもよいだろう。

### ◆英国法とEU法の適用 "維持" ◆

　英国政府は，2023年5月，同国の法に組み込まれたEU法の大半を同年末で失効させる方針を撤回した。

　英国は，2020年の離脱時，経済界の混乱を避けるため，離脱まで適用していたEU法を自国の法体系に組み込み，当面の間，従来の国内法に優先させることにした。

　英国は，優先的効力をもったこれらEU法の大半を，2023年末で失効させるとしたサンセット条項を含んだ法案を，2022年9月に議会に提出していた。

　ただ，EU法のどの部分につき，失効させるかあるいは維持するのかの "仕分け" 作業を2023年末までに完了させるのは，困難を極めたとされる。2023年5月の方針転換の背景には，EU法の大半を失効させることで，法的安定性を損ない，企業の国際競争力を失わせるリスクを避ける狙いがあった。

　こうした英国の "現実路線" は，日本企業による，資金管理センター兼地域統轄ハブとしての英国子会社を活用した海外子会社戦略に影響する。

# V ◆ 新興国・地域における法の未整備，改廃などとコンプライアンス

　いま新興国・地域で増大する法的リスク・コンプライアンスリスクには，まとめると以下の特色がある。

---

①　法が未整備の分野がある……知的財産権の侵害リスクに関連して顕著であった。
②　法律が形式上は制定されていても，執行・運用が追いつかない……やはり知的財産権の分野で問題が多く起こっている。
③　法令が制定されても"朝令暮改"的に通達1本ですぐ変えられる……税法の分野で，日本では租税法律主義（憲法84条）の適用があるべきところ，行政庁の通達で増値税などの内容が何度も変えられたことがあった。
④　"今日の合法が明日の違法"になり得るほど法的安定性を欠く……地方政府のトップが収賄の科で摘発されその"取り巻き"であった親族などの企業が贈収賄罪の疑いをかけられ，そうした企業を買収し子会社化した，あるいはこれと合弁事業を行ってきた日本企業にも捜査当局の調査が及ぶことがある。

---

　コンプライアンス「法令等遵守」の基本は「法令」を守ることである。進出先の現地に日本法とは内容の大きく異なる「法令」がそれぞれ内容を異にして存在することが海外事業展開における法的リスク管理を難しくする最大の要因である。

　新興国・地域におけるコンプライアンスが容易でないのは，現地「法令」に上記のような特色があるからである。

# VI ◆ 海外事業の内部統制・コンプライアンス体制の整備とチェック

　コンプライアンスは内部統制の主要目的の1つであり，コンプライアンス体制は内部統制システムの主柱である。

　リスクの大きい海外事業については，内部統制・コンプライアンス体制の整備とそのチェックが欠かせない。

　監査役員（会）は，取締役の職務の執行に対する監査の一環として独立した立場から，内部統制の整備・運用状況を監視，検証する役割と責任を有している。グローバルに事業活動を行っている企業であれば取締役の職務執行は海外事業執行を含むのでこれを対象に監査をしなければならない。

　海外事業の執行は，日本の親会社において行われる部分と海外現地で行われる部分とに分かれる。海外現地の事業執行はさらに日本企業のいわば「手足」に当たる支店などの拠点を通じて行う場合と現地法人を通じて行う場合とに分かれる。

　いずれの場合においても監査役員（会）による監査は，取締役による職務の執行が「法令」に違反していないかどうかをチェックする適法性監査が中心になる。ただ，海外事業の場合，事業そのものが現地法の認可があってはじめて行いうるものであったり，現地法人の設立，活動は現地法の枠の中でできるものであったりするので，現地の「法令」遵守を第一に考える必要がある。

　分野によっては調和，統一に向けての動きが進んでいるが，ビジネス関連で企業が遵守すべき「法令」の内容は，国や地域ごとに異なる。とくに国家はその主権の証しとして独自の法制度，裁判制度を持つことができるのであるから，「法令」内容がそれぞれ異なったとしても驚くに値しない。

　しかし，「法令」内容が異なるくらいはまだましといわなくてはならない。現地「法令」の内容が日本法の内容と相容れずバッティングすることが起こり得るからである。この点は，監査役員（会）の子会社調査権行使に関連してすでに述べたところであるが，国家間の課税権の衝突ともいうべき二重課税，移転価格問題に関連してさらに後述する（177頁以下参照）。

# Ⅶ ◆ コンプライアンス体制の監査

　取締役の業務執行の監査のため現地「法令」遵守をチェックするのは困難を極める。なぜならば，進出先が20か国あれば20通りの「法令」内容を知らなければならず，それぞれの国で「法令」違反がないかどうかを監査役が直接チェックするのは事実上不可能といってもよいからである。そこで，監査役員（会）による海外現地事業の監査は法令を遵守する体制をチェックする間接的なやり方にならざるを得ない。

　コンプライアンス体制はここでは海外現地の「法令」を遵守し，従業員にも遵守させるための仕組みといってよい。コンプライアンス体制は内部統制システムの中心に位置するものであり，これをグローバルな内容で構築し海外各国・各地での事業拠点にあてはめる仕組みがなくてはならない。

　コンプライアンス体制は内部統制システムの一部であるから，内部統制のためのPlan→Do→Check→ActionのPDCAサイクルを展開できるかが最も重要であり，監査役員（会）は日本親会社と海外現地と両方において同サイクルが機能しているかを監査すべきである。

## Ⅷ◆ グローバルなグループコンプライアンス体制の内容

　コンプライアンス体制のためのPDCAは，プランすなわちコンプライアンスの「計画」づくりからはじまる。グローバルに事業展開をしている日本企業の場合，グループに共通の行動憲章，行動基準を定めこれを海外も対象にしたグループ会社に周知，浸透させようとしている企業がある。コンプライアンス「計画」はこうしたコンプライアンスに関する基本憲章を策定することからはじまるといってよい。

　世界中の海外子会社なども対象にするのであれば，「法令」の細かく具体的なところまで踏み込むことは無理であるし，日本法だけを対象にして「計画」をつくっても意味はない。各国・地域の「法令」の違いを前提として，最大公約数的な基本精神を書くにとどめることになるであろう。

　ある企業グループでは，次のような3か条の「グループコンプライアンス方針」を策定している。

---

1　すべての事業活動において，法令，社会規範，倫理の遵守（コンプライアンス）を最優先します。
2　コンプライアンス経営を明記したグループ行動基準を遵守するための体制を，グループ・グローバルで構築します。
3　継続的な教育・監査を通じてコンプライアンス意識の醸成に努め，これを企業文化とします。

---

　グループでのコンプライアンス経営を前面に打ち出し，ポイントを簡潔に

まとめ上げている。コンプライアンスを「法令」だけでなく「社会規範」から「倫理」にまで広げて捉えるのも適切であるが，グローバルコンプライアンスを念頭に置くのであれば，「法令」は外国の法令を含ませ，「社会規範」はグローバルルール的な国際社会の共通規範を含ませるのがよい。

# IX ◆ グローバルなコンプライアンス体制の内容

コンプライアンス体制，すなわち法令遵守体制の対象を日本国の「法令」のみと捉えるのでは狭すぎる。このことはすでに述べたところであるが，日本企業は海外子会社をも対象に含んだグローバル内部統制システムを構築する一方で，現地法人を尊重するコンプライアンス体制を築く必要がある。

グローバルなコンプライアンス体制を築く上で最も難しいのは，国・地域ごとに法令が異なる点である。現地法令を遵守する体制を築きつつ，他方でこれをグループで一定の方針の下で統括する体制をつくらなければならない。

国・地域ごとに法令の内容が異なるといってもグローバルビジネスの遂行については，FTA（自由貿易協定）などの存在によって自ずからグループ分けができる。そこで，あるグローバル企業がやっているように世界を「米州」，「欧州」，「東アジア」，「パン・パシフィック」および「日本」の各ブロックに分け，それぞれに地域コンプライアンス統括部門を置くことが考えられる。

ただ，これだけでは地域ごとの孤立したコンプライアンス体制で終わってしまうおそれがある。そこで，各ブロックのコンプライアンス部門にいわば「横串を刺す」機能を日本親会社のコンプライアンス統括部門に持たせるのがよいであろう。その場合，日本親会社の同部門は，国でいえば中央政府と地方政府の機能を併せ持つ形になる。

中央政府的コンプライアンス統括本部をグローバルコンプライアンス統括本部という名称の下に別組織にしてもよいが，その機能はグループのコンプライアンス基本方針の下でのグループ各社，海外現地法人におけるコンプライアンス体制の整備とコンプライアンス活動の推進である。

各ブロックの統括部門にはコンプライアンスの統括責任者として各地域のチーフ・コンプライアンス・オフィサーを置き，担当ブロック内のグループ会社に対するサポート，監督その他必要な権限を持たせる。日本親会社にはグ

ローバル・グループ・チーフコンプライアンスオフィサー（GGCCO）を置き各ブロックを合わせた全体を見渡せるようにすべきであるが，多くの場合，代表取締役副社長のようなかなり上位の役職者が就くことになるであろう。

　これを図表にするならば下の組織概略図のようになる。

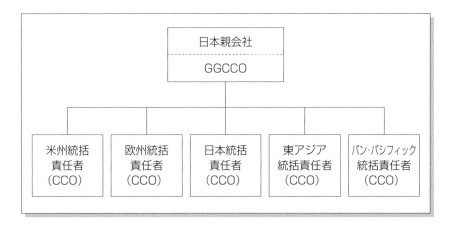

　このように日本親会社をグローバルなグループのハブとし，世界を4極，5極のブロックに分け，ブロックごとに地域統括の地域ハブを置く管理手法を本書では「ハブ法務」，「ハブコンプライアンス」あるいは「ハブ監査」と称する。

## X ◆ グループ・ヘルプラインと海外子会社

　不祥事を早期に発見しグループ内での自浄作用が発揮できるようにするにはグループとしての内部通報システム，いわゆるヘルプラインの設置が有効である。

　とくに財務報告面の不祥事は，親会社が子会社を利用するかたちで親会社の経営陣による不当な指示などによって行われることが多い。そこで，子会社で経理を担当する者が直接親会社の監査役員（会）に通報できるホットラインがあればこれが不正防止に役立つ。

　通常のヘルプラインでも子会社の従業員も利用できるようになっていれば機能はする。だが，子会社への不当な指示や圧力は親会社の取締役から子会社の取締役に直接行われたりするので，制度的に独立性が担保されており連結の計

算書類を監査する立場にある親会社監査役員（会）への通報ルートが確保されていることが望ましい。

　すでにいくつかの会社で，こうした特別ルートのヘルプラインを構築している。会計不正に限らず，「親会社からの経営管理，指導内容が法令に違反し，その他，コンプライアンス上問題があると認めた場合には，親会社の監査役に通告するものとする」旨を内部統制の基本方針の内容として開示した会社もあった。

　問題は海外子会社をどうするかである。内外の子会社を区別する必要がないどころか，過去の海外子会社への損失「飛ばし」事件などを考えると，海外子会社からの通報のほうが重要性が高いといわなくてはならない。

　なかにはグローバルなグループヘルプラインを各ブロック・地域ハブごとに設置し，従業員から直接情報提供を受ける「地域通報受領者」を指定した日本企業もある。通常の内容の通報であれば，「コンプライアンス体制のブロック化」の観点からしてもブロックごとの対応が適切であろう。だが，連結財務諸表の監査に関わる会計面の問題ならばやはり日本親会社監査役員（会）へのホットラインが望ましい。

　そうなると言葉の問題もあり，会計，英語のリテラシー（基礎的な能力）を備えた補助スタッフがいないとこの監査役員（会）ホットラインは機能しないであろう。

　グローバルな海外子会社を対象にしたヘルプラインの構築の方法としては，企業集団内部統制全体の構築と同様に，「中央集権型」，「地方分権型」，および「子会社分散型」がある。

## XI ◆ 現地法重視のコンプライアンス体制

　日本親会社によるコンプライアンス基本方針に基づいて「横串を刺す」のが「横糸」だとすると，進出先現地の法令を遵守し，場合によっては日本の法令よりも優先させる姿勢が「縦糸」であり，両者がうまく噛み合っている必要がある。

　進出先で日本企業の海外子会社が現地法令違反の大きな不祥事を起こしたとする。この場合，日本親会社が現地法令を軽視しているからだと，現地当局からはみられがちである。

　法分野でいうと雇用差別禁止法の分野でよくあるのが，日本親会社の支配下にある会社だから日本人を優先し，現地の人間を差別する人事が行われているとの主張である。こうした主張は，他の国の企業に対するよりも日本企業に対するほうが厳しくなされる場合が多い。それだけ日本企業は，中央集権的に日本的人事慣行や考え方を海外現地においても貫こうとする傾向が強いということができる。

　海外現地法人はあくまで現地法の下で設立されており，現地法を遵守し，場合によっては日本法にも優先させるコンプライアンス体制の下にあることをアピールするのでなければ大きなリスクに見舞われかねない。

　実際にアメリカでこの種のリスクが訴訟となって具体化し日本企業を襲ったケースがある。事件は1970年代後半に日本の大手商社（2社）の在米完全子会社で起こった。当時，日本の大手企業の海外子会社の経営陣は，当たり前のように日本人でしかも日本親会社からの出向社員で全員が男性であった。

　この状態に大手商社の子会社に現地で採用された女性秘書が不満を持ち，雇用差別による集団訴訟を起こした。会社が日本国籍のしかも男性を重視するために，秘書の地位にとどまらざるをえなくし，管理職への昇進やそのためのトレーニングを受ける機会を奪い，国籍，性別などによる差別を禁じた公民権法第7編（Civil Rights Act, Title Ⅶ）に違反したというのが原告の主張であった。

　被告とされた在米法人はいずれも，日米友好通商航海条約をもとに「日本の会社」であるとして反論した。同条約8条は「いずれの一方の締約国の国民および会社も，他方の締約国の領域内において，自己が選んだ会計士その他の技術者，高級職員，弁護士，代理人を業とする者その他の専門家を用いることを許される」と規定するので，日本企業の在米子会社であっても，「自己の選んだ高級職員」を用いることができるとしたのである。

　裁判では，公民権法違反の「差別」があったか否かの中味の判断以前に，日本の会社の完全子会社は「日本の会社かそれともアメリカの会社か」が争点になったということができる。

　第一審のニューヨーク州南部連邦地方裁判所は，被告会社の主張を退け，被告会社はアメリカで設立されたアメリカの会社であるから公民権法の適用を免れることはできないと判示した。控訴審（第二巡回区控訴裁判所）は結論とし

て第一審判決を支持したが，あいまいなかたちで，被告会社が前記条約の保護
を受けるが同条約は公民権法第7編の適用を完全に免除するものではないとした。

　原・被告双方から上告がなされ，連邦最高裁は，1982年6月15日，一方の日
本商社について判決を下し，第一審判決と同様に，日米友好通商航海条約22条
に基づいて被告会社はアメリカ法人になるので同条約8条による保護は受けら
れないとした（Sumitomo Shoji America, Inc. v. Avagliano, 457 U.S. 176）。

　この事件は，その後"中身"について争われたが，被告会社が賠償金を支払
うことで和解になった。この事件の連邦最高裁判所判決は，日本企業の海外進
出に大きな教訓を残した。

　それは，海外現地法人は，日本企業の「子会社」であったとしても，現地の
法令に準拠してつくられた法人なので現地の法令に従わなければならないとの
当たり前のことをもとに現地におけるコンプライアンス体制を構築すべきこと
である。日本の親会社と日本の法令ばかりに気をとられ，現地の法令遵守がお
ろそかにならないようにしなくてはならない。

　日本の親会社の意向を伺ってばかりで現地法を軽視しているとみられないよ
うにするためには，積極的に現地法遵守の姿勢とそのための具体的なアクショ
ンプランを見える形にしていく必要がある。体制とPDCAサイクルの両面に
おける「見える化」であり，親会社監査役はグローバルなグループ内部統制と
してこの点をとくに力を入れてチェックすべきである。

　人事・雇用面での現地法コンプライアンス体制の「見える化」の一例として，
ポジティブ・アクションの採用を挙げることができる。

　ポジティブ・アクションは，直訳すれば「明確に定められた行動・措置」で
ある。日本では，1999年4月1日から施行の改正雇用機会均等法で，雇用主に
よるポジティブ・アクションを国が奨励する規定を置いた（同法20条）。「雇用
における機会均等及び待遇の確保の支障となっている事情を改善するため」の
措置を講じまたは講じようとする具体的な行動をさす。事業主がこうした具体
的な措置，行動をとる場合に国が相談その他の援助を行うことができると規定
するが（14条），いずれにせよ企業の側で行動や措置を明確にプログラム化し
て示す必要がある。

　その意味で，ポジティブ・アクションは，広くアクション・プログラム（行

動計画）やコンプライアンス・プログラム（法令等遵守計画）の内容をなすものである。雇用差別禁止法制の厳しいアメリカには，ポジティブ・アクションに似たものとしてアファーマティブ・アクション（積極的是正措置）がある。

　たとえば，人種による雇用差別をなくすために，事業主がその地域の人種構成比率に応じた採用を心がけるなどは具体的な積極的是正措置の例である。日本企業がアメリカで雇用差別禁止法制の違反を起こし，クラスアクション（集団訴訟）に巻き込まれるリスクを回避するために，以下のような具体的措置も提案されている。

　①人事担当者に雇用差別禁止法の重要性を教え込む，②在米子会社，営業所等において日本人従業員によって占められているポジションが，日本人以外の，たとえばふつうのアメリカ人によって代替可能かどうかを検討する，③経営者が現地の事業活動を研究し，同じような境遇の下でアメリカに働く日本人とアメリカ人との間に差別的人事・報酬政策があるかどうかを知る。これらの点に気をつければ，会社側で，問題の潜在する分野を見い出し，従業員の不満が訴訟となって顕在化する前に，是正措置をとり得るからである。

　アメリカでは，こうした雇用差別訴訟のもたらすリスクの大きさに対応して，「点数制人事管理システム」も開発されてきた。同国のあるコンサルタント会社が編み出したもので，職種を細かく分け，ノウハウ，問題解決能力，責任の３つの観点から職種を点数で表示し，一点あたりの単価を決めて年収を自動的にはじき出す。社員にポジションの違いとそれによる待遇格差，目標などをはっきり示すことによって，昇進や待遇に関するトラブルを回避することを狙いとする。

# 海外子会社の法的リスク
# コントロール体制

# 新興国型法的リスクの管理

## Ⅰ ◆ 海外事業展開における"入口"戦略と"出口"戦略

### (1) 「入口」戦略・「出口」戦略の重要性

　海外事業におけるリスク管理の基本ルールは，進出先現地で起こるリスクを現地にとどめ，親会社グループに及ぼさせないようにすることである。そこで，本書では「法人格によるリスク遮断」のため，現地法人を通じて事業展開を行うのがよいと強調してきた。

　ただ，海外子会社をリスク遮断のいわば防波堤として役立てるには，海外事業の"入口"と"出口"の両面において戦略を立てて取り組む必要がある。

　"入口"戦略では，進出国の国・地域の当局の認可が得られやすいように，外資による完全出資よりは，現地ローカルパートナーとの合弁形態を優先するなどを検討するべきである。新興国においては，金融業や流通業など行おうとする事業内容によっては，外資単独ではなく，一定出資比率の合弁によるのでなければ，進出の認可を与えないことがよくあるからにほかならない。

　"出口"戦略は，海外子会社の撤退戦略でもある。重要なのは，新興国など国・地域によっては，撤退にも当局の認可を要する点である。認可を下す当局は，投資金額によって中央政府あるいは地方政府である。認可の得やすさでいうと，とくに地方政府の場合，外資の100％子会社よりは，合弁子会社で，ローカルパートナーに出資持分を譲渡しての"撤退"のほうが，スムーズなことが多い。

　欧米先進国には，特有の海外子会社撤退戦略がある。米国の連邦破産法第11章の下で，チャプター・イレブン倒産をするのがその内容である。チャプター・イレブンは，日本の民事再生法のモデルになった再建型の倒産手続を定めている。

　同手続は，債務超過に陥っていなくても，債務者みずから申立てることによって，その適用を受けることができる。経営の座を管財人に明け渡さず，手

続開始後も経営に携わりつづけられるDIP制度にも特徴がある。

　そのため，在米子会社が消費者による巨大クラスアクション（集団訴訟）に見舞われ，敗訴のおそれが高まったとして，債権者による責任追及をかわすため，戦略的に同手続の適用を申立てるケースが少なくない。再建型で使い勝手のよい"倒産"手続をもっている国・地域は，多くない。新興国には，ほとんどみられないといってもよいので，その戦略的活用を望むべくもない。

　海外子会社の所在する国や地域によって，撤退の方法，やりやすさなどは，大きく影響を受けざるをえない。この点は，従来から変わっていない。しかしながら，2020年春から始まったコロナパンデミックと2022年2月から始まったロシアによるウクライナ侵攻は，地政学的リスクと共にグローバルリスクとなり，中国やロシアからの撤退という新たな課題を生み出した。

### ⑵　コロナ禍パンデミックとウクライナ侵攻後における海外子会社の撤退

　中国の武漢をいわば震源地とし，世界にパンデミックをもたらし，広がった。ロシアによるウクライナ侵攻は，欧米や日本による経済制裁を招き，エネルギー資源をはじめとする重要物資のグローバルサプライチェーンを寸断させた。

　2020年以降，世界経済に危機的状況をもたらしたこれら2つの出来事は，特定地域で地政学的に発生したリスクが，グローバルに広がった例といってよい。日本企業に課された新たな課題が，中国市場やロシア市場からの撤退である。

　地政学的リスクとグローバルリスクが複合的に襲いかかるなかで，海外子会社をどう撤退させるべきか，実務的な対応ポイントを箇条書きしてみる。

◆ポイント1◆

　海外市場からの撤退は，対象国（・地域）が以下に掲げたどのような特性をもつかで分けて考えるべきである。

| |
|---|
| ①　新興国か成熟国か |
| ②　社会主義国か資本主義国か |
| ③　専制国家か民主制国家か |

　最も対応が難しいのは，新興で，社会主義で，かつ専制の国家・地域からの

撤退である。

それぞれの問題点を書き出すと，(a)新興国（①）では，撤退が政府の許認可の対象になる。(b)社会主義国では，撤退が政府の命令などで一方的に強制されることがある。(c)専制国家では，専制者による「大統領令」などによって，資産接収が命じられたりする。

これらの国・地域では，海外子会社の倒産につき，たとえば，アメリカのチャプター・イレブン再建型倒産手続などの「司法モデル」が存在しない。

◆ポイント２◆

海外市場からの撤退は，一般に経営判断事項であるが，同判断に際しては，日頃から対象の市場におけるリスク想定をはじめとするリスク管理，危機対応に備える（企業集団）内部統制を整備しているかが問われる。

海外市場からの撤退に関し，リスク管理体制と一体となった内部統制に不備があって，会社に減損など大きな損失を生じさせた場合は，撤退を決定した取締役の責任が生じうるだけでなく，内部統制監査にあたり，体制不備の見落としがあったとして，監査役員の善管注意義務違反を根拠に株主代表訴訟が提起されるおそれが生じる。

## Ⅱ ◆ 企業がコントロールすべきリスク

およそ企業を襲うリスクは，自然災害からくるリスクと人為的要素からくるリスクに大別できる。大震災や津波，大洪水，台風・ハリケーンなどは前者の典型例である。人為的リスクは，さらに２つに分けられる。１つは，「人災」ともいうべき戦争やテロであり，他の１つは経済や法律分野での人間の活動がもとになって生じるリスクである（下の図参照）。

〔企業のリスク〕

いわゆるコンプライアンスリスクは，③に属する。2008年9月のリーマンショック後，世界的な経済危機が発生したが，これに伴う企業のリスクも③に属する。

上記①から③の分類に応じて企業は適切なリスク管理を行わなくてはならないが，リスク発現の予知，予測を含むリスク想定が最も難しいのが①である。これに対し，③に属するコンプライアンスリスクは，最も管理が容易でなくてはならない。人間の定める法令等のルールを人や組織が侵すことからくるリスクは，理論上はゼロにできるはずだからである。だが実際上は，世の中から犯罪がなくならないように，コンプライアンスリスクはなくならないし，新興国における贈収賄規制違反のリスクなどはむしろ増大している。

## Ⅲ ◆ 新興国型リスクの増大

リスクの各分野において新興国型のリスクが増加し，拡大しつつある。2011年後半に起こったタイの大洪水の場合，復旧に時間がかかり，サプライチェーンの寸断がBCP（事業継続計画）策定，運用という内部統制上の課題を浮かび上がらせた。2013年1月にアルジェリアで起こったテロ襲撃による人質事件は，②分野の新興国リスクである。また，1990年代後半に起こったアジア通貨危機は③分野で起こったが，いつまた新興国で再発しないとも限らないリスクである。

巻末資料1の「チェックリスト」は，「グループ組織全体の在り方」，「海外子会社の法的形態，ガバナンスなど」，「海外子会社の内部統制システム」，「日本親会社と海外子会社の関係，両社間の取引など」，「海外子会社を通じた海外事業の監査体制」，「海外子会社を通じた海外事業のリスク管理（各論)」に項目を分けている。

## Ⅳ ◆ 新興国型規制・コンプライアンスリスク

理論上は人為的リスクのなかでも法的リスクを制御・コントロールできるはずと書いたが，いま法的リスクとして最も管理と予防が難しいのが，いわゆる新興国における法的なリスク，なかでもコンプライアンスリスク，規制リスクである。新興国においては法制度そのものが未整備状態にあったり，法制度は

あってもその内容が「朝令暮改」的に変わり得るからである。また，そもそも法体系の基本が社会主義国法であったりイスラム法であったりというように，日本とは根本から違うといった特殊事情があるためである。

　世界の国や地域の法律は，2大法体系といわれる大陸法，英米法に加えて社会主義国法およびイスラム法にグループ分けできる。アジアの新興国・地域を取り上げてみるならばこれらの法体系すべてがみられる。韓国，インドネシア，台湾などは大陸法を，シンガポール，マレーシア，インド，香港などは英米法を，中国，ベトナムなどは社会主義国法を，マレーシア，インドネシア，ブルネイなどは一部とはいえイスラム法をそれぞれ法体系のベースにしている。

　これだけでも新興国・地域における法的リスク管理が一筋縄ではいかないと感じさせられるが，加えてアジアには「新興国・地域」ならではの投資規制や外国為替規制を行う国が多く，法的リスクは多様化している。

　新興国・地域に多い社会主義の国家体制下でのコンプライアンス経営の難しさは，同体制下では，行政権が，立法権，司法権に比して強く，適正な法的ルールと司法手続にのっとって対処すべき問題についても政治的な対応を行う点にある。

　中国と同じく社会主義の国家体制を基本とするベトナムの場合で考えてみる。ベトナムは，近時，いわゆるチャイナプラスワンの第一候補とされてきた。約9,946万人（2022年）というインドシナ半島最大の人口をかかえ，1990年代に入ってからは急速な経済成長を遂げたものの1人当たり名目GDPは，3,756米ドル（2021年）にとどまり，経済成長の余地はまだあるとみられている。このため，ベトナムを中国市場への橋頭堡としてだけでなくマーケットとして着目する日本企業は少なくなかった。だが，ベトナムは，見方によっては中国以上に，「国家体制の違いからくる法的リスク」を抱える。

　ベトナムは，中国と同様の社会主義国であるが，1986年からのドイモイ（刷新）政策の下で市場経済化を推し進めてきた。中国が1978年終わり頃から「改革・開放」路線をとりはじめ，1990年代に入ってからは，「社会主義市場経済」のスローガンを掲げて外資導入をはかったのと似た動きではあるが，ベトナムにおいては，あくまで社会主義・計画経済の枠内での市場経済の刷新との色合いが濃い。

　ベトナムや中国が「人治から法治へ」をスローガンに掲げていても「法治」の中身は異なり得る。社会主義体制の下では，三権分立がわれわれが考えているような内容で行われているとはいい難く，行政府が立法府，司法府に対して優位に立つ。ベトナムでいえば，法律を制定するのは形の上では国会であっても，法律の解釈権限は国会の常務委員会が握っている。

　司法府にしても裁判所は行政機関の1つと位置づけられ，司法権の独立が行き届いてはいない。とくに，個々の裁判官の独立は，行政，とくに地方政府からの「介入」によって容易に侵害され得る。そのため，都市部に比べ地方に行けば行くほど地域保護主義，地元民・企業に有利な裁判結果になりやすい。

　ベトナムへの進出企業を襲う法的リスク・コンプライアンスリスクは，労働問題，知的財産権侵害，贈賄などいくつかの分野にわたるが，それぞれにつきリスクの発生原因をよく知った上で対応を誤ることのないようにしないといけない。労働問題についていえば，急速な経済成長に伴うインフレのためにいまや日本企業の子会社でもストライキが起こるようになっている。そもそも社会主義国は労働者階級が権力を握っているので，スト権が認められなくて当たり前であるが，市場経済化の波は組合によるストも合法化しようとしているとされる。

　ちなみに中国では，1982年に削除されるまで憲法にストライキ権を規定していた。その後，現在に至るまでストライキ権の適法，違法について明記した法令がないなか，当局はストライキを適法とするか違法とするかについて中立的な立場を保ってきた。ストライキを否定し取り締まるならば，労働者の矛先が「体制批判」へと向かうのを恐れるからともされる。「尖閣問題」以降の反日デモも，根底には格差に対する労働者の不満がくすぶっているとの見方があった。

　成長著しいインドにしても「法治先進国」のイメージだけで取り組むと失敗する。英国の植民地であったことから法体系の基盤は英米法にあり，英国式の議会制民主主義が行われ英語が広い範囲で通じることはたしかである。だが，インドの日本企業は，中国などにおけるのと同様に労働問題で苦しむことが多い。

　それはインドの労働法が社会主義的考え方の影響を受けており，きわめて労働者寄りにできているからである。1947年の独立後，インドは政治的には非同

盟中立路線，経済的にはソ連型計画経済を取り入れた時期があり，その名残りといってもよいであろう。そのため，解雇が困難で，従業員によって訴えられ争われたら裁判で勝つことは難しい。

　進出企業を解散し撤退するのも容易ではない。労働者の解雇につながる会社の清算を簡単に許すべきではないとの考え方から，裁判所の許可がなければ任意の解散，清算はできない。

　インドに限らず，進出企業を撤退させようとしたら，当局の認可を必要とする新興国・地域は多い。認可を妨げる最大の要因になり得るのが，人事・労務，税務面などのコンプライアンス違反である。日頃からコンプライアンス経営に徹していないとスムーズな撤退がままならないことになりかねない。

　新興国・地域でのコンプライアンスにさらに難しい課題を突き付けるのが，イスラム国家の場合である。

　2010年10月中旬，人口の約6割をイスラム教徒が占めるマレーシアが，イスラム金融のハブ（拠点）構築に向けた物的インフラ整備を狙いとしてクアラルンプールに大規模な金融開発区を建設すると発表したと報じられた。イスラム金融では，利子や投機的行為などを禁ずるイスラム法を遵守しつつ銀行であれば商品取引を介在させるなどして利子の受け払いを回避しようとする。相互扶助の仕組みを取り入れたイスラム保険などもある。

　マレーシアは，イギリスの植民地であったことから会社法などにおいてイギリス法の影響を受けているが，主要な法分野でイスラム法も行われていたことに改めて気づかされた人も多いであろう。同国への製品の輸入については1967年関税法下で2008年関税（輸入禁止）令が，特定物の輸入を規制している。現在15品目の禁輸品が指定されているが，その1つに「コーランを模写した布」が入っている。また，輸出規制品目に含まれる食品にも宗教上の理由からと思われるものが散見される。

　イスラム法は，コーランによる宗教上の教義に基づいたシャリーア（Sharia）である。姦通に対する死刑や窃盗に対する手の切断といった刑罰法規はシャリーアの一部であり，いわゆるイスラム原理主義は，シャリーアの全面適用を要求する。現在，シャリーアの解釈に関しハナフィー，シャフィー，マーリキー，ハンバリーの4法学派が公認されているというが，妥協を許さない原理

主義から見るとイスラム金融も「妥協の産物」に過ぎないのかもしれない。

第**2**節
# 外国公務員に対する贈賄防止体制

## Ⅰ ◆ グローバルルールの形成

外国公務員に対する贈賄防止に向けたグローバルルールの形成が急速に進んだのは，1990年代後半からである。世界の国や地域のうちとくに新興国・地域にあっては，外国企業が進出しビジネス活動を行うためには中央政府・地方政府の許認可がさまざまなかたちで必要になる場合が多い。

しかも許認可が客観的な基準に照らして公平に下されるかというとそうではなく，許認可権限を行使する現地公務員の恣意的運用に委ねられており，担当者によって運用がばらばらであることがまれではない。「人治から法治へ」への移行がまだ途上にあるといわざるを得ない状況にある。法執行が経済発展に追いついていない面も否定できない。

そこで，これら新興国・地域では，賄賂，リベートあるいはファシリテーション・ペイメント（行政手続などの円滑・迅速化のために現地公務員などに対して行う少額の支払い）が半ば慣行化しており，民間企業の間でもこのような支払いなしには競争に負けてしまうので，不適切な行為も「見て見ぬふり」をせざるを得ないとの「常識」がまかり通っていたりする。ただし，グローバルな観点からは新興の国，地域を中心とするこうした「常識」は，ここ20年ほどの間に急速に変化し，すでに「非常識」になりつつある。日本企業を含む進出外国企業が入り乱れて行っている現地公務員に対する贈賄を規制すべきとの考え方が，OECD（経済協力開発機構）による1997年「国際商取引における外国公務員に対する贈賄の防止に関する条約」（以下「OECD条約」という）を採択したことで，先進国を中心とした多くの国の間で共通認識となった。

OECD条約の下で，先進国を中心とした41の締結国（2016年12月現在。OECD加盟35か国にアルゼンチン，ブラジルなど6か国）が，外国公務員に対する贈賄の防止について，国内で処罰することなどを内容とする立法を行うことなど共同歩調をとって対応することになった。日本でも，すでに1998年に不

正競争防止法を改正して罰則規定を設けている（1999年2月施行）。

　その後，上記共通認識は，新興国も対象にしてよりグローバルな広がりを見せた。2003年6月のエビアン・サミットでは「腐敗との戦いと透明性の向上G8宣言」が出され，2004年11月のAPEC（アジア太平洋経済協力会議）では「腐敗との闘い及び透明性確保のためのサンティアゴ・コミットメント」および「腐敗との闘い及び透明性確保に関するAPEC行動指針」が承認された。

　国連においても，国内公務員に対する贈収賄，外国公務員に対する贈賄などの規制を含む「腐敗の防止に関する国際連合条約」（以下「国連腐敗防止条約」という）の署名が2003年12月になされた。

# II ◆ グローバルルールの下でのコンプライアンス体制

　OECD条約（1997年）以来，急速に形成されてきたグローバルルールと進出先現地法令の運用実態との間には大きなギャップが残存している。

　大きいのは，現地法令との形式上の差よりも日本親会社と現地子会社におけるコンプライアンス意識の差である。この差を埋めるためのグループコンプライアンスの取組み内容を考えてみる。

　たとえば，日本親会社グループ全体を対象にしたコンプライアンス基本方針や行動指針・計画を策定する，グループコンプライアンス委員会を設けるなどして海外子会社にもコンプライアンス意識をくまなく浸透させるように努める必要がある。

　コンプライアンス基本方針中には，重要性にかんがみて腐敗行為防止に関する1文を入れておくのがよいであろう。企業によるものではないが，アナン国連事務総長（当時）の呼びかけで2000年7月に策定・発表された社会・環境面の企業行動原則（グローバル・コンパクトの9原則）は，2004年6月に腐敗防止に関する原則が追加され以下の10原則となっている。

---

**＜人権＞**
- ●原則1．その影響力の及ぶ範囲において，国際的に宣言された人権を支援し，かつ保護する
- ●原則2．人権侵害に関わらない

<労働>
- 原則3．結社の自由を支持し，団体交渉権を承認する
- 原則4．あらゆる形態の強制労働の撤廃を促進する
- 原則5．児童労働の廃止を効果的に行う
- 原則6．雇用及び職業差別を撤廃する

<環境>
- 原則7．環境問題への予防アプローチを支援する
- 原則8．より大きな環境責任を促進するため主導する
- 原則9．環境上好ましい技術の開発及び普及を奨励する
- 原則10．強要と賄賂を含むあらゆる形態の腐敗を防止するために取り組む

　基本方針や基本計画に基づいて，重要なコンプライアンス問題については「贈賄・腐敗行為防止のコンプライアンス・マニュアル」といった具体的な内容のマニュアルを策定し，コンプライアンス研修会において教材として活用するなどすればよい。進出先の新興国・地域もさまざまなので，同マニュアルの策定に当たってはやはりグローバルルールを意識した内容にすべきである。

# Ⅲ ◆ CSRからESG，SDGsへ

　企業社会で，さかんにCSR（corporate social responsibility「企業の社会的責任」）の重要性が叫ばれはじめて久しい。CSR推進のため，故アナン元国連事務総長の呼びかけで，社会・環境面の企業行動10原則がつくられたのは，2000年で，腐敗防止については，2004年に追加されたのは上記のとおりである。

　その後，ESG（environment, social, governance「環境・社会・統治」）がスローガンとして掲げられるようになった（2006年）。

　そしていま，「SDGsの時代」に突入したといってもよい。

　SDGs（Sustainable Development Goals）は，下記のような17の「持続可能な開発目標」である。

| 1 貧困を なくそう | 2 飢餓をゼロに | 3 すべての人に 健康と福祉を | 4 質の高い教育を みんなに | 5 ジェンダー平等 を実現しよう | 6 安全な水と トイレを 世界中に |
|---|---|---|---|---|---|
| 7 エネルギーを みんなに　そして クリーンに | 8 働きがいも 経済成長も | 9 産業と技術革新 の基盤を つくろう | 10 人や国の不平等 をなくそう | 11 住み続けられる まちづくりを | 12 つくる責任 つかう責任 |
| 13 気候変動に 具体的な対策を | 14 海の豊かさを 守ろう | 15 陸の豊かさを 守ろう | 16 平和と公正を すべての人に | 17 パートナー シップで目標を 達成しよう | |

　SDGsの17の目標が企業の行うすべての事業に関わるわけではない。17の目標のなかには，環境・人権・労働・腐敗防止について企業が守るべき責任に関するものが含まれている。

　とりわけ，「汚職や贈賄の撲滅」は，169のターゲット中の16.5が次のように述べて，企業が遵守すべきルールを示している（日本語訳は，総務省の仮訳である）。

　「あらゆる形態の汚職や贈賄を大幅に減少させる。

　Substantially reduce corruption and bribery in all their forms」

## Ⅳ ◆ "三重のコンプライアンス体制"を整備すべきこと

　贈賄・腐敗防止のためのコンプライアンス体制の基本はグローバルルールに基づくとしても，各論的部分は現地規制法，日本の不正競争防止法，および米，英のFCPA（外国腐敗行為＜防止＞法）とブライバリー・アクト（賄賂＜防止＞法）の下でいわば"三重のコンプライアンス体制"を築かなくてはならない。

　とはいえ，国・地域の法律内容は異なり求められる対応も違うので，コンプライアンス体制はそれぞれ法律の要点を押さえた内容にしないと実効性を欠くことになりかねない。加えて，贈収賄の問題は，国・地域の慣習や商慣行が深

く関わるのでその点の配慮が欠かせない。経産省指針（2015年改訂版）においては，「現地社会慣習に基づく季節的な少額の贈答品提供」に"柔軟な"内容になっている点が特徴である。もう1つ特徴的なのは，従来，米・英のFCPAおよびブライバリー・アクトがそれぞれ要求してきた内部統制・贈賄行為防止体制を同指針も要求するようになった点である（99頁以下参照）。

## V ◆ 現地法コンプライアンス─中国の場合

　新興国・地域の賄賂規制法は，あったとしてもほとんど"ざる法"に近い執行や取締りしか行われてこなかった点に特徴がある。ただ，そうはいっても国・地域によっては近年，グローバルな規制強化の流れもあって急に執行・取締りを厳しくしたところもある。

　また，中国のように「反賄賂」を国策の1つに掲げ，"一罰百戒"的に摘発を行う国・地域があるので注意が必要である。すなわち中国は，OECD条約こそ締結していないが，2003年には国連腐敗防止条約に署名し，2006年2月には正式にこれを発効させ，汚職に対する規制を強化してきた。

　中国の贈収賄規制の特色は，商業賄賂を通常の賄賂と分けて規制している点にある。商業賄賂は反不当競争法下で「事業者が商品を販売，購入するために行う財物その他の手段による相手の企業または個人に対する贈賄行為」と定義されており，販促費，宣伝費，コンサルティング費などの名目による支払いが広く対象に含まれ得ることに注意を要する。

　中国では刑法下でも商業賄賂が犯罪行為とされている。加えて同法は，中国が国連腐敗防止条約に加盟したことを受けて2011年に改正され，「不正な商業上の利益を図るために外国公務員または国際公共団体官員に財物を与える行為」の外国公務員，国際公共団体官員に対する贈賄罪が追加された。同規定は，①日本企業などの外国企業を含むすべての者が中国国内で外国公務員などに贈賄行為を行う場合，および②中国籍の者が外国で外国公務員などに贈賄を行う場合に適用され得る。

　中国やベトナムのような社会主義国においては，「国営企業」や「国有企業」が多くある。かつて日本にもあった「公社」や「公団」のような存在だと思えばよい。加えて民間企業の国営化や逆に国営（有）企業が民間企業になるのが

日常的な国・地域もある。日本でいう「みなし公務員」がどこまでの範囲でどれだけいるのかが極めて分かりにくい。

　となると，公務員とみなし公務員に対する贈賄行為だけが規制されると思い込んで贈賄・腐敗行為防止コンプライアンス体制の構築に臨むのは危険である。実際に中国の商業賄賂規制は「民・民」すなわち，外国企業を含む民間企業が他の民間企業の購買担当者に自社製品を購入してほしいため接待するといった場合も規制の対象にする。

　以上のことを考えると，とりわけ中国やベトナムで仕事上の便宜を図ってもらおうとして，公務員でなくとも職務権限を持った担当者に贈り物をしたり接待したりするのは原則として行わないほうがよい。この方針に沿ってコンプライアンス・マニュアルの策定と施行を徹底すべきである。

## Ⅵ ◆ 日本の不正競争防止法下でのコンプライアンス体制 —同法の域外適用を回避するために

　日本で反賄賂のOECD条約（1997年）の締結を受けた改正不正競争防止法が，日本企業の外国で行った贈賄行為に域外適用されることがある。

　2013年，自動車マフラーの大手メーカーの元専務が中国現地での贈賄行為容疑で逮捕され，日本の裁判所において有罪判決（罰金刑）が下された。

　事件は，このメーカーが中国広東省東莞市に持っている現地法人の工場で起こった。税関から違法行為を指摘された際，便宜を図ってもらおうと地元政府幹部に数万香港ドル（日本円で数十万円）の現金や女性用バッグなどを渡したとされた。

　中国税関による違法行為の指摘は，2006年11月に行われ，元専務（当時，現地法人のトップを兼任）は，賄賂を渡したことで違法行為についてはかなり軽い罰金で済んだ旨，日本の捜査当局での調べに対し供述したとされる。ただ，贈収賄について，中国現地法が適用され処罰がなされたかどうかについては定かではない。

　不正競争防止法違反の容疑で捜査が行われ刑事裁判になったが，日本の法律が日本以外の場所で行われた犯罪行為につき域外適用されること自体，珍しくない。刑法2条は，内乱罪，通貨偽造罪などにつき「この法律は，日本国外に

おいて次に掲げる罪を犯したすべての者に適用する」としている（狭義の域外適用）。また，同法3条は，放火罪，殺人罪などにつき「日本国外において……日本国民に適用する」として広義の域外適用を規定している。

　不正競争防止法の改正で「外国公務員等に対する不正の利益の供与等の禁止」（同法18条）規定が設けられたのは，1998年である（1999年2月施行）。同禁止規定に違反した者には，「5年以下の懲役若しくは500万円以下の罰金に処し，又はこれを併科する」（同法21条2項）となっており，また，この罪は「刑法第3条の例に従う」（同法21条8項）として広義の域外適用を認めている。

　かつては，国際的事件について「法の域外適用」といえばアメリカの連邦反トラスト法や輸出管理法がすぐ連想されたが，いまは反賄賂規制の域外適用がより差し迫ったコンプライアンス問題となる。この分野では，現地法，日本法に加えてアメリカFCPA（外国公務員腐敗行為防止法）やイギリスの2010年ブライバリー・アクトの域外適用（狭義）を対象にする「三重」のコンプライアンス体制を整備しないといけない。どこから「弾」が飛んでくるか分からない。

　不正競争防止法が上記のとおり改正されたのは，OECD（経済協力開発機構）が1997年に「国際商取引における外国公務員に対する贈賄の防止に関する条約」を採択したことによるが，同条約は，各国内法の域外適用の考えを前提にしている。

　ところで，経済産業省は後述のとおり「外国公務員贈賄防止指針」を公表しており，海外事業活動に関連して，以下の対策を講じることとしている。とくに海外エージェントなどとの契約で注意すべき事項を示した部分を含む。再発防止のためのコンプライアンス体制構築のポイントを衝いているので引用する。

---

　国際商取引に関し代理店等を活用する場合には，外国公務員贈賄行為を行わないよう要請すること。あわせて，代理店費用を支払う際には賄賂費用が上乗せされないよう注意すること。また，代理店等との契約に際し，贈賄行為を行わない旨の規定等を盛り込んでおくこと。

# VII ◆ 「外国公務員贈賄防止指針」の2015年改訂

　経済産業省の「外国公務員贈賄防止指針」は，2015年に改訂され，同年7月30日に公表になった。同改訂の主なポイントは，法解釈を明確化し，企業における体制強化のベストプラクティスを提示することだ。

　解釈の明確化は，不正競争防止法18条の「営業上の不正の利益を得る目的」について行われている。眼を惹くのは，通関時などに現地政府から支払いを要求された場合などに関して"柔軟な"解釈が示されている点である。

　こうした合理性のない要求に対し，差別的な取扱いを避けるための支払いは原則として行うべきではないとするのが「指針」の立場である。ただ，拒絶したにもかかわらず要求が継続し，自社の損害回避のためやむを得ず行う支払いは処罰対象である利益供与に当たらないことがあり得るとしている。

　また，純粋な社交や自社商品への理解を深めることなどを目的とした，(i)現地社会慣習に基づく季節的な少額の贈答品提供，(ii)日本や第三国の自社工場の視察に要する一定の経費を負担するなどにつき贈賄にならない可能性があるとしている。

　それまで，日本企業はいずれについても建前をどこまで貫くべきかで頭を悩ましてきたので，こうした解釈指針が示されたことは歓迎すべき動きといえる。

　とはいえ，日本の不正競争の域外適用を免れたとしても，現地法や米国，英国の反贈賄法（FCPAおよびブライバリー・アクト）の適用を免れる保障はない。またOECDの反贈収賄ガイドラインの内容には逆行する面もあり，これで安心するのはかえって危険かもしれない。

　体制強化のベストプラクティス提示面では，贈賄防止体制の例がかなり詳細な内容で示されている。

　すなわち，海外事業を行う企業は，会社法，不正競争防止法および海外法令上，同防止体制の構築・運用が必要であると明記している。具体的には反汚職に向けた基本方針の策定・公表，社内規程の策定，コンプライアンス統括責任者の指名，相談窓口（ヘルプライン）の設置などを求める。

　ただ，指針はこうした体制の構築・運用には広い裁量を認めた上で，リスクのすべてではなく，リスクベース・アプローチによるメリハリのあるリスク管

理を推奨している。

　国際契約との関連では，指針が「罰則」の関連で，「海外子会社（支店）や代理店（エージェント）を利用した利益の供与について」の項で，改訂前の内容を，「社員」を「従業員」に変えただけで維持している点が重要である。

　というのは，代理店（エージェント）に贈賄資金を大まかな報酬名目で渡し，それが外国公務員に支払われるケースが多いからである。

　2015年5月から施行になった改正会社法が"重く"した親会社による企業集団内部統制上は，親会社としての「不祥事防止体制」への関与がより求められるようになった。

　そこで，指針は，「子会社の防止体制に対する親会社の支援の在り方」の項を新設し，同支援の要素を具体的に書いている。直接は書いていないが，海外現地のエージェントを使う際の委託契約の適正な作成なども必要になる。

　エージェントの委託契約中に現地の贈収賄の禁止法令遵守およびそのための内部統制整備を表明・保証（represent and warrant）させる規定などはとくに欠かせない。

## Ⅷ◆　「指針」の2021年改訂

　経済産業省は，外国公務員贈賄防止指針の6回目の改訂を行い，2021年5月に公表した。

　本改訂は，OECD贈賄作業部会による「フェーズ4　対日審査報告書」（2019年7月）の指摘や勧告に応えたものである。

　内容には，スモール・ファシリテーション・ペイメントの定義と規範を明確にすることを求める勧告に対応した部分などが含まれる。いずれも実務上の対応を求めるものとなっている2015（平成27）年改訂の延長線上にエージェントと契約する場合の留意点がある。グローバルにエージェントやコンサルタントを通じた贈賄リスクの増大傾向が背景にある。

　海外現地の"事情通の"エージェントなどに"対策費"として一定額を支払ったところ，いつの間にか外国公務員へ賄賂として渡っていたとのはなしはよく耳にする。

　改訂指針は，具体的に，エージェント起用のための契約前に行うべきデュー

デリジェンス（D.D.）の調査項目例や契約条項例を示している。

　さらに，このところ海外企業をM&Aで買収し子会社化するケースが増え，それとともに海外公務員への贈賄リスクも増大していることから，改訂指針は，「M&Aの際における留意点」を，買収前D.D.の調査項目例，買収後の検証などとして記載している。

　これら大きなリスクの想定される契約に入る前のD.D.を重視するのが，改訂指針の打ち出した"方針"といってよい。この考え方は，サプライチェーンの供給契約者のための「人権D.D.」の重視にも共通する。

　D.D.の due diligenceは，直訳すれば，「適切な注意義務」である。diligenceだけで「勤勉」を表し，Diligence is the mother of good luck.「勤勉は幸運の母」とのことわざもある。

　法的に要求される注意義務は，具体的な状況，契約内容などによって異なる。それをまとめて包括的にdueの語が表す。walk with due careは「十分に，しかるべき注意をして歩く」である。

　相手方が，コンプライアンス体制をしっかり構築しており，契約書の当事者としてふさわしいかどうか，しっかりとこちら側で"身辺調査"をすることが，due diligenceの典型的な例になる。

　M&Aで企業を買収するに際しては，"高すぎる買物"にならないよう，財務・会計面を中心にしっかり調査をしなくてはならない。D.D.といえば，M&Aにおける事前調査を意味するくらい，プラクティスとして定着した。

　このM&AにおけるD.D.項目にも，海外企業を買収し子会社化することに伴う贈賄リスクにつき，調査項目が各論的に示されるようになった。

　エージェント契約におけるエージェントとしての適格性の調査義務なども，D.D.の内容として各論的に浮上してきた課題といってよい。

## IX ◆ FCPAの下でのコンプライアンス体制 —FCPAはどのような法律か

　日本企業が海外で贈賄行為を行うと現地法だけでなく，日本，米国，英国の法律の適用があり得るので「どこから弾が飛んでくるか分からない」と述べた（96頁参照）。

　なかでも米国FCPAの域外適用を受けると，制裁金などが桁違いの大きさのリスクとなって企業に襲いかかる。同法の適用を受けないようなコンプライアンス体制を構築しなくてはならない。そのためには，FCPAがどのような内容の法律かを知っておく必要がある。

　FCPAは，Foreign Corrupt Practices Actの略で，海外腐敗行為（防止）法と訳したりする。Actは制定法のことで，corrupt practicesに当たる腐敗行為としては外国公務員に対する賄賂行為が典型である。

　国際ビジネスを展開するなかで，外国公務員に対して行う贈答や接待は，コンプライアンス体制をしっかり構築しないと企業と共に役職員個人がFCPAなどの進出先海外現地法違反に問われるおそれがある。

　対応が難しいのは，国や地域によって賄賂行為に関する法令の内容がまちまちで"慣行"も異なる点にある。世界にはリベートや贈答なしではほとんどビジネスにならず，賄賂が半ば公然とやり取りされる国があることはたしかだからである。

　アメリカのFCPAは1977年に制定されており，これをいわばモデルにして1999年にOECDの外国公務員賄賂防止条約ができた。そのためもあり，FCPAが対象とする行為は，OECDの条約を受けて設けられた日本の不正競争防止法の規定よりも広く，「贈賄禁止」と「会計処理」の2つのパートに分けて禁止規定を置いている。贈賄禁止がこの法律の目的であるが，実効性をもたせるため，賄賂用の裏金づくりから規制しているのが特徴といえる。

　ただ，後者が前者に従たる補完的規定かというとそうではない。適用対象や違反行為の成立要件も異なるし，罰則は，会計処理条項違反の場合のほうがはるかに重くなっている。とくに1934年証券取引所法の規制を受けるADR（米国預託証券）に代表されるような証券をアメリカにおいて発行している企業には，会計処理条項が「帳簿と記録」の作成を義務づけている点に注意をしなくてはならない。

　会計処理条項の怖いのは，そのカバーする範囲が極めて広いことである。贈賄行為と関係なく，民間企業との国内取引にも適用され，贈賄禁止条項違反行為に関する記録のみが対象になるわけではない。同条項が初めて適用されたケースの1つであるプレイボーイ・エンタープライゼス社事件の場合，当時の

CEO（最高経営責任者）が使用した経費を正確に記録していなかったことによるもので，外国公務員に対する贈賄とは関係はなかった。

会計処理条項は，アメリカにおける証券発行会社だけではなく，その子会社・関連会社においても「帳簿と記録」を徹底し，グループにおける「適切な内部統制システム」（Internal Accounting Controls Provisions）を設置，維持しなければならないとする。

アメリカは，近年，FCPAを積極的に適用する姿勢を示しており，摘発事件数は，ここ数年で急増し，高額の制裁金が課される企業も増えた。日本企業が対象の事件も含まれている。日本はOECDの条約に同調して国内法を制定したが，海外汚職問題への取組みが甘いとして2004年と2006年の2度是正勧告を受けている。日本政府は2007年3月にレポートを提出したがOECDは満足せずさらなる改善を求めた。

日本企業のなかには，世界の特定地域においては賄賂が当たり前でこれなしではビジネスができないと思い込んでいる企業もある。こうした考え方は極めて危険であり，世界の潮流はOECD条約以降大きく変わったことに気づかないといけない。OECD加盟国がそれぞれの国内法で外国汚職事件として摘発を強めてきたからであるが，そうした国内法のうち最も厳しいとされるアメリカのFCPAが適用されることのないように「記録化」と「文書化」を中心としたコンプライアンス体制，内部統制をしっかり整備しないといけない。

## X ◆ FCPA「ガイドライン」を遵守する

FCPAは，1934年証券取引所法（Securities Exchange Act of 1934）の一部として1977年に制定され，その執行は民事・行政面をSEC（証券取引委員会）が，刑事面をDOJ（司法省）が担っている。

FCPAの執行は，2004年頃から目立って強化され，日本企業を含む外国企業に対し100億円相当を超える莫大な制裁金を課すようになった。これまでの最高額は，ドイツのシーメンスに対する8億ドル（880億円相当。2008年）である。日本の商社やグローバルに事業を展開する世界的自動車部品メーカーに巨額の制裁金が課された例もある。

同法の下でのガイドラインは，2012年11月14日，DOJとSECが共同で発表

した。同法が日本企業にとって怖いのは，米国外で行った贈賄行為に対しても適用される点である。米国でADR（米国預託証券）など証券を発行し，SECに登録している企業は外国企業でも対象になるが，それ以外でも次のような場合に適用される。

① 　外国公務員への贈賄を米国の領土内で行った場合。この点は，当然のことをいっているようにも思えるが，FCPAガイドラインは，米国の銀行を経由して賄賂を送金した場合や米国経由で贈賄行為に関連したEメールの交信をしただけでも，米国内で違法行為の一部が行われたとしてFCPA適用の可能性があることを「解釈指針」（Chapter 2）として確認的に述べている。

② 　米国企業または米国上場企業と共謀または幇助といった共犯関係にある場合。この点についてもガイドラインの「解釈指針」が明らかにしている。

子会社を通じた契約・取引に影響するその他の内容には，以下がある。

1つは，「エージェント等の利用」である。ガイドラインは，エージェントやコンサルタントへの手数料などを，その一部が外国公務員に賄賂として支払われると知りながら（knowingly）支払った場合にも違法行為になり得るとする。「解釈指針」として，外国公務員に賄賂が提供されるであろう高い可能性を示唆する状況を認識しながらエージェントなどを使っていた場合にも違法になり得るとしている点が重要である。

もう1つは，「M&Aにおける留意点」で，M&Aで取得した会社のFCPA違反リスクを引き継ぐ可能性についてである。ガイドラインは，M&Aに先立って十分なデューデリジェンス（買収監査）を実施できなかったとしても，買収後速やかに贈賄リスクについて調査をし，コンプライアンス体制を整備することを求めている。

本ガイドラインのChapter 5は，「コンプライアンス体制」を扱っており，FCPAを執行し制裁金の額を決定する際に考慮する要素として有効なコンプライアンス体制が整備されていることを強調している。

また，贈賄リスクの大きいエージェントとの契約には，対価の適正さ，委託内容の妥当性，明確性を確認し，とくにFCPAに違反していないことの表明・保証（Representation and Warranty）文言を入れることが必要であるとしている。

FCPAガイドラインがとくに海外市場におけるエージェントの利用について

触れている点は重要である。この点は，経済産業省の「外国公務員贈賄防止指針」でも取り上げていたが（97頁参照），リスク認識を共有している。

　すなわち，新興国・地域現地には“事情通の”エージェント（代理店）やコンサルタントが必ずいて，日本企業にも近づいてくる。よくあるのは委託契約の報酬名目でまとまった金額（たとえば，10万米ドル）を，あまり使い途を明らかにすることなく渡してくれればあとはうまくやっておくという説明である。

　この場合，まとまった金額を渡す側もうすうす何に使われるかを知りながら，FCPAガイドラインのいう“knowingly”に渡したとされることが多い。そうなると同ガイドラインの下でFCPA違反となってしまい，エージェントが勝手にやったことだから関係ないとは到底いえなくなる。

　FCPA違反を防止しようとしたら，“あやしげな”エージェントやコンサルタントを使わないのがいちばんである。どうしても必要なときは，委託契約の報酬条項の報酬使途内訳が具体的に書かれているかをよく点検することである。“使途不詳裏金”が潜んでいないかどうかがチェックのポイントになる。くれぐれもこの国・地域では賄賂など常識であり，これなくしてビジネスは成り立たないといった口上に惑わされないことである。

　そもそもなぜ日本企業がアメリカ合衆国の外でやったことについてまでアメリカ法を域外適用（狭義）をするのかを理解しておく必要がある。それは賄賂を放置しておくことによって日本企業など外国企業との競争上企業が不利な立場に置かれるリスクが新興国・地域において現実のものになるからである。

　この理屈は，広い意味の「国益論」といってもよく，反トラスト法の域外適用の場面などでよく唱えられた。

## XI ◆ 英国2010年ブライバリー・アクト

　「腐敗の防止に関する国際連合条約」が署名されたのは2003年であり，グローバルルールづくりが大きな進展をみた。これと歩調を合わせて新興国・地域における贈収賄の規制が進んだかというと必ずしもそうではない。

　おしなべてこうしたグローバルルールが新興国・地域に浸透するスピードはいっこうに上がらないのが実情である。進出先のエージェントから，当地では少額のリベートや「贈り物」，いわゆるファシリテーション・ペイメントを使

わなくては許認可をはじめとする行政手続がスムーズに運ばないと告げられたことのある日本企業は少なくない。

　こうした状況に「業を煮やす」形で英国が制定したのが2010年贈収賄法である。2011年7月1日から施行になった同法は，それまでの同国における贈収賄の処罰を強化しただけでなく，「外国公務員に対する贈賄罪」（6条）および「企業が贈賄を防止できなかった罪」（7条）を加えた点に特徴がある。とくに7条は，企業に贈賄を防止するための内部統制を要求しており，日本企業など英国以外の企業にも域外適用され得る。

　英国贈収賄法は，贈収賄を防止できなかった罪を規定することによって，法令違反を防止するためのコンプライアンス体制の整備を日本企業にまで要求しかねない点が重要である。つまり，現地法では合法とされ，あるいは見逃されてきた行為でも英国法では違法とされ，これを防止できなかったコンプライアンスシステムの不備を糾弾され得るのである。

　英国2010年贈収賄法7条は，「企業が贈収賄を防止しなかったこと（failure of commercial organisations to prevent bribery）を処罰の対象にするが，これを裏返せば，英国法務省のガイダンスが明記しているとおり，企業がその従業員やエージェントに贈収賄を行わせないよう内部統制を整備していたと立証できれば処罰を免れ得る。

　「見て見ぬふり」はだめだが，エージェントに対してどこまでの犯罪防止対応をすべきかについて，同ガイダンスは「事例研究」中でファシリテーション・ペイメントに関し次のような示唆をしている。ファシリテーション・ペイメントは支払わないとのコンプライアンス上のポリシーをエージェントとその従業員に伝える，エージェントとの委託契約中に，エージェントがファシリテーション・ペイメントの要求の合法性に疑義を呈すべき旨やエージェントが，これを要求する公務員に対し要求に従うことはエージェントを使う企業と共にエージェント自身も英国法の下で犯罪を犯すことになると伝えるべき旨を書き加えるなどである。

## XII ◆ 英国法務省ガイダンスが求める贈収賄防止の内部統制

　英国法務省のガイダンスは，適切な内部統制をどのような内容で整備すれば

企業が英国贈収賄法7条で責任を負わなくて済むかについて具体的な指針を示している。

　同ガイダンスによれば，同7条の犯罪主体となり得る企業は，「関連営利組織（relevant commercial organisation）」として，英国内で設立された会社や組合のほか英国内で事業またはその一部を行っているあらゆる会社や組合を含むとされている。「事業もしくはその一部を行っている」とはどのような場合を指すかについて英国法務省のガイダンスは，英国内で「業務上の目立った存在（demonstrable business presence）」を持たない営業組織は域外適用の対象にはならないであろうとする。また，株式をロンドン証券取引所に上場しているあるいは英国内に子会社を持つことそれ自体では，英国内で事業もしくはその一部を行っているとはいえないとしている。

　次に，7条の犯罪は「関連営利組織」の「関係者」（従業員，代理人，子会社を広く含む）が，業務または業務活動における便益を獲得もしくは維持する意図をもって他者に贈賄を行う場合に成立する。しかしながら，7条2項は，企業において関係者による犯罪行為を防止するために適切な方策（adequate procedures）をとっていたことを証明すれば責任を免れると規定する。

　問題は「適切な方策」の具体的内容である。英国法務省のガイダンスは，方策を取り入れるにあたって検討すべき以下の6つの原則を掲げている。

第1　贈賄リスクなどに相応する手続（Proportionate procedures）
第2　経営トップの約束（Top-level commitment）
第3　リスクの評価（Risk assessment）
第4　相当なる注意（Due diligence）
第5　情報伝達（研修を含む）（Communication (including training)）
第6　モニタリングと見直し（Monitoring and review）

　同ガイダンスは各原則ごとに細かいところまで解説を加えている。方策内容をまとめるならば「文書化，記録化」になる。

　たとえば，第1原則においては贈賄防止ポリシーの策定とこれを実行に移すための手続の重要性が強調されている。第2原則の「経営トップの約束」にしても，経営者が贈賄行為を認めないとする約束（commitment）の内容が文書

化され，ネット上などで組織内外に発信されることが望ましいとされる。

　第4原則は，贈賄リスクを軽減するためにエージェントなど現地仲介者の
デューデリジェンスをしっかり行うべきことを述べる。その上で，そうした
エージェントなどがファシリテーション・ペイメントを含めた贈賄行為を行う
ことのないよう，契約書をつくる，あるいは既に締結された契約の内容の変更
を行うことが求められる。

　英国法務省のガイダンスは，「6原則」に続けてそれら原則の適用を具体
的事例に当てはめた「事例研究」を掲げている。11ある事例の最初のものは，
ファシリテーション・ペイメントを扱っており，日本企業にも関わりが大きい
ので取り上げてみたい。

## ⅩⅢ ◆ ファシリテーション・ペイメントに関する「事例研究」の内容

　事例は次のようなものである。中堅企業Aは，外国（B）において新たな顧
客を獲得したが，B国ではエージェントC社を使って事業を行っている。A社
はB国に自社製品を輸出し新顧客の製造拠点まで搬入する必要があるが，「検
査手数料（inspection fees）」名目で，通関手続上求められる検査証明書の発
行をスムーズに進めるために，一定の支払いを求められることがよくある。英
国法務省ガイダンスは，このような場合にA社には以下の7点の対応が考え
られるとする。

> 1　ファシリテーション・ペイメントは支払わないとするA社のコンプライアン
> 　ス・ポリシーをエージェントC社とその従業員に伝える。
> 2　検査証明書と検査手数料に関して現地法律上の助言を求め，適正に支払うべ
> 　き手数料と偽装されたファシリテーション・ペイメントの要求を区別する。
> 3　プロジェクト企画段階において船積み，輸入，および配送などの手続の中に
> 　ファシリテーション・ペイメントの正当性に疑義を唱え，かつ正当な要求を行
> 　う時間を含んだ現実的なタイムテーブルを作る。
> 4　エージェントC社に対し，ファシリテーション・ペイメントの要求に対する
> 　抵抗する方法，また関連する現地法，および英国贈収賄法について，その従業
> 　員に研修を行うことを要求する。

5　エージェントC社およびその従業員に以下のような提案をするか契約条項の一部に含める。
- 支払要求の合法性について疑義を唱える。
- 領収書と要求する公務員の本人確認を要請する。
- その公務員の上司に相談することを要請する。
- 「検査手数料」を現金でかつ直接に公務員へ支払うことを避けられないか試みる。
- 支払いを要求している公務員へ，要求に従うことはA（そしておそらくCも）が英国法上の犯罪となることを伝える。
- 支払いを要求している者へ，エージェントC社が英国大使館へ要求を伝えることが必要となるだろうと伝える。

6　エージェントC社と密接な連絡を保ち，解決法を提供するような現地での何らかの進展について常に情報を収集すると共に，エージェントC社がその現地の知識に基づいた独自の戦略を発展させることを促す。

7　英国の外交チャンネルを用いあるいは現地で活動する非政府組織へ参加し，B国の当局にファシリテーション・ペイメントの要求を止めさせるための行動を取るよう圧力をかける。

　この事例研究におけるA社を，日本の部品メーカーに置き換えてみるならば，新興国などで現実に日本企業が直面するリスクが浮かび上がってくる。

## XIV ◆ 新興国型贈賄事件への「日本版司法取引」の適用とグローバル法務

　2018年6月1日から施行になった「司法取引」制度は，2016年刑事司法改革関連法の一つである刑事訴訟法改正によって，日本に導入された。

　この制度が導入後最初に適用されたのは，日本企業がタイで起こした現地公務員に対する贈賄事件においてであった。事件の概要は以下のとおりである。

　2015年2月，火力発電事業のMH社の社員が海路で資材搬入しようとしたところ，タイ南部の港湾当局の公務員から荷揚げ作業を巡って賄賂を要求され，数千万円の支払いで応じた。

　同社は内部告発で事件を知り社内調査を実施，不正競争防止法違反のおそれがあるとして，2015年中に，東京地検特捜部に自主申告した。

　2018年6月，「日本版司法取引」制度が適用開始になったので，協議が進められ，同特捜部は，同年7月20日，MH社の元取締役，同執行役員，同部長の3人を，不正競争防止法違反で在宅起訴とし，合意によって法人は不起訴とした。

　日本版司法取引を導入した「刑事訴訟法等の一部を改正する法律」は，「証拠収集等への協力及び訴追に関する合意」制度を創設し，一定の財政経済犯罪および薬物銃器犯罪（特定犯罪）を対象として，検察官と被疑者・被告人とが，被疑者・被告人による他人の刑事事件についての証拠収集等への協力を考慮して検察官が不起訴にしたり，特定の求刑をしたりすることを内容とする合意ができるとする。

　海外での贈賄に関し，日本はOECDなどから摘発強化を再三勧告されてきたが，1998年，OECD条約を受けての不正競争防止法における外国公務員への贈賄防止条例の新設以来，起訴は2018年時点まで4件にとどまっており，外国での証拠収集の困難さがハードルになってきた。

　いまや，グローバルに企業グループを挙げて贈賄防止に取り組むことが求められており，国際協力銀行や日本貿易保険は，企業が過去5年以内に海外贈賄で有罪判決を受けていないことを契約中で誓約させている。

　万が一海外贈賄で摘発されると海外プロジェクトで入札資格を失ったり，受注しにくくなるリスクがある。国際ローン契約におけるデフォルト事由にも該当し，クロスデフォルト条項の適用も受け，複数の契約で一気に期限の利益を失って倒産に追い込まれる事態も起こり得る。

　今後，同種の事案で司法取引のため自主申告をする日本企業は増えるものと予想されるが，会社のためにやったことで従業員が犠牲になる，いわば「トカゲのシッポ切り」が行われたと見られないようにすべきである。

　2018年11月には，日産自動車の外国人代表取締役会長（当時）およびその側近であった同じく外国人代表取締役（同）の2名が金融商品取引法違反容疑で逮捕された。

　元会長の報酬につき有価証券報告書の虚偽記載があったとされたが，側近だった元役員が主導して，海外子会社の資金を流用したのではないかとの疑いももたれ，その資金流用を実行したとされる外国人執行役員が，東京地検特捜

部との間で司法取引で合意した。

　同事件での「合意」は，「日本版司法取引」適用第2号である。これら2つの適用事例に共通するのは，外国における証拠収集の困難さであり，とりわけ会社側の捜査協力を得たいために捜査当局として「合意」したとみられる。

　日本の親会社が「グローバルハブ」になって，海外子会社などの海外事業拠点を統制し，「グローバルリニエンシー法務」を展開していかなくてはならない。

第**3**節
# 独占禁止法・競争法 コンプライアンス体制の課題

## Ⅰ ◆ 独占禁止法・競争法違反リスクのグローバル化

　独禁法・競争法の分野においては，21世紀に入って以降とくに，グローバル化が顕著である。内容面のグローバル化以前に，とくにBRICsと称されてきた国々を中心に，独禁法ルールを持っていなかった新興国が相次いで同法を制定するようになったからである。

　中国では2008年8月から独禁法が施行された。インドは2002年に競争法を制定，2011年6月からは経営集中事前審査をスタートさせた。ブラジルは2011年11月に新独禁法を制定し，2012年5月から施行している。ロシアでは2006年に競争法を制定し，2012年1月に，企業結合規制やカルテル規制などの強化を内容とする改正法を施行に移した。

　独禁法・競争法違反の法的リスクは，刑事訴訟，民事訴訟の双方における訴訟リスクとして生じ得る。国際カルテルの過去の事件で見ると，まずシャーマン法1条違反容疑で米国司法省による調査が現地子会社および日本親会社につき行われ，その収集した情報が，二国間条約や経済連携協定などの情報交換ルートに乗って各国の独禁当局に提供され，グローバルに同時並行的に調査が進むことが珍しくない。

　その後，刑事手続のために収集された情報，証拠を活用して消費者などによる民事訴訟が起こるなどする。だからこそ，独禁法強化の世界的な流れを知った上で，適切なグローバル訴訟マネジメントを展開しなくてはならない。決め手になるのは，日本親会社をハブとする海外子会社からの適時の情報収集である。

## Ⅱ ◆ リニエンシー制度の下での現地情報収集の重要性増大

　21世紀に入って以降続々と，新興国・地域において独占禁止法・競争法が制

定・施行されるようになった。かつてこの分野では，米国反トラスト法とEC（EU）独禁法が，違反に対する制裁の大きさからしても海外子会社関連の二大リスク源とみられていた。

新興国・地域にまだ独禁法・競争法が整備されていない当時，アメリカ企業の利益を守り同国の競争市場に悪影響が及ぶのを防止するためとして，反トラスト法の域外適用が日本企業に対しても行われることがあった。

ところが，新興国・地域で独占禁止法・競争法が軒並み制定・施行され，しかも各国法が制定当初からリニエンシー制度を備えているため海外現地法人を取り巻く法的リスク状況は大きく異なった。

どう異なったかといえば，リニエンシー制度下で関係する各国の当局への対応，申告情報の収集などにおいて，日本親会社の行うべきこととはいえ海外現地の子会社が果たすべき役割が大きくなった点においてである。いまや独占禁止法に必ず備わっているといってもよいほど"普及"したリニエンシー制度はどのような制度かを考えてみる。

## Ⅲ ◆ 各国・地域のリニエンシー制度の概要

各国の独禁当局が事件の調査を始める端緒としては，リニエンシーによることが多い。リニエンシーは，独禁法違反の制裁についての「自首」減免制度である。日本では，2006（平成18）年1月4日から施行の独禁法改正によって導入された。カルテルなどの違反行為を行った事業者のうち，公正取引委員会の立入検査を受ける前に最初に自らの違反行為を同委員会に報告し，かつ関係資料を提出した者に対して，課徴金が免除される。同様に2番目に申告した者に対しては，課徴金は50％分免除され，3番目の者は30％分免除されるとの内容であったが，2010年1月施行の法改正によって，「同一企業グループ内の複数の事業者による共同申請を認め」，「調査開始前と開始後で併せて5社まで（ただし，調査開始後は最大3社まで）」に拡大した（平成21年12月公取委事務総局「独占禁止法改正法の概要」）。

日本のリニエンシー制度のモデルは，米国法あるいはEU法およびEU加盟国法にあり，これらの国ではそれぞれに似た制度を持っている。

## (1)　米国の場合

　まず米国では，カルテルを禁止するシャーマン法1条に違反した場合，法人に対し罰金，個人に対しては課徴金または懲役刑（併科可）が科される。これらの制裁につき，司法省（DOJ）は，1993年8月10日公布のコーポレートリニエンシーポリシーの下で，リニエンシーを認めることとした。米国のリニエンシーは，最初の報告者にしか認められず，それより後の報告者は量刑ガイドラインによって有利に扱われるのみである。

　また，米国独禁法のリニエンシーは，司法省の調査開始前に限って，要件を満たせば司法省に裁量の余地なく自動的に付与される場合と，調査の後であっても司法省の裁量で認められる場合とがある。

　前者の場合，司法省がその違反について他の情報源から情報を得ていないこと，報告者が違反行為発見後違反行為への関与をなくす迅速かつ効果的な行動をとったことなど6つの要件（**図表1**）がある。

---

**調査開始前リニエンシーの6要件（米国の場合）（図表1）**

① 報告時に，司法省が他情報源から違法行為について情報を得ていないこと
② 報告企業が，違法行為発見後，違法行為への関与をなくすために迅速かつ効果的な行動をとったこと
③ 報告企業が，違法行為を誠実かつ完全に報告し，かつ調査を通じて完全，継続的，全面的に当局に協力すること
④ 報告が，役職員個人の行為ではなく，企業としての行為であること
⑤ 可能であれば，被害者に損害賠償を行うこと
⑥ 報告企業が，その違法行為につき，他の企業に参加強制しておらず，明らかに首謀者または開始者ではないこと

---

　後者の「代替的リニエンシー」の場合，前者の場合の要件を満たさなくとも，報告企業が最初の報告者であること，報告の時点で当局が報告企業を有罪にするための証拠をまだ取得していないことなど，計7つの要件（**図表2**）を満たす場合に，調査の開始前後を問わず刑事訴追が免除される。

> **調査開始の前後を問わないリニエンシーの7要件（図表2）**
> ①　報告企業が，違法行為の最初の報告者であること
> ②　報告当時，当局が報告企業につき，立証可能な有罪判決をもたらす証拠を未だ取得していないこと
> ③　報告企業が，違法行為発見後，当該違法行為への関与をなくすために迅速かつ効果的な行動をとったこと
> ④　報告企業が，違法行為を誠実かつ完全に報告し，当局の調査を促進する完全，継続的，かつ全面的な協力を行ったこと
> ⑤　報告が，個々の役職員の行為ではなく，企業としての行為であること
> ⑥　可能であれば，被害者に損害賠償を行うこと
> ⑦　当局が，違法行為の性質，報告企業の役割，および報告時期を考慮し，刑事訴追の免除が他社にとって不公正ではないと判断したこと

　米国のリニエンシー制度には，付随的な効果として「アムネスティ・プラス」と呼ばれる制度がある。ある商品のカルテル事件で司法省の調査を受けている企業が，社内調査などの結果，別の商品のカルテル事件を発見したとする。このような場合に，司法省がその別商品のカルテルについては調査をまだ開始していなければ，当該別商品のカルテルにつきリニエンシーを申し立てて刑事免責を受けられるだけでなく，調査中の事件についてたとえリニエンシーが認められなくとも，量刑上有利な扱いを受けられるという制度である。

　アムネスティ・プラス制度の「有効性」は，すでにいくつかの大きなカルテル摘発事例で立証されており，日本企業による自動車用ワイヤーハーネスのカルテル事件（2011年9月）は，この制度の適用によって摘発されたといわれている。

## ⑵　EUの場合

　EU独禁法にリニエンシー制度が導入されたのは，1996年のことであった。その後，金額などの改正が行われたが，とくに2000年代前半以降は，制度が整備されたことによって巨大カルテルの摘発が相次ぐようになった。

　EU独禁法のカルテル規制は，EC（ローマ）条約81条の下で行われている。EU独禁法の根本規定は，同条および同条約82条であるが，これらを執行する

ために制定された「EC条約81条および82条に規定された競争に関するルールの執行に関する理事会規則（2003年第1号）」の23条2項(a)は，「事業者または事業者団体が，故意または過失によりEC条約81条または82条に違反した場合は，決定により，その事業者または事業者団体に対して制裁金を課すことができる」としている。

　この制裁金の減免が認められるリニエンシー制度の中身としては以下のとおりである。まず，①制裁金を免除されるのは1社のみである。次に，②減額は，それに続く事業者の順位に応じて，30％以上〜50％未満，20％以上〜30％未満，20％未満（第3順位以降）と定められており，減額を認められる事業者数に制限はない。

　EU独禁法のリニエンシーが対象にするのは，制裁金のみであって，刑罰は対象にならない。この点は，米国の制度と異なる。EUでは，刑罰は加盟各国において科されるものと考えられているからであるが，加盟国のうち，英，仏，独などは独自にも独禁法の下でリニエンシー制度を持っている。

　EU独禁法下でリニエンシーが認められるための手続や要件は，「EUリニエンシー告示」に細かく定められている。そして，EUにおけるリニエンシー制度は，EUと加盟国双方レベルを念頭に置いて対応を進めなければならない点に難しさがある。すなわち，EUでは独禁法違反事件の処理にあたり，欧州委員会と加盟国当局間で，収集した情報・資料の交換を予定しており，リニエンシー制度の下で，従業員や役員個人に対する刑罰法規の適用場面を想定しながら当局への「情報提供」をしなくてはならない。

### (3)　中国の場合

　日本の独禁法の下でリニエンシー制度が導入されたのは，1947年の同法制定から59年後のことであった。これに対し，21世紀に入り相次いで独禁法を制定した新興国の中には，法制定とほぼ同時にリニエンシー制度を施行している国が少なくない。

　たとえば中国独禁法は，2008年8月施行時からリニエンシー制度を規定している。同国独禁法では，価格に関係するカルテルについては国家発展改革委員会（NDRC）が，価格に関係しないカルテルについては国家工商行政管理総局

（SAIC）が，それぞれ関連規則を執行している。

　中国独禁法のカルテルに対する罰則として，違法行為の停止，違法所得の没収と併せ，カルテル当事者の前年度売上額の1～10％の制裁金支払いを規定している（同法46条1項前段）。合意はあったが実行には至っていない場合には，50万元以下の制裁金の支払いを命じることができる（同条同項後段）。

　中国独禁法のリニエンシー制度は，カルテルに関与した者がNDRCまたはSAICに対してその行為を報告し，「重要な証拠」を提出した場合に，執行機関が裁量に基づき制裁を軽減あるいは免除できるというものである（同条2項）。

　リニエンシー制度の運用は，NDRCとSAICが，それぞれ新たに制定した「価格独占禁止に関する行政による法執行手続規則」，「独占協定禁止に関する規則」下で行われる。

　NDRCの規則は，カルテルにつき自主的に報告し，かつ「重要な証拠」を提出した最初の事業者に対し制裁を「免除」することができるとし，同様にその後の申請者に対する制裁を「軽減」することができると規定する。だが，独禁法46条の課す制裁金だけでなく違法な収益の没収まで減免の対象にできるか否かについては，規則は明らかにしていない。

　独禁法46条とNDRCの規則は，いずれも執行当局が裁量によって制裁を減免できる旨を謳い，とくにNDRC規則は，申請者が「重要な証拠」を提出した場合においても，裁量で減免を与えないこともできるとしているように読める。

　一方，SAICの規則は，①当局による調査開始後に，申請者が是正措置を執るかまたは違法行為を取り止めるとの誓約を提出し，②調査を受けている事業者が自主的にカルテルへの参加を取り止めた場合に，制裁を軽減できると規定する。①の誓約に関しては，NDRC規則では扱いを明確にしていない。

　さらに，SAIC規則の場合，カルテルの「組織者」には制裁金の減免を与えないとしている。この規定はNDRC規則にはないものだが，「組織者」が「主謀者」を指すのか「扇動者」を指すのかははっきりしない。また，SAIC規則はNDRC規則と異なり，制裁金の減額幅を全面的にSAICの裁量に委ねている。

　このようにNDRC規則とSAIC規則との間で内容の相違が見られるし，要件を満たしたとしても執行当局が免除を与えるか否か予測しづらい制度なので，

申請をすべきかどうか迷う当事者もいる。だが，グローバルな規模でカルテルに関与した当事者にとっては，米国やEUでリニエンシーの申請をしたら，巨大市場を抱える中国においても申請する方向で検討しないと，大きなリスクに見舞われかねない。

他の国・地域におけるリニエンシー申請から，あるいは他の国・地域でなされた調査の公表から，中国当局がその国際カルテルについて知るところとなり得るからである。

中国当局によるリニエンシー制度の運用動向を知る上で注目すべき先例が，2010年に起こった米麺（ビーフン）事件である。同事件では約30社のカルテル参加者のうち，12社が捜査に協力したとして，制裁金を課されず，警告を受けるにとどまった。

## Ⅳ ◆ リニエンシー制度が求めるグループ内での「円滑な情報伝達」

世界の主要市場を対象とする国際カルテルに関与したことで，ある国・地域で独禁当局による調査が始まったとする。調査によって収集された情報や調査結果は，早晩他の国・地域の独禁当局の知るところになると覚悟しなければならない。それは各国・地域独禁当局間での情報交換や連携が密に行われるようになったからである。

日本を中心に考えるならば，公正取引委員会は米国，カナダ，EUなどとの二国間条約やASEAN諸国，インド，メキシコ，チリなどとの経済連携協定による情報ネットワークを構築しつつある。同委員会は，米国司法省やEU委員会とはとくに緊密な情報交換をしながら事件処理をしているとみられる。07年5月に日本企業による自主申告をきっかけに調査が始まったマリンホース事件では，緊密な情報交換が調査の上でかなりの成果を生んだとされる（次頁事件の概要を参照）。

このように，リニエンシー制度の「相互補完的活用」によって独禁法の規制がグローバルに強化されていくなか，企業にとって最も重要なことは，ヘルプラインなどを通じてグループ内における情報の風通しをよくすることである。コンプライアンス体制は，何よりも法令違反を起こさないことに重点を置くべきなのは当然であるが，不幸にして重大な法令違反が役職員によって行われて

しまった場合には，いかに早くその事実を会社が正確に把握するかが，その後のリスク拡大防止の決め手になる。

　2018年6月から施行の改正刑事訴訟法によって「日本版司法取引」制度が導入されたことで，グローバルな視点でのリニエンシー法務がより求められるようになった。

〔マリンホース国際カルテル事件の概要〕

　　タンカーと石油備蓄基地施設間の送油に用いるゴム製ホースのメーカーによる，国際カルテル事件である。報道・公表されている事実関係は，概略以下のとおりであった。

　2006年秋，横浜ゴムの社内調査において本件カルテルへの関与が明らかになり，同社は，米国司法省，EU委員会，および日本の公正取引委員会に自主申告をしたことから，これら当局がほぼ同時に調査・捜査を開始した。とくに，米国では申告企業の協力でおとり捜査が行われ，2007年5月，日本人1名（ブリヂストン社員），英国人3名，フランス人2名，イタリア人2名が逮捕された。横浜ゴムは，韓国の独禁当局にも自主申告し，捜査に協力している。

　捜査・調査の結果，日，米，欧（英，仏，伊）のメーカーに刑事罰，制裁金が課されたが，日本企業のブリヂストンに限っていえば，米国で罰金2,800万ドル（約22億円。ただし，捜査に協力し再発防止を約束したことで減額），おとり捜査で逮捕された社員は禁錮2年の実刑で服役し，別に罰金8万ドルを科された。またEU委員会からは，制裁金5,850万ユーロ（約75億円）が課された（カルテルで主導的立場にあったとして30％増額）。そして日本の公正取引委員会からは，課徴金238万円，韓国の公正取引委員会からは，課徴金3億1,900万ウォンが課された。さらにこれとは別に日本では排除措置命令が下されている。また，米国では，カルテルによって被害を受けたとする者がブリヂストンを含む5社に対して集団訴訟（クラスアクション）を提起し，総額2,170万ドルで和解に達した。

　一方，自主申告をした横浜ゴムの場合，米国の刑事罰に関し，捜査に協力したことで不起訴となり逮捕者も出ていない。EU，日本，韓国それぞれにおいて，リニエンシー制度が適用され制裁金・課徴金は免除された。また，いずれの国・地域においても，既に違法行為を止めており，当局へ協力したことで排除措置命令なども下されなかった。

# V ◆ 海外子会社の情報管理

　日本企業と海外子会社の関係はやや特別である。どう特別かというと，日本親会社が海外子会社をあたかも支店や駐在員事務所のように扱うことが多い点においてである。同じような海外現地の子会社といっても，米国や欧州主要国の企業の場合とでは，大まかにいえば子会社の独立性尊重と現地化の度合いに差がある。日本企業の場合は，海外子会社の管理職に日本から派遣される役職員が多く，日本親会社との役員兼任も少なくない。

　こうした人事面の一体性だけでなく，業務執行面でもまるで日本親会社の"手足"のような海外子会社がよく見られる。そうした海外子会社においては，日本親会社からの指図のままに行動して現地の独禁法・競争法に違反することのないよう，注意しなくてはならない。

　現地法コンプライアンスの観点からは，日本親会社との適切かつ健全な関係の維持は重要である。不適切かつ不健全な関係を代表するのが，海外子会社を使った「飛ばし」による損失隠しであろう。独禁法・競争法の分野でいえば，日本親会社の主管部門から海外子会社に向けて，現地における「情報収集」の指示が出ることがある。この種の指示は，電子メールでなされることもしばしばであるため，電子文書の開示要求としていわゆる e ディスカバリーの法律問題を提起する。日本親会社の主管部門から出されがちなのは，同業他社の現地社員との情報交換を通じて情報を集めるようにとの指示である。

　日本を遠く離れた海外現地で日本人社員間の同朋意識が強まることを，逆に日本親会社が利用する形になることもあるが，こうしたことは電子メールによって，昔よりもかえって気軽に行われているようである。日本企業のつくる海外子会社においては現地化に立ち遅れが見られると述べたのは，現地の会社というよりは日本の会社の一部との意識がとくに日本から派遣された役職員に根強い点に一因がある。そのため，仕事から離れても日本人だけで，家族ぐるみ，日本人会や日本人学校を中心に新年会，忘年会，春秋の運動会などの行事で集まったりする。日本人が少ない国・地域では，日本人同士の仲間意識がより強く，交流もより密になりがちである。

# Ⅵ ◆ 海外では「情報交換」だけでカルテルを疑われる

　いずれの国・地域の独禁法・競争法でもカルテル・談合が禁止され，刑罰その他の厳しい制裁が科され得る。カルテル・談合禁止規定の違反があったとされるための要件としては，共通して「共謀」すなわち「意思の疎通」があるが，これを立証することは極めて困難である。「共謀」は，書面などの証拠を残すことなく，会合などにおいて口頭で行われることが多いからである。リニエンシー制度が，取締当局による証拠集めを助ける大きな力となるのはこのためである。

　日本企業の場合，日本の親会社間での日本における「共同行為」がもとになって海外子会社に「指示」がなされ，国際カルテルにまで発展するケースが珍しくない。日本の親会社が，まずは日本法に基づいて行動を律し，海外子会社への管理につなげていくガバナンス体制が求められる。

　一般にいうカルテルには，「不当な取引制限」（独禁法2条6項）として，①事業者が，他の事業者と共同して行為をすること，②2以上の事業者が相互にその事業活動を拘束し，または遂行すること，③公共の利益に反すること，および④一定の取引分野における競争を実質的に制限すること，という4つの要件がある。

　①は，複数の事業者間に何らかの「意思の連絡」があることを要求する。意思の連絡は，黙示でもよく，「暗黙の了解」でもかまわないとされている。

　意思の連絡は，製品価格の一斉値上げといった結果から遡って推認が行われ，当局の調査，捜査がなされることもある。たとえば，一斉値上げの直前に頻繁に会合を開いていた事実があれば，それらの会合が怪しいと疑われることになる。日本企業の海外子会社の場合，親会社からの独立性が比較的高くなく，加えて海外では，前述のように同業者を含めて日本人が集団で行動する機会がより多くなりがちである。日本人会などが実際に疑われたこともあり，同業者による集まりなどが，日本におけるよりもはるかに厳しく見られることに注意しなくてはならない。

　以上は，日本法に基づいた説明である。日本では公正取引委員会を含め伝統的な捉え方をし，「取り決め」や「合意」がなければカルテルにならないと考

えがちである。ところが，米国やEUをはじめ諸外国・地域の独占禁止法の下
では，競争者と重要な情報の交換をしただけでカルテルと認定されることがあ
り注意が必要となる。情報交換でカルテルが認定されるならば，取り決めがな
される必要はないし，もともと証拠を残さないようにふつうは文書を作らない。
しかし，この場合でも，"疑いを晴らす"ために文書記録を残しておくべきで
ある。

　競争者同士が何のために情報交換をするかといえば，カルテルなど競争制限
的目的で行うこともあるだろうが，それ以外の合法的目的で行わざるを得ない
場合がある。典型的なのが海外子会社M&Aの交渉場面である。

　M&Aで買い手になるのはほとんどの場合同業者で，必ず買収候補企業の買
収監査（due diligence）を行う。買収価格をいくらにするかのいわば値踏みで
あり，このデューデリの際にさまざまな情報交換を行うのがふつうである。適
切な合併比率を算出する必要があったりもする。

　企業を丸ごと吸収する吸収合併の場合などはカルテルを疑われることはあま
りないが，対象会社の行う一事業を譲り受ける場合（sale of assets）には要注
意である。買収対象になっていない他事業についての情報交換はすべきではな
く，不用意にするとカルテルを疑われることになりかねない。

　海外現地で共同研究開発（joint research and development）を契約に基づ
いて行う場合にも注意が必要である。同業者と技術上の情報を交換しながらさ
らに上のレベルを目指すのが通常の内容になるからである。ただ，この種の契
約の場合，定型的にカルテルを疑われる要素をはらんでいるので，厳格なガイ
ドラインの定めるルールに従って行えばかえって「安全」といえる。

　以上のような場合を中心に競争者と情報交換するときは，その目的を明確に
した上で情報交換の内容，協議・交渉のどの段階で行ったかを記録化，文書化
して残しておくことである。

　情報交換に厳しい独禁法制は，欧（EU法）・米（連邦反トラスト法）だけ
ではなくなった。日本企業間で企業結合や提携を日本で行ったとしても，海外
市場に競争制限的効果をもたらせば現地独禁法の適用もありえる。現地独禁当
局の出しているガイドラインにも気をつけるべきである。

# Ⅶ◆日本企業が加わる国際カルテルの構造的特徴

　日本企業による国際カルテルの構造的特徴は，「日本ハブ（親会社）からの情報発信と情報操作」である。「和をもって貴しとなす」協調的体質に場合によっては行政指導が加わり，海外子会社も一体となった行動が，海外では疑われがちであることに気づかなければならない。

　そして，その疑いを晴らすことができるような文書証拠の残し方に最も配慮すべきである。具体的には，国際取引に関連して業界団体の会合を開くときは，議事の一部を公開する，あるいは弁護士を立ち会わせるなどし，そのことを明記した議事録を作成することである。

　日本の親会社の主管部門と海外子会社間のコミュニケーションは，電子メールによることが多くなったため，とくに「チャット感覚」の不当な指示などを内容とする不利な証拠を残さないようにすべきである。重要な局面でのコミュニケーションは，間に日本の弁護士などを挟み，当局からの証拠提出要求にも弁護士・依頼者間秘匿特権を主張できるようにしておくのが望ましい。

〔自動車部品　国際カルテル事件と制裁〕

　　自動車部品（ワイヤーハーネス，電気コントロール装置，油送装置など多品目に及ぶ）について日本企業などが国際カルテルに参加していたとして，米反トラスト法の下で摘発された。ここでは，この事件で日本企業に科せられた刑事制裁内容を，米司法省の公表内容からまとめておく（個人に対する禁固刑，罰金を除く）。

　　自動車部品国際カルテル捜査は，米司法省によるカルテル捜査としてはこれまでの最大規模であった。

1　2011年11月14日，古河電工が有罪答弁を行い，2億ドルの罰金支払いに同意した。

2　2012年1月30日，矢崎総業，デンソーが有罪答弁を行い，それぞれ，4億7千万ドル，7千万ドルの罰金支払いに同意した。

3　同年4月23日，フジクラが有罪答弁を行い，2千万ドルの罰金支払いに同意した。

4　同年8月28日，日本精機が有罪答弁を行い，100万ドルの罰金支払いに同意

した。

　こうした会社に対する刑事罰とは別に，米国では部品メーカーに対し，部品ユーザーによる3倍額の損害賠償（treble damages）を求める民事訴訟が相次いで起こされた。

# 知的財産権の侵害・被侵害防止コンプライアンス体制

## I ◆ 海外子会社における知的財産権管理

　企業の持つ目に見えない資産（無体財産）のうちいわゆる知的財産権の重要性は年々増大している。

　海外とくに新興国・地域において日本企業は，偽ブランド商品や海賊版書籍・CDの氾濫により大きな被害を受けてきた。商標権や著作権を海外現地においても適切に管理し守れなければグローバル企業としての存続は危うい。

　知的財産権に係るリスク管理としては，まずはこれをいかに侵害から守るかの"守り"が必要になる。だが現代は他者の知的財産権を侵害することによる損害賠償リスクなどが増大しており，他者の知的財産権を侵害しないようにするための"攻め"の知的財産権管理も求められる。言い換えれば知的財産権の侵害・被侵害の双方を防止するコンプライアンス体制を海外子会社についても構築しなければならない。

　海外子会社の場合，海外現地の知財法制の整備状況に応じた同管理体制を構築できるかどうかがコンプライアンス上のポイントになる。なかには法整備が著しく遅れている新興国・地域もあるが，そうした場所では他の場所におけるよりも契約によるリスク管理により多くの力を注ぐ必要がある。

## II ◆ 海外での技術情報流出リスクの増大

　日本企業によるグローバルな訴訟リスク管理の必要性が高い分野として，「外国企業への技術流出」がある。海外で技術が外国企業へと流出する原因はいくつか考えられ，日本企業が海外事業拠点のハブとなって訴訟リスクコントロールを展開することがとくに求められる。日本企業による高度な技術情報の管理の在り方からくるところが大きい。

　現在，日本の空洞化が叫ばれるほど，とくに製造拠点の海外移転が盛んに行

われている。従来の日本企業では、ハイテク製品のコアになる製法技術などは、国内において「門外不出」のものとして守り続けることが多かった。しかし、グローバルなリスク分散の必要性を感じた企業が、重要な技術情報を海外合弁子会社などにライセンス供与するケースが増えている。

それに伴って、海外のライバル企業に重要な技術情報が流出するおそれも増大するため、日本企業としては、海外の裁判所に差止めの裁判を起こすなど、適時・適切な法的対応が欠かせない。

## Ⅲ ◆ 新日鐵住金（現，日本製鉄）vs ポスコの国際訴訟

この事件は、東京地方裁判所で2012年10月に第1回口頭弁論が、同年12月に第2回口頭弁論が開かれ争いが始まったが、ポスコ側は、同年11月、韓国において債務不存在確認訴訟を提起したため、両国で訴訟が競合する状況になった。

事件はその後、2015年9月30日、東京地方裁判所において、ポスコが300億円を支払うことで和解に達した。

まずは事実関係を押さえておこう。訴訟の場に出された当事者の主張をまとめると、以下のとおりである。新日鐵住金は、電力インフラの変圧器などに使う方向性電磁鋼板の製造技術が、研究職であった者を含む4人の元社員を通じてポスコに流出したと主張している。元研究職員は、1990年代半ばに韓国の大学に招かれ客員教授としてポスコの共同研究に参加していたとされる。

これに対しポスコ側は、技術の盗用は事実無根であり、新日鐵住金側が「営業秘密」としているものの内容は抽象的であり、公知情報も含まれると反論している。こうした本案の争いの前に、本件につきそもそも日本の国際裁判管轄権がないとも主張した。

2012年10月25日に東京地裁で開かれた第1回口頭弁論において、ポスコは不正取得を否定する一方で、「製品開発は韓国内で行ったので証拠は韓国にあり、裁判は韓国で行うべきだ」と主張している。これに対して新日鐵住金は、不正競争防止法における営業秘密の存在場所と元社員がその不正取得をした場所が共に日本国内にあるので、「日本国内で起きた不法行為であり管轄権争いはそもそも生じない」と主張したとされる。

また、ポスコは、対象となった方向性電磁鋼板は変圧器などに使う製品で、

日本ではなく中国やインドで販売しているものなので，「新日鐵住金が損害を受けたというのであれば，各国の法律に基づいて訴えるべきだ」とも反論したという。

　その後，2015年9月30日に至り，新日鐵住金はポスコから300億円の支払いを受け和解したと発表した。その結果，両社は同日付で日本と韓国および米国でも互いを相手取って起こしていた訴訟をすべて取り下げたが，新日鐵住金による元従業員に対する訴訟は継続することとなった。

　この事件は日本企業側の実質的な勝利で終わったが，日本におけるハブ法務を中心とした「グローバル訴訟マネジメント」をどのように展開して，技術情報の流出にどう対応すべきかにつき，ヒントを与えてくれる。それは，重要な技術情報の「出所」である日本企業が，契約による情報流出防止を図ると共に，万が一流出してしまった，あるいはそのおそれが生じたときはいち早く差止請求の訴えを起こすことができるようにするということである。

　いずれにせよ，本案の争点は営業秘密（ここでは，技術ノウハウ）の不正取得があったかどうかになる。契約実務との関連では，海外子会社を含む外国企業への技術移転，退職従業員による技術情報の持ち出し，漏洩防止が課題になる（次頁の**図表**参照）。

　製造子会社による海外現地生産を行うためには日本の親会社からの技術移転が必要になる。技術移転の手段としては，特許やノウハウのライセンス契約（license agreement）を使う。また，日本企業の生産拠点であれば，製品に付けるブランド，商標のライセンス契約を締結することも必要になる。

　これらの国際ライセンス契約においては，技術流出防止の観点から，内容面として移転する技術の範囲を明確にすると共に，日本企業が門外不出でブラックボックス的に守ってきた中心的技術ノウハウを対象に含めないといった配慮が求められる。

　合弁（joint venture）によって製造拠点を作る際には，ほとんどの場合同業者であるところの現地パートナーへの，合弁会社からの技術流出防止を考えなくてはならない。それには，合弁契約（joint venture agreement）と合弁子会社とのライセンス契約の双方における，整合性のある契約書づくりが欠かせない。

　合弁契約は，主要株主間で締結されるもので，合弁子会社に対するライセンス契約とは当事者が異なる。日本側パートナーの持つノウハウが合弁子会社を通じて，ローカルパートナーに流出する事態を避けるには，合弁契約の当事者間で，互いの知的財産権を尊重する旨，および合弁子会社とのライセンス契約には，具体的な体制（守秘の誓約書をノウハウに接する従業員から取るなど）を規定した秘密保持条項を盛り込む旨などを合意しておく必要がある。

　また，退職従業員による技術ノウハウの持ち出しを防止するには，秘密保持・競業禁止を内容とする誓約書を退職時に従業員から取るのが最も有効である。この種の契約は，日本語による国内契約が大半であるが，日韓企業による紛争のようなクロスボーダーでの流出を想定した内容にするかどうかがポイントになる。進出先現地での転職，転籍に備え，英語や現地語での誓約書にすることも選択肢のひとつだ。

　いざ技術情報流出のおそれが高まった場合，日本では，侵害行為の差止めのための仮処分命令を申し立てることになる。同命令は，「債権者に生ずる著しい損害又は急迫の危険を避けるためこれを必要とするときに発することができ

〔図表　近時の主な技術情報流出事件〕

| 年　月 | 内　容 |
|---|---|
| 2006年8月 | ニコンの元研究員らが，同社の軍事転用可能な部品を持ち出して在日ロシア通商代表部員に渡したとして，警視庁公安部に書類送検された。 |
| 2007年3月 | デンソーの中国籍の社員が，設計データを流出させたとして，愛知県警に逮捕された。 |
| 2012年3月 | ヤマザキマザックの中国籍の社員が，設計図などの情報を不正取得したとして，愛知県警に逮捕された。 |
| 2012年10月 | 韓国大手繊維・化学メーカーのコーロンと同社幹部が，米国デュポンから企業秘密を盗んだとして，米司法省に起訴された。 |
| 2014年3月 | 東芝の業務提携先である米半導体大手の元技術者が東芝の開発施設から，スマートフォンなどに使う記憶媒体の研究データを入手し転職先の韓国企業に渡したとして警視庁に逮捕された。 |

る」（民事保全法23条2項）とされている。この急迫・必要性の要件は，緊急的な仮の差止命令の要件として各国にほぼ共通している。

　ただし実務上は，適時に差止命令を得ようとすると急迫・必要性の要件がハードルとして立ちはだかることが多い。これをクリアするためには，「差止措置容認条項」を関連の秘密保持契約などに入れておくのがよい。同条項は，秘密保持義務などの違反が，知財の権利者に取り返しのつかない（irreparable）損害を与えるので，差止措置による救済（injunctive relief）の対象になることに同意するというものである。

　たとえば，欠陥製品を流出させてしまった場合と技術情報を流出させてしまった場合とでは，企業による対応はどう異なるであろうか。製品の場合，市場で販売され末端の消費者やユーザーの手に渡った後であったとしても，企業がリコールなどの回収努力を尽くせば，欠陥製品による事故を未然に防止することが可能である。

　これに対して目に見えない情報の場合，いったん流出したら回収は不可能と考えなくてはならない。紙ベースの資料を回収し尽くしたとしても，これを見てノウハウなどを頭に入れた人から情報を取り返すことはできない。まして，これがデジタル情報としてネット上で流出した場合には，一瞬のうちに世界の何億人もの人に見られる状態となりかねない。

　そうなると技術情報について知的財産権を持つ企業としては，善後策を考えなくてはならない。製法ノウハウの場合であれば，これを使っての製造，販売行為を差し止め，実害の発生を未然に防止できればよい。そのためにあるのが不正競争防止法3条の規定する差止請求権である。日本では侵害行為の事前差止めを求め，権利者が同条に基づき仮処分命令を裁判所に申し立てるのが通常である。

　仮処分命令は，あくまで仮で暫定的な効力しかもたず，仮処分によって実現された状態の当否は，本案訴訟で判断されることになる。そのため，「被保全権利（差止請求権など）」と「保全の必要性」は疎明すれば足り，証拠をもって証明まではする必要はない。その分，担保を立てることを命じられることはあるが，手続は早く進む（次頁の**図表**参照）。

　課題は，ネット上での世界同時的な情報流出に備えて，この種の差止請求を

〔図表　技術情報流出被害に対する法的救済〕

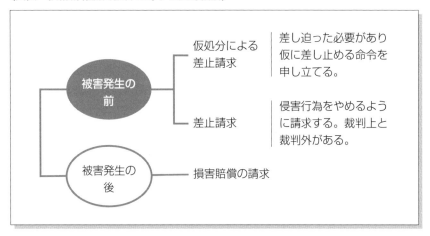

世界各地で一斉に行うグローバル訴訟マネジメントにある。

　裁判手続は国や地域によって異なり，差止請求についても例外ではない。日本では「不正競争によって営業上の利益を侵害され，又は侵害されるおそれがある者は，その営業上の利益を侵害する者又は侵害するおそれがある者に対し，その侵害の停止又は予防を請求することができる」と定める不正競争防止法3条1項に基づいて，差止請求の仮処分あるいは本案訴訟を提起することになる。この訴えは，民事訴訟法5条9号所定の不法行為に関する訴えに該当するとするのが判例（最一小決平成16・4・8民集58巻4号825頁）である。不正競争防止法3条1項に基づく訴えにつき，民事訴訟法5条9号の下で「不法行為があった地」に裁判管轄が認められることが，前述の新日鐵住金による日本の裁判管轄権の主張を支えている。

　中国法では，日本法の営業秘密に当たる「商業秘密」の侵害行為に対して，権利者は民法上の規定に基づいて侵害の排除または損害賠償などの請求ができるが，侵害行為の差止仮処分の請求となると，行政機関による救済措置の果たす役割が大きくなる。

　すなわち，中国では他の知的財産権を含めて，侵害に対する救済措置につき行政機関が積極的な役割を果たす。商業秘密の侵害があった場合には，国家工商行政管理総局が職権で調査を行うことができ，調査の過程で権利侵害の物品

を差し押さえたり，権利侵害に対して禁止命令や過料の制裁を下したり，また被侵害者と侵害者間の損害賠償の調停を行うことができる。当局は被侵害者からの申告により，こうした権限を行使しており，当局の行政処分に不服であれば人民法院に訴訟を提起することもできる。このような行政機関による処分は簡易かつ迅速な保護を受けられるという点で利用価値が大きい。

　中国で知財侵害に対して行政救済を求めることのメリットは，迅速性，簡易性，低コスト性などにある。反面，行政救済には以下のようなデメリットがあることにも注意すべきである。第1に，行政機関は，処分を下し命令違反に対しては制裁を下すなどの権限を持つが，処分内容を強制執行する権限は持たない。これをするには人民法院に対する手続が必要になる。

　もう1つのデメリットは，「情報流出のおそれ」である。日本企業など外国企業のなかには，制度上というよりは，事実上で被るこの不利益をより重視する企業が少なくない。とくに，「偽ブランド商品」などが一部の地域経済を支えている現状の下で，取締りを担当する地方行政機関の担当者が，地元の利益になると考えれば，取締りに手心を加えたり，極端な場合には，提供された情報を侵害者側に流すケースがあると伝えられる。

　世界中どこでも，裁判手続には時間がかかるのが常識となっている。ただ，それではネット流出により瞬時に世界中に情報が流出，拡散する被害の救済としては無力に等しい。そこで，仮処分命令などで暫定的に侵害行為を差し止めることができるかどうかが救済方法の決め手になる。暫定的とはいえ，差止命令が出れば，その後の本案訴訟や裁判内・外での和解を事実上有利に進めることができる。

## Ⅳ ◆ 知財権侵害者にされないリスク管理

　他者の知的財産権を侵害しないための知財管理の一環として，海外現地における知財権の登録に遅れないようにすべきである。

　新興国・地域には知財法制が未整備であったり，形の上では整備されていても法の執行，運用面が追いついていないところが多くある。日本企業は，こうした新興国・地域で特許権や商標権などを登録できる制度があったとしても敢えて登録に踏み切らないことがよくある。

　その理由は，権利化のために登録しても知財法制の執行・運用が追いつかないのでむだに帰してしまうおそれにあった。だが近時は，日本企業の“後ろ向き”の姿勢を逆手に取るかのようにいわば先回りをして権利の登録をされてしまうトラブルが何件か発生している。中国の場合で説明してみよう。

　中国で知財紛争を闘うに際し押さえておかなくてはならないのは，その下で知財権侵害の有無を争うことになる中国の知財法制の内容とその特徴である。

　中国の知財法制は，大枠において，日本や欧米諸国の先進的な法制の内容と比べてもよく整備されているといってよい。ただ，問題は，外形上は整備された知財法制の運用のほうにある。

　中国で知財法制の整備が急速に進展したのは，2001年12月のWTO（世界貿易機関）への加盟時である。WTO加盟を契機として，中国はその前から打ち出していた「人治から法治へ」の路線を再確認し，法治国家体制の強化に乗り出した。具体的には，法律を厳格に運用し，知財侵害の救済に裁判所が関与する機会が多くなった。

　WTO協定の附属書1Cに収録されているTRIPs（知的所有権の貿易関連の側面に関する協定）には，行政機関の決定は最終ではなく，最終的な決定は司法機関，裁判所において行われるべきである旨が規定されている。WTO加盟前の中国では行政機関が最終判断を下す権限を持っていたが，判断に不服の者は，裁判所に判断を仰げるようになった。

　模倣品の氾濫や秘密情報の退職者による持ち出しなどで被害を受けることの多い日本企業にとっては，仮処分や差止請求を含め，中国で司法手続による救済をどこまで利用できるかがグローバル訴訟マネジメントの鍵となる。そこで，特許侵害に対応するための最有力手段ともいうべき特許法における仮処分制度の利用可能性から検討してみたい。

　中国の特許法が制定されたのは，1984年である（85年施行）。その後92年に第1次改正（93年施行），00年に第2次改正（01年施行），08年に第3次改正（09年施行），2020年の第4次改正（2021年施行）は，主な改正点として特許権者保護や特許の利用促進のための施策を含む。とくに00年の改正は，WTO加盟を意識したものとなっており，「職務発明の報酬」，「訴訟前の保全」，「損害賠償額の算定」などを主な改正点としていた。

「訴訟前の保全」は，特許権の保全措置，すなわちそれまで中国になかった仮処分制度の導入のために，以下のような規定を置いた。

---

**中国特許法66条**

1　特許権者または利害関係人は，他人が特許権を侵害する行為を行っているか，まさに行おうとしていることを，証拠により証明し，直ちに差し止めなければその合法的権益が回復困難な損害を被るおそれがあるときは，訴えを提起する前に人民法院に関係行為の停止と財産保全の措置を申請することができる。

2　申立人が，申し立てるときに担保を提供しなければならず，担保を提供しない場合には，申立てを却下する。

3　人民法院は，申立てを受けてから48時間内に裁定をしなければならず，特別な事情により延長が必要となる場合には，48時間延長することができる。関係行為の差止命令を裁定した場合は，直ちに執行しなければならない。当事者は裁定に不服がある場合には，不服審査期間において裁定の執行は停止しない。

4　人民法院が関係行為の差止命令の措置をとった日から15日以内に提訴しない場合は，人民法院は当該措置を解除しなければならない。

5　申立てに誤りがあった場合は，申立人は，被申立人が関係行為の差止めにより被った損失を賠償しなければならない。

---

同様の差止め・仮処分制度は，商標法59条，著作権法50条にも規定されている。TRIPs協定50条が，各加盟国に知的財産権保護の臨時措置を導入するよう要求していることに応えたものであるが，民事訴訟法には臨時の救済措置に関する規定は置いていなかった。

すなわち，従来の中国民事訴訟法には米国の連邦民事訴訟規則65条のような差止命令制度，日本の民事訴訟法における仮処分制度のための規定はなかった。2012年8月31日に行われた同法の改正（2013年1月1日施行）では，保全制度につき，従来の財産保全および先行執行の2制度に禁止命令制度を追加することにした。先行執行は，訴訟前手続のなかで適用することができず，訴訟中の適用にも，「当事者間の権利義務関係が明確である」ことという厳しい条件があった。改正法は，禁止命令を判決前に出すことができる旨を明確にし，禁止

命令措置の適用範囲を知財紛争などに限定せず通常の民事訴訟事件にまで拡大した。

　このように中国における差止め・仮処分制度は，法令の内容，運用両面において流動的であり，法改正の動きに十分注意を払いつつ，侵害への対応策を練らなくてはならない。ハブ法務の視点からポイントになるのは，中国における仮処分制度が日本法の場合とどう違うかをよく知っておくことである。アップルが中国で，2011年11月，先に「iPad」の商標を登録した現地企業の「商標権者」から侵害を理由に訴えられ，販売差止命令を受けた裁判例がある。

　中国に限らず，特許権や商標権に基づいて裁判所の差止命令を受けると，操業や販売が停止させられるなどの大きな影響が生じる。知財紛争を闘う上では，前提となる知財権の登録ができているかどうかが大きい。とくに中国では，行政権力が強いため行政庁への登録の有無が勝敗を左右する傾向がある。

## V ◆ 権利取得で後手に回ると「侵害者」にされてしまう

　商標権を例に，中国における登録手続を，日本，米国の制度と比較しながら検証してみよう。中国における商標の登録機関は，国家工商行政管理総局商標局であり，米国の先使用主義ではなく，日本と同様，先願主義を採用している。原則として先に登録出願をした当事者が，仮処分から始まる裁判の諸局面で「勝つ」ことになるので，中国では自社ブランドを先行登録されることのないようにする必要がある。

　グローバルな知財訴訟戦略上重要なことは，知財法制の属地性，多様性と知財の持つグローバル性，普遍性という矛盾し合う両特性間のバランスを考えることである。

　商標の分野は，国際的な登録手続として1989年に採択されたマドリッド協定議定書がある。その下では，同議定書の締約国に商標出願し，または登録がなされた商標の名義人は，その出願または登録を基礎として，他の締約国を指定し，本国の官庁を通じて国際事務局に国際出願をし，国際登録を受けることにより，指定した締約国において商標の保護を受け得る。現在，同議定書の締約国は，日本や中国，米国，EU諸国など98か国に上る。

　他方，商標制度の内容は，運用面まで含めればなおさら，国ごとに異なるの

が現実である。中国市場での事業展開にとって拠り所となるような中心的商標であれば，なるべく早い出願，登録が望ましい。問題は，中国現地で先回りして商標登録がなされてしまった場合にどのような対応がとれるかである。出願中の場合は異議を申し立てることによって出願を却下してもらうことが可能であるし，すでに登録済みの場合は，無効審判で登録の取消しを求めることができる。

　近年，日本の地名や芸能人の名前などが中国で商標出願され，問題が深刻化している。そこで日本の特許庁は，中国当局に対して，日本の地名等を用いた商標出願について，公正，厳格な審査を求めてきた。

　中国商標局は，日本の要望に応じ，2010年3月，第三者によって出願された北海道，京都，福島，千葉，石川，広島および福岡の7つの都府県名を用いた商標について，出願を却下する決定を下した。また，すでに登録されていた秋田，佐賀の県名を用いた商標については，登録を取り消した。

　中国商標法によると，実体審査した商標については，公告があった日から3か月以内に，誰でも異議を申し立てることができる。商標局は，異議申立人および被申立人から事実および理由を聴取し，調査により事実を確認した後に，決定を下さなければならない。

　青森県は，この手続に基づいて，「青森」の商標登録を阻止することに成功した。事案の経緯は以下のとおりである。

　2003年4月28日，中国広東省の商標デザイン会社が，フルーツ，野菜，魚およびお茶などの商品に使用するため，中国商標局の公報に「青森」の商標登録出願を公告した。「青森」が商標として広東省のデザイン会社に登録されると，日本の「青森」や「青森産」と表示する商品の中国への輸出はできなくなるおそれがある。そこで同年7月25日，青森県，青森市および関係団体が商標局に異議を申し立てた。2008年2月，異議申立てから約4年半を経過して，中国商標局は，日本側の異議申立てを認める裁定を下した。

　すでに登録された商標が，下記のいずれかに該当している場合は，商標の登録から5年以内に，商標所有権者または利害関係者は，商標評議審査委員会にその登録商標の取消裁定を申し立てることができる。

● 他人の著名商標を複製，模倣，翻訳した商標を登録・使用した場合
● 無権代理人または代表者が冒頭出願した場合
● 商品の産地を誤認させる地理的表示を登録した場合
● 「欺瞞」的または不正な手段により商標を登録した場合

　また，悪意による登録をした者に対して，著名商標の所有者は，期限5年の制限を受けないとされている。

　しかし，登録商標の取消申立ては容易に認められず，時間やコストの面でも大きな負担になりかねない。双葉社の「クレヨンしんちゃん」の商標登録問題では，その取消手続の難しさが浮き彫りになった。事案の詳細は以下のとおりである。

　「クレヨンしんちゃん」の中国語訳は「蝋筆小新」だが，1997年7月7日，広州市のある会社が，中国商標局の審査を経て，「蝋筆小新」を商標として登録し，その後上海の会社に商標権を譲渡した。

　2005年1月26日，双葉社は自社の商標が侵害されたとして，商標登録の取消しを申し立てたが，同年12月30日，商標評議委員会は，双葉社の取消申立時期は，同商標の登録からすでに8年近くが経過しており，法定の5年の期限を過ぎたとの理由で却下した。

　双葉社は本裁定を不服とし，北京市中級人民法院に行政訴訟を提起した。北京市中級人民法院は，本件商標が登録された時点では，中国の商標法は5年の取消期間を定めていなかったが，本件商標の取消申立ておよび裁定は商標法改正後に生じたので，現行商標法の5年間規定が適用されるとした。また，双葉社が提供した証明資料は，当該商標の出願日（96年1月9日）前に「クレヨンしんちゃん」の図形または文字を商標として中国大陸で使用したことを証明できなかったので，未登録の著名商標と認定しない商標評議審査委員会の裁定を認めるとした。

　双葉社は，本件商標は，「欺瞞」的または不正な手段により登録されたと主張したが，証明できる証拠を提出できなかったので，主張は支持されなかった。

　2006年6月20日，北京市中級人民法院は，商標評議審査委員会の裁定を維持する判決を下し，その後の終審裁判で，最高人民法院は，商標登録行為は悪意

であると認定した。ただし，５年の取消期間を過ぎたという理由で，本件商標の登録の維持を認めた。

　こうしたケースをサポートするため，2008年６月９日，日本の特許庁は，「中国・台湾でのわが国地名の第三者による商標出願問題への総合的支援策」を公表し，①中国・台湾での商標検索・法的対応措置に関するマニュアルの作成・提供，②北京・台北における「冒認商標問題特別相談窓口」の設置，および③適切な権利保護のための制度改善に関する中国政府等への働きかけの３点を柱として取り込むことにした。

　次に紹介するカシオ計算機の事案では，同社の商標権侵害が認められた。

　2006年，日本カシオ計算機株式会社は，電動自転車のボディー等に「卡西欧」や「KAXIOU」の標識を貼付して電気自転車を販売していた中国企業が，日本カシオ計算機株式会社が所有する登録商標である「CASIO」を商標権侵害しているとして，人民法院に提訴をした。人民法院は，「卡西欧」および「KAXIOU」の標識は，「CASIO」に類似するものとして，商標権の侵害を認めた。

　商標紛争司法解釈９条２項によると，商標法52条１号に規定する「商標の類似」とは，提訴された権利侵害商標と原告の登録商標とを比較した場合，その文字，読み方，含意もしくは図形の構図および彩色，または各要素を組み合わせた結果としての全体の構図が類似し，またはその立体的形状，彩色の組み合わせが類似し，関連の公衆をして商品の出所に対して誤認を生じさせ，またはその出所と原告の登録商標商品とに特定の関係があると誤認させる場合をいう旨を規定している。

　また，商標紛争司法解釈10条は，人民法院は，商標法52条１号の規定に基づき，商標の同一または類似について認定する場合，次の原則に従って行うとしている。

---

1　関連の公衆の一般的な注意力を基準とすること
2　商標の全体に対して比較すると同時に，商標の主要部分についても比較し，かつ比較対象が隔離された状態でそれぞれ行わなければならないこと
3　商標が類似しているか否かを判断する場合，保護を請求する登録商標の顕著性および知名度を考えなければならないこと

　上記事案において，人民法院は，「CASIO」が宣伝等により相当な知名度を有し，関連の公衆が「卡西欧」や「KAXIOU」の標識により，著名な「CASIO」を連想すること，「卡西欧」や「KAXIOU」の発音が「CASIO」と類似することなどから，「卡西欧」および「KAXIOU」の標識は，「CASIO」に類似すると判断した。

## VI ◆ 事前調査と情報管理の徹底

　中国で販売しようとする商品の名称などについては，早期に登録し商標権を侵害されないよう注意するだけでなく，すでに現地で他人により権利化がなされていないかどうかの調査を怠らないことである。先回り登録をされないためには，日本親会社による進出計画など，グループのブランド情報が漏れることのないよう情報管理体制を整備することが欠かせない。

　中国では，日本と同じく先願主義をとっており，同日出願の場合には，先使用主義の考え方がとられ，使用を開始した日の証拠を提出させて，先の使用に係る出願人に権利を付与することになる。また，調査で，すでに侵害された，または侵害されるおそれがあると判断した場合には，異議申立てと取消審判，仮処分の請求などの制度を積極的に利用するのがよい。制度を利用する際には証拠の確保が重要なポイントとなるが，実務的には，立証の確実性を考えて，証拠収集の過程において公証制度が用いられることが多い。

　また，商標権などを侵害された場合には，実務的には，権利侵害者に対してまず警告書を発し，権利侵害の停止を求め，これに応じなければ，日本，米国のように裁判所に訴える以外に，行政機関に摘発を依頼することもできる。

　行政機関は調査の上，権利侵害行為の停止，侵害品の没収，過料といった処分を迅速に行い得るが，損害賠償を命じることはできず，過料の金額が低いために抑止効果は不十分ともいわれている。

　他方，裁判所に訴える場合，損害賠償を得ることができ，判決の強制執行も可能となる。この場合は，訴訟前の仮処分の請求を利用することが有効である。

第 **5** 節

# 人事・労務分野 コンプライアンス体制の課題

## I ◆ "日本的"人事・労務慣行を現地に持ち込むリスク

人事・労務分野は，日本企業の守り育ててきた慣行と進出先現地の慣行が大きく違うことがまれではない。とくに海外子会社がイスラム法社会に属している場合，男女雇用差別などについての法的判断基準が日本法や欧米法治先進国のそれとはまったく異なっている。

「LGBT」と呼ばれる性的少数者への企業による対応にも国・地域によって大きな差がある。法的に同性婚を有効と認める国・地域の企業の多くは，性的指向によって社員や取引先を差別しない旨を明文化している。

LGBTが働きやすい職場をつくるための基準を公表し，同性婚をする際の祝い金や福利厚生制度，トイレや更衣室の整備を進める日本企業が少しずつ増えている。欧米の企業にはLGBTへの対応を企業の評価や調達などの選定条件にするところが増えてきたことが背景にある。LGBT対応に遅れているとみられれば，欧米の現地市場で重要な取引先を失うことにもなりかねない。

日本親会社がハブとなってグローバルに通用する「人事ポリシー」のような基本方針を打ち出すのがよい。だが，人事・労務分野は，上述のとおり国・地域による慣行や法令の違いが大きいため，そうした"地域差"を直視した上で現地化の推進を図る必要がある。これを無視して日本的人事慣行を海外現地にそのまま持ち込むと失敗する。

## II ◆ 現地法人の"現地化"

人事・労務面で日本企業は，日本的人事慣行をそのまま海外現地に持ち込む傾向がある。この問題に関しては，つねに日本企業の現地法人の行っている人事慣行が現地ナショナルスタッフ（NS）や現地労働監督当局の眼にどう映っているかを意識してかかるのがよい。

　日本親会社には，日本人の役員や社員の派遣や出向を通じて海外子会社の事業展開をコントロールしようとする傾向が強い。現地サイドからは，日本企業の子会社だから経営陣をはじめとする幹部社員を日本人が占めており，その分現地人従業員の昇進の機会が奪われていると見られがちであることに注意すべきである。

　雇用差別禁止法の分野でよくあるのが，日本親会社の支配下にある会社だから日本人を優先し，現地の人間を差別する人事が行われているとの現地サイドの主張である。こうした主張は，他の国の企業に対するよりも日本企業に対するほうが厳しくなされる場合が多い。それだけ日本企業は，中央集権的に日本的人事慣行や考え方を海外現地においても貫こうとする傾向が強いということができる。

　海外現地法人はあくまで現地法下で設立されており現地法を遵守し，場合によっては日本法にも優先させるコンプライアンス体制があることをアピールするのでなければ大きなリスクに見舞われかねない。

　実際にアメリカでこの種のリスクが訴訟となって具体化し日本企業を襲ったケースが77頁以下で紹介した裁判事例である。

## Ⅲ ◆ 現地での「セクハラ」問題と日本親会社の責任

　いまやセクハラ（セクシュアル・ハラスメント）が性別による雇用差別問題を引き起こすことは日本でも広く認識されるようになった。

　海外現地法人でセクハラ問題が発生すると容易に日本親会社やその役員の責任を追及する動きになりやすい。それも現地や日本での訴訟による法的責任の追及に加え，製品の不買運動などにつながり，レピュテーションリスクを招きグループ全体の重大な問題になりやすい。とくに「差別問題」に敏感なアメリカでは注意が必要で，危機管理まで要求されることがある。

　1996年4月，三菱自動車の在米イリノイ州の現地法人で大規模なセクハラ問題が発生した。アメリカの雇用機会均等委員会（EEOC）が，「公民権法に違反して女性従業員へのセクハラを放置した」として，この現地イリノイ州連邦地裁に訴えたことが発端であるが，EEOCは賠償金の支払いや退職者の職場復帰を求め，公民権法の規定に基づく賠償額は一人当たり最高30万ドルに達した。

　この事件は女性の権利擁護団体や黒人指導者が乗り出し，アメリカで大きな社会問題に発展したところに特徴がある。被害者に対する賠償金額が全体として大きな負担になり得るだけでなく，セクハラ問題は何よりも「差別的な」企業であるとのイメージを社会に植えつけてしまうことのダメージが企業にとっては深刻である。

　企業は，グループ全体でセクハラが雇用差別問題のひとつであることを正しく理解することから始めないと対応に失敗する。

　アメリカは移民国家であり，さまざまな国や地域から人種，国籍，肌の色，宗教などの異なる人々がつくった国である。そうした国で「差別的」な雇用慣行を平気で行う企業とみられるとの烙印を押されるとグループ全体のイメージダウンにつながりやすい。日本企業のグループに属しているから差別問題に鈍感であるとされると事態は最悪の方向に推移しかねない。

　2010年に入ってから北米市場で大規模なリコールを行ったトヨタ自動車も2006年，現地法人トップによるセクハラ事件を起こしたことがある。だがこの時トヨタ自動車は現地任せにせずいち早く危機管理対応に乗り出し事態を収束させた。当時のアメリカ・共和党政権も，事件発生から3日後に第三者委員会を開くなど早期終結に向けて手をさしのべた形跡があるとした。

　人事・労務面での現地トラブルは容易に日本親会社と企業グループ全体の問題に発展しかねない。現地からなるべく早く情報を入手した日本親会社がどう動くかはグループ危機管理マニュアルの発動によるところが大きい。しかし，親会社が危機的状況が発生するおそれを察知できなければそれまでで，対応に遅れてしまうであろう。

## Ⅳ ◆ 中国やベトナムなど社会主義国における人事・労務コンプライアンス

　社会主義国の国家体制の国・地域は，アジアでは中国やベトナムがそうだが，もともとが「労働者が主人公」の体制である。欧米資本主義国におけるのと同じような感覚でコンプライアンス体制の構築に臨むと失敗する。

　中国を例にとるならば，「労働者が主人公」の社会主義体制の国でありながら"弱い立場"の労働者を資本家から守るような内容の労働契約法を制定し，

2008年から施行したのは，2つの理由があった。

　ひとつは，中国で拡大する「所得格差」である。それも一部富裕層との格差だけでなく，以下に詳しく述べるように沿海都市部と内陸部の労働者間の所得格差が近年大きくなっており，低所得者層の労働者からは政府の"無策ぶり"に不満が高まったことがある。

　もう1つは，日本企業や欧米企業の現地法人に雇われる現地従業員が増え，そうした外資企業による処遇上のいわば不当な扱いによって受けている不利益の是正が求められるようになったことがある。

　「労働者が主人公」の社会主義国でも，労働分野においても急速な「市場経済化」の波を受けるようになったのが根本原因といってもよいであろう。そこで，労働市場の市場経済化を象徴する中国労働契約法下で求められるコンプライアンス体制を考えてみよう。

## V ◆ 中国労働契約法の下でのコンプライアンス体制

　中国は労働者が主役の社会主義の国であるが，1990年代半ばには労働法を制定し（1995年1月1日施行），一定程度の労働者の権利保護を図ってきた。にもかかわらず，さらに，"弱い"労働者を守るために資本主義国におけるような労働契約法を制定しなければならなくなったのはなぜであろうか。

　改革・開放路線の始まった1979年から30年以上が経とうとしているが，中国では，「東西問題」と「南北問題」が経済的格差を広げてきた。「東西」の格差は，沿海部と内陸部の格差である。改革・開放は，当初すべて沿海部に設けられた5つの経済特区を「点」として始まり，やがて沿海部をつなぐ「線」から「ベルト」へと変化していった。内陸部開発が政策課題に上り，外国資本による投資を奨励するようになるのは，21世紀に入ってからのことである。

　「南北」格差は，経済特区が中国南部の沿海部に多く設けられたこともあるが，1990年代に入り鄧小平氏が唱えた「先富論」によるところが大きい。これは，1989年に天安門事件が発生した後に大きく落ち込んだ外国からの投資を呼び戻すために「先に豊かになれる者から豊かになればよい」として南部の経済発展を「容認」するとした考え方である。こうして「東西問題」と「南北問題」によって生じた経済格差は労働者の間にも地域によって大きな収入格差を生む

ことになった。

　もうひとつの労働契約法制定の背景には外国企業対策がある。外国企業のうちとくに製造業の場合は，中国における低い労働コストに着目して生産拠点を築いてきた傾向がある。そうした外国企業はいま労働コストが高くなった沿海部を捨て，中国政府の内陸部開発路線にも合わせて内陸部に拠点を移し始めており，その過程で労働者の雇止めを行うケースが増えてきた。

　従前から中国では期間を1年，2年と限定して契約をする企業が多く外国企業もそれにならってきたが，新たに制定された労働契約法においては期間の定めのない労働契約の締結を要求する場面を拡大した点に最大の内容上のポイントがある。

　すなわち，労働契約法施行前の労働法では，労働者が同一の使用者の下で連続して満10年以上勤務しても，使用者と労働者双方による更新の合意がない場合には，雇止めが可能であったが，労働契約法では，使用者・労働者双方の合意がなくとも，一定の場合には労働者からの労働契約更新または締結の申し出があれば期間の定めのない労働契約を締結しなければならないとした。

　さらに，労働契約法は，使用者が雇用開始日から満1年以上労働者と書面により労働契約を締結していない場合には，使用者と労働者が既に期間の定めのない労働契約を締結しているとみなすと規定している。

　事業再編によるリストラなどを予定している日本企業は，人事・労務分野におけるコンプライアンス上の課題として，労働契約が労働契約法により，労働者の申し出により期間の定めのない労働契約締結が強制される内容となっていないか，あるいは書面による契約のない状態で1年以上労働者を雇用することにより期間の定めのない労働契約とみなされる内容となっていないか否かをチェックする必要がある。

　その上で，労働契約法による期間の定めのない契約強制に対処するためには派遣社員やパートタイム社員の活用が考えられてよい。ただ，これにも，次のような労働契約法による制約があるので注意を要する。

　労働派遣は，臨時的，補助的または代替的な職務において実施する旨が規定されており，職種が限定される。また，派遣会社と派遣社員間の労働契約は2年以上の期間を定める労働契約締結を要求されており，派遣会社と派遣先会社

間の労務派遣契約についても2年以上の派遣期間を定めた契約の締結を要求される可能性がある。

　パートタイム社員の場合，1日の平均労働時間は4時間を超えてはならず，かつ1週間の労働時間の合計が24時間を超えてはならないとされるので，完全に全日の労働者に取って代わるのは困難といわざるを得ない。

# VI ◆ 撤退の認可に際して問われる人事・労務コンプライアンス

　新興国・地域においては，進出だけでなく撤退に際しても進出先地方政府の認可が必要になることが多い。

　海外進出先から撤退する場合，トラブルなく撤退を実現できるかどうかは，進出形態が単独出資の完全子会社によるか現地パートナーとの合弁によるかで異なる。後者で，現地パートナーに持分を譲渡し従業員などと共に事業を引き継いでもらうのが一般に最もスムーズに撤退ができるといえる。ただその場合でも，後述する大手家電メーカーのケースのように譲渡持分の対価でトラブルになることもあるので注意を要する。

　現地法人を解散，清算する場合は現地法の定める手続に従って行わなければならない。それだけでなく，とくに100％子会社の解散，清算の場合，ナショナルスタッフ（NS）の大量解雇，リストラを伴うのがふつうであり，大きなトラブルに発展することがある。

　新興国・地域では進出するより撤退するほうが難しいといわれるゆえんである。近い将来解雇されると分かったナショナルスタッフ（NS）が残業代の未払い分を当局に内部告発しそれが元で撤退の許認可が直ぐには下りなくなったケースもある。また，2009年に日本の大手家電メーカーが，中国のローカルパートナーと折半出資したブラウン管製造の合弁子会社から撤退するために人員削減を行った。その際「経済補償金」と呼ばれる退職金の上乗せ額に関して労使紛争が発生し，最終的に出資分を極めて低額の100米ドルで合弁相手に売却して撤退を完了させた。撤退に大量解雇が伴うときは，インドのように裁判所の許可なしではできないとする国もある。

　撤退に伴い法的リスクが顕在化するもう1つの大きい分野が税分野である。法人税はもちろんのこと日本の親会社との間の移転価格税制，日本との間で部

品，工作機などを輸出入する際の関税などにおいて税法違反があると問題の処理が終わるまで，撤退の認可が留保される可能性がある。

　人事・労務面，税務面を中心として現地法のコンプライアンス体制がしっかり構築されていないと撤退もままならない事態に陥る。先行き不透明なリスクの多いグローバル企業は，海外子会社を含めた事業拠点の「選択と集中」をスピード感をもって行えないといけない。そのためには，いかに撤退をスムーズに進められるかがひとつの鍵を握る。

## Ⅶ ◆ 中国「反スパイ法」の下でスパイとみなされかねない行為に注意

　中国の「反スパイ法」が，2014年に制定，施行になった当初，「スパイ行為」は，国家機密の提供をいうとされていた。同法は，2023年4月に初めて改正され，同年7月1日から施行されている。

　改正法は，「スパイ行為」を，国家の安全と利益に関わる文書，データ，資料，物品の提供や買収，に変えた。対象範囲を広げたことになり，摘発されやすくなったといえる。

　「国家の安全と利益」の意味はあいまいで，当局の恣意的な運用のおそれが指摘されている。改正法は，2014年に設置された中央国家安全委員会の権限を強め，軍事面に加え経済や文化面を含めた，国の総体的安全保障の考え方に基づき，同委員会は，スパイ行為の疑われる人物の手荷物や電子機器を強制的に調べられるようにした。

　スパイ行為を発見した個人や組織には通報義務を課す一方で，反スパイ活動に貢献した個人らを表彰することにしている。

　合弁企業を含む現地法人や子会社を通じて中国ビジネスを展開する日本企業は，「李下に冠を正さず，瓜田に履を納れず」を地でいって，スパイを疑われかねない行為を慎むべきであろう。

　2023年3月には，日本から中国の北京に出張していた日本企業の社員が，現地でスパイを疑われ身柄拘束される事件が起こった。

　日本企業が改正法施行を受け，中国現地でとくに注意すべき分野には，通信や情報，交通，エネルギー，金融などの，重要な経済インフラの分野がある。

第**6**節

# サプライチェーンの
# コンプライアンスとCSR

　サプライチェーン（supply chain）は，直訳すれば「供給の連鎖」である。大きなメーカーであれば資材や部品の調達，あるいは，在庫，生産，製品の配達の流れが網のように張りめぐらされており，部品メーカーなどとの間が供給契約（supply agreement）でつながっているのがふつうである。

　東日本大震災では，東北地方を中心に部品，素材メーカーが直接大きな打撃を受けたため，サプライチェーンが大きく傷つき，影響は海外にまで及んだ。国際契約としての供給契約には，日本の部品，素材メーカーから海外へ輸出する側面と完成品メーカーが，海外の部品，素材メーカーから輸入する側面とがある。

　自動車業界の場合，日本からの部品調達がままならなくなった結果，アメリカなどの自動車メーカーが一時操業停止に陥った。そのため日本の部品メーカーに依存するのではなく，調達先をグローバルに分散しようとする動きが広がった。リスクの分散はリスク管理の基本であるから当然の動きなのであるが，日本のメーカーの「ケイレツ」取引の見直しが行われることになった。

　日本の製造業の場合，資本，経営者，生産，販売などサプライチェーンを含めて企業間の結合関係に独特のものがあり，「ケイレツ」の語が海外でもそのまま使われたりしている。日本的「ケイレツ」はグループ企業間で「縦」につながっていくところに特徴がある。これを「横」に，海外拠点を含めた「水平展開」にもっていき，リスクの分散も図ろうとする。

　「ケイレツ」取引は，日本企業の強みであったのであるが，いまグローバルな見直しを迫られている。海外にも原材料，資材，部品調達先を求めリスクを分散しようとする動きがあるからである。その場合，従来の「ケイレツ」の部品メーカーなどに海外への製造拠点の移設を求めるやり方があるが，日本企業が連鎖的に大震災で大きなダメージを受ける場合などにはあまりリスク分散の目的には役立たないことがあり得る。

　そうなると海外の現地企業からの調達に依存せざるを得ないが，これには大きな課題がある。原材料，資材，部品の調達においては，一定の品質のものが納期を守って安定的に入手できるかどうかがポイントになるからで，日本企業から成る「ケイレツ」や「グループ内取引」にはこの点信頼感があった。

　課題を克服するには，海外の現地企業を優良調達先に育て上げていくか，完成品メーカーが「ケイレツ」の調達先日本企業群ごとごっそり海外移転するかのどちらかである。後者の道を選ぶ企業が多くなると「空洞化」がいよいよ本格化する。

　グローバルに見直すことによってサプライチェーンを強化しようとするのであれば，前者のやり方を選ぶほうがよいであろう。その場合，最も重要なことは継続的な調達契約における，品質管理と納期管理に関する契約条項の内容を工夫することである。条項を作成する上での注意点には，品質管理システムの導入を義務づけるなどがある。

　グローバルサプライチェーン再構築の上でもう1つ重要な視点はサプライチェーンの"CSR"化とコンプライアンス確保である。

## I ◆ サプライチェーンのCSR

　いま調達契約において最も問題とされるのがサプライチェーンのCSRである。企業がその社会的責任を果たすためにはCSR調達を心がけないと大きなレピュテーションリスクにとらわれかねない。

　調達契約の目的は一定品質の原材料・部品の供給を安定的に受けることにあるが，いまはそれだけでは足りない。きっかけは，1997年に起こったナイキのスウェットショップ事件や2004年に英国人権団体のCAFOD（Catholic Agency for Overseas Development）が，米国の大手電機メーカーに対しサプライチェーンにおける労働条件の改善を求めた事件にあったとされる。ナイキ事件でNGOが問題視したのは，同社の東南アジアの下請工場において児童労働や強制労働が行われていた事実であり，不買運動が展開された。

　そこでいまはサプライチェーンの全体で強制労働や人身売買などの人権侵害が行われていないか，有害化学物質が使われていないか，違法伐採木材が使われていないかどうかにつき，適切に管理を義務づける法的ルールができている。

後述する紛争鉱物についてのサプライチェーン管理規制はその代表例である。

　こうしたサプライチェーンクリーン化のグローバルな流れの中で，2012年には米国カリフォルニア州が「サプライチェーン透明化法」を制定し，2015年，英国は「現代奴隷法」を制定した。

## Ⅱ ◆ 英国「2015年現代奴隷法」の内容

　この法律は，近年，カリフォルニア州をはじめとする米国や欧州諸国あるいはILO（国際労働機関）などの国際機関において，強制労働や人身取引による人権侵害の根絶に向けた動きが目立ってきたことを背景に登場した。

　それにしても「現代奴隷法」の名称は強烈な印象を与える。欧米社会では奴隷貿易や奴隷制がかつて歴史上"最悪の"人権侵害をもたらしたとの反省に基づき，二度とこれを現代によみがえらせてはならないとの考えからつけられた法律名といってよい。

　現在，世界中で約2,900万人が奴隷状態，強制労働，人身取引などによって苦しめられているという。本法は，奴隷状態（slavery），隷属状態（servitude），強制労働（forced or compulsory labour）を禁止する規定を置いている。

　日本企業による国際取引・契約実務にも影響するとみられるのが，同法が英国内で事業を行う一定規模以上の企業に対し"サプライチェーンの透明化"を求めている点である。

　対象になる「商業組織（commercial organisation）」とは，英国内で事業の全部または一部を行い，商品・サービス提供で年間3,600万ポンド以上の売上高を持つ法人または組合をいう。子会社自身が当たり得るのは別として，英国に子会社を持つだけで日本親会社が商業組織になるわけではない。

　本法が商業組織に求める「透明性」すなわち情報開示の内容は，自社の事業およびサプライチェーンにおいて「奴隷労働（隷属状態および強制労働を含む）および人身取引」が発生しないことを確保するために前会計年度中にとった措置，またはそうした措置をとらなかったことである。対象企業がウェブサイトを有する場合はウェブサイト上で報告，開示を行わなくてはならない。

　サプライチェーンの透明性を求める点は，名称からうかがえるとおりカリフォルニア州の法律でも同様であるが，本法は製造業者や小売業者が取引先に

対して奴隷労働や人身売買を防止するための対策を示すように求めている。また，フランスでも2017年，企業が自社の商品やサービスの人権や環境への影響を調査し対応するよう義務づける人権デューデリジェンス法を制定した。

　こうした世界的な流れを受けて，欧米の取引先から「人権への取組みがどうなっているか」との問い合わせを受ける日本企業が増えている。みずからビジネスパートナーに人権侵害しないよう求める「人権方針」を策定した日本企業も出始めた。

　1997年，ナイキの東南アジアの委託工場で児童労働が発覚し米国で学生デモや世界的な不買運動が起こり，2015年には，日本の大手衣料品メーカーが中国の下請け工場での過酷労働を国内外の人権団体から批判された事件は記憶に新しい。いまやサプライチェーンにおけるCSRと人権の尊重は企業の大きな課題になった。

## Ⅲ ◆ 「紛争鉱物」規制

　まず，「紛争鉱物」とは何かであるが，コンゴ民主共和国およびその隣接国で産出される金，タンタル，タングステン，スズといった鉱物を指す。これらの鉱物は住民へ暴力行為を行う反政府組織の資金源となっているため，さまざまな規制の対象とされてきた。

　「紛争当事国」のコンゴやルワンダは，自国で産出される紛争鉱物について，武装勢力の資金源となっていない旨の証明書を発行する取組みを開始している。また，OECD（経済協力開発機構）では，川上企業，川下企業に対する紛争鉱物サプライチェーン調査のガイドラインを策定し，2012年8月に公表した。

　「紛争鉱物」に関する規制は，「当事国」以外の国や地域によって行われ，グローバルに広がりつつある。アメリカのドッド・フランク法（「DF法」）は代表的であるが，似たような法規制に向けた動きがEU，カナダ，オーストラリアにも見られ，日本企業の国際的事業活動に大きく影響している。

　アメリカのDF法は，同国の金融安定の促進や金融サービスにおける消費者保護などを目的として，2010年7月21日に成立した。DF法は，SEC（連邦証券取引委員会）に登録の公開企業に対する規制強化を図る条項を含んでおり，その1502条は，「コンゴ民主共和国から採掘される紛争鉱物の開発・取引

が、同国東部における暴力的な紛争の資金調達を助け、危急の人権状況を助長している」（議会の立法趣旨）との認識に立って、SECへの一定の情報開示を求めている。

DF法1502条の内容をもう少し詳しく説明すると、同条は、①SECへの年次報告書提出・公表を求めるSEC規則制定義務、②国務省による戦略・地図作成義務、および③議会会計検査院による議会委員会への報告書提出義務を柱としている。

SEC規則は、2012年8月22日の公開会議で採択された。同規則の施行により、対象企業は、年次報告書の添付文書として「紛争鉱物報告書」を作成しSECに提出、同時にウェブ上でも開示しなくてはならない。

紛争鉱物報告をするには、紛争鉱物の産出源および保管経路などに関するデューデリジェンスを行った上、独立第三者監査も受けなくてはならない。日本企業がもしSEC登録をしていれば、上記開示義務とデューデリジェンス実施義務を共に行うことになる。SEC登録していない場合でも、SEC登録企業のサプライチェーンに含まれる企業は、デューデリジェンスの実施と上流企業から下流企業への「表明」を求められることになる。

なお、OECDは、2010年12月に「紛争の影響を受けたハイリスク地域からの鉱物についての責任あるサプライチェーンに関するデューデリジェンス・ガイダンス」をまとめ、2011年5月25日、同閣僚理事会の承認を得た。これを承認する形で、アメリカ国務省は、2011年7月15日、「紛争鉱物のデューデリジェンスに関するドッド・フランク法1502条の実施に関する声明」を出した。

# Ⅳ ◆ SDGsの下でのグローバルサプライチェーンの"クリーン化"

SDGsは、Sustainable Development Goalsの略で、2015年9月の国連サミットで採択され「持続可能な開発のための2030アジェンダ」に記載された、2016年から2030年までの「持続可能な開発目標」である。

SDGsには、17の目標（ゴール）とその下に169のターゲット、232の指標が決められている。それらのすべてをここに示すことはできないが、17のゴールは、以下のとおりである（本書93頁には、図で17のゴールを示した）。

①貧困，②飢餓，③保健，④教育，⑤ジェンダー，⑥水・衛生，⑦エネルギー，⑧成長・雇用，⑨イノベーション，⑩不平等，⑪都市，⑫生産・消費，⑬気候変動，⑭海洋資源，⑮陸上資源，⑯平和，⑰実施手段

　2018年5月に外務省が公表した「『持続可能な開発目標』（SDGs）について」は，SDGsの特徴は，「普遍性（先進国を含め，全ての国が行動）」，「包摂性（人間の安全保障の理念を反映し『誰一人取り残さない』）」，「参画型（全てのステークホルダーが役割を）」，「統合性（社会・経済・環境に統合的に取り組む）」，および「透明性（定期的にフォローアップ）」の5つにあるとしている。

　日本政府は，2016年5月，安倍首相を本部長とする「SDGs推進本部」を設置，SDGs実施に最大限取り組む旨を表明した。2017年12月には，『SDGsアクションプラン2018』を公表した。

　同プランは「日本ならではの『SDGsモデル』」の構築をもくろむもので，「8つの優先分野」に総力を挙げて取り組むため，政府の主要な取組みを盛り込んでいる。

　企業社会では，CSRからESGへ，さらにSDGsへと重点課題が移ってきた。まず，CSR（corporate social responsibility「企業の社会的責任」）の重要性が叫ばれ，CSR推進のため，故アナン元国連事務総長の呼びかけで，社会・環境面の企業行動10原則がつくられたのは，2000年であった。

　その後，企業などの組織を挙げたガバナンスの向上も対象に取り組むべきだとの考えから，2006年，ESG（environment, social, governance「環境・社会・統治」）がスローガンとして掲げられるようになり，いまは，「SDGsの時代」に突入したといってよい。

　ESGとSDGsのちがいは，どこにあるのであろうか。

　ESGの場合，当初，投資家向け「責任投資原則」として提唱された目的が上場企業全般に広がっていったが，SDGsは個人もより広く対象にするゴール（目標）である。

　そのため，ESGは，企業など組織体のしっかりしたガバナンス体制の下，行うべき投資や事業の意思決定プロセスの充実を求め，そのための具体的目標をSDGsが明示するようになったといえる。

　ESGとSDGsは，共に「環境」や「人権」の保護をめざすなど，共通点を多く

もっている。ただ，SDGsのGはgoalを表すのに対し，ESGのGがgovernanceからくる点は明らかに違う。SDGsは目標を示しており，ESGは目標に達するためのプロセスであるところに両者のちがいがあるといってよい。

　海外子会社のリスク管理との関連で，注目すべきなのは，SDGsが，12番目の「生産・消費」につき，「つくる責任つかう責任」をゴールのひとつとしている点である。

　具体的には，同ゴールの下でターゲットとして「食品廃棄物を半減させ，収穫後損失などの生産・サプライチェーンにおける食品の損失を減少させる」ことを掲げている点が重要である。

　ことは食品についてだけでなく，企業は，グローバルサプライチェーン，海外子会社を含み，グループ全体で見直し，たとえば原料の供給元メーカーにおいて，強制労働・児童労働などの人権侵害がないようにすべきである。

　グローバルサプライチェーンにはほとんど間違いなく海外子会社が組み込まれる。

　そのためには，原料などの供給契約（supply agreement）中に供給元によるCSRの表明・保証条項（representations and warranties clause）を入れるなどが必要になる。

## Ⅴ ◆ 海外子会社を通じたサプライチェーン強化とリスク管理

　日本企業のグローバルサプライチェーンは，製造業を中心に海外から原材料などを調達し，海外現地で部品をつくり，日本に輸入し完成品にして国内市場に流通させるのが典型パターンである。そのなかで原材料調達や部品供給の適正化，安定化に向けた重要な役割を海外子会社が担うことがある。サプライチェーンを強化する方策を考えてみたい。

　第1に，リスクをしっかり管理できる体制を構築するために，サプライチェーンは，品質要求，市場ニーズに迅速に対応でき，安全性を向上させられなくてはならない。

　第2に，供給元を複数確保し，サプライチェーンの寸断リスクを分散することである。このことは，不測の事態に備え策定すべき事業継続計画（BCP）の内容にもなっていなくてはならない。

　第3に，サプライチェーンは，供給契約などの連鎖である。構成する個々の契約を，危機に見舞われても容易に終了しないよう“強化”しておくことである。具体的には，契約条項として「不安の抗弁（権）」を書いておくことが考えられる。製造に欠かせない部品が適時，適量に供給されないおそれ（不安）を感じたときは，何らかの供給保証を求められるようにすべきである。

　原材料のなかには，ロシア・ウクライナ問題の影響で価格急騰を招いたものがある。そうした原材料の上昇リスクや入手可能性の低下による契約金額の調整が柔軟にできるよう，原材料価格エスカレーション条項などを入れておくのがよい。適切な在庫管理・調整を契約当事者に義務づけることによって，原材料などの調達コスト変動リスクに対応する効果を期待できる。

　上記のサプライチェーン強化策のうち第1のリスク管理体制の中身に関わる第4の「強化策」が，データサプライチェーンが裏打ちするモノづくりサプライチェーンの考え方である。

　データサプライチェーンによるデータ供給の流れは，通常のサプライチェーンにおける物資や製品の流れに逆行することが多く，対象のデータには，技術データと顧客データを含む。

　サプライチェーンは，前半の生産段階における原材料や部品の調達契約と後半の流通段階における販売・小売契約から成る。これら契約の中心に位置する完成品メーカーの意向を，前半，後半のいずれにおいてどこまで反映できるかが，「強靭化」に向けたキーポイントである。

　生産段階でいえば，完成品メーカーから部品や原材料のメーカーに向け，のぞましい性能の部品や原材料を時期に遅れず供給するように，製品の製法のデータを提供し，適宜，製法ライセンス（実施許諾）をしたりする。

　流通段階においては，エンドユーザー・消費者から，製品の好み，購入歴などの個人データを集め，流通チャネルを通じて，完成品メーカーに流し，生産計画，在庫調整にも生かそうとする。

　いまや，デジタル化されたぼう大な量のビッグデータが，石油に代わって，経済安全面の保障を支える「資源」になった。その意味で，経済安全保障推進法がめざす，重要物資の安全供給は，データサプライチェーンによってもたらされるといっても過言ではない。

〔図表　サプライチェーン強靱化のポイント〕

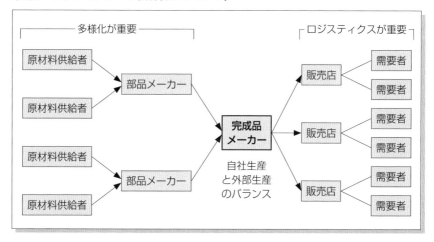

# Ⅵ ◆ グローバルサプライチェーンと海外子会社

　天然資源に乏しい日本では，製品をつくるうえで必要な原材料などの多くを海外からの調達に頼らざるをえない。

　中国・新疆ウィグル地区の企業から，衣料品の原材料となる綿花を調達する場合のように，地政学的リスクや法規制リスクが顕在化しかねないのが，グローバル調達である。

　そのため，原材料や部品の調達を問題なくコンスタントに行えるように，現地調達を専門的に行うためのSPC（特別目的会社）を設立することがよいだろう。

　サプライチェーンの調達者・製造者から部品供給者のベトナム子会社による部品製造計画に品質面で否定的な意見が出された件の裁判例（東京高等裁判所令和3年9月28日判決，判例時報2539号66頁）

〔事案〕

　X株式会社（第1審原告）は，自動車部品（警報機）の製造・販売などを目的とする。Y（同被告）は，X社の代表取締役として，ベトナムに完全子会社を設立し，そこでの警報機製造を計画し，平成24年11月末以降数回に分け，同製造用の機械設備を，合計約5,280万円で購入した。購入前に，大口受注先であるトヨタ自動車から，技術レベル改善を優先すべきとして，ベトナム進出には消極的な意見を示された。平成25年9月，同子会社は設立されたが，警報機製造はせず，機械は未使用となった。X社は，ベトナム進出，その後の役員報酬の増額などに関し，善良な管理者の注意義務違反があったとしてYを被告として訴えを提起した。第1審判決は，Yの責任を認めたが，Xによる追加的請求については不許可としたため，双方が控訴した。

〔判旨〕判決変更，Yの控訴棄却（確定）

　①　……平成24年4月11日の取締役会において了承されたのは，Xがベトナムに進出するという総論的な方針についてのみであり，Y自らが「宿題」と述べた，ベトナム子会社の会社形態をどうするのか（株式会社とするか，有限会社とするか），役員をどうするのかはもとより，ベトナム子会社の資本金をいくらにするのかといった各論については，同取締役会においては了承されていなかったと認められる。ベトナム進出については，事前にトヨタ自動車に報告し，その了承が得られることが当然の前提条件となっていたものと認められ，同日における取締役会の上記了承も，そのような前提条件の下での了承であったと認められる。

　②　このように，……前提条件が満たされておらず，また，収益予測が大きく変わり得る重大な事実が発生した以上，Yとしては，ベトナム進出に関する準備をそのまま進めるのではなく，いったん準備を凍結し，取締役会を開催して，状況を説明し，改めて取締役会において議論を尽くす必要があったものと認められる。

　③　……Yは，Xの代表取締役として，トヨタ自動車から技術課題を指摘され，技術レベルが改善されなければ製品の発注を大幅に減少させることの予告を受けるとともに，ベトナム進出について消極的意見を述べられるなどし，ベトナム進出よりも技術レベルの改善が緊急かつ最重要な課題であることを理解

していたのであるから，遅くとも平成24年11月1日にトヨタ自動車との打合せを終えた時点においては，直ちに取締役会を開催して報告や対応策の協議等を行うとともに，ベトナム進出の計画についても，状況の変化を踏まえてリスクや実現可能性，ベトナムで生産した製品のトヨタ自動車への納品の見通し等を再検討すべく，取締役会における十分な議論を改めてすべきであり，その結論が出るまで，ベトナム進出に関する具体的な準備作業（特に，本件機械の購入のような対外的な支出を伴うもの）を一時中止すべき注意義務を負っていたものと認められる。Yは，これを怠り，取締役会を開催してこのような議論をおこなわないまま，……平成24年11月30日以降，ベトナム子会社でホーン製品を生産するための本件機械を発注し購入したものであるから，上記注意義務に違反したと認められ，これにより生じた損害を賠償する責任を負うものである。

〔コメント〕

　サプライチェーンの中心的存在である完成品メーカーから，部品メーカーの海外子会社による生産に“注文”がつけられ，本件では取締役の善管注意義務違反が争われた。グローバルサプライチェーンにおける海外子会社の役割に注目が集まるなか，類似のケースは今後さらにふえるであろう。

## 第**7**節
# M&Aとグループ再編の
# リスクコントロール

## Ⅰ ◆ M&Aと海外子会社

　海外子会社を持つ方法に大別して２通りがある。ひとつは，現地法の下で会社を設立して子会社化するやり方であり，もうひとつは既に稼働している現地の会社を買収し支配権を取得して子会社化するやり方である。

　いまは10年単位でみれば円高傾向が定着していたこともあり，日本企業がM&Aで子会社を取得するケースが東南アジアを中心に多くなっていた。

　とくに新興国・地域において，「時間を買う」といわれるM&Aで子会社を取得するメリットは大きい。何もないところに一から会社を立ち上げていくのは自由度の大きさに魅力があるとはいえ，たとえばメーカーが原料や材料の調達先，工場従業員，販売先などを１からそろえていくのは，閉鎖的で新規参入が難しいとされる新興国・地域市場ほど困難を伴う。

　反面，新興国・地域におけるM&Aには大きなリスクが潜んでいることを忘れてはならない。一般にM&Aに関する最大のリスクとされる「高すぎる買物」にならないように，デューデリジェンス（買収監査：「D.D.」）を入念に行う必要がある。新興国・地域ではこのD.D.が十分に行えない傾向がある。

　買収D.D.は，会計，経営者，および法務の３つの面で行う必要がある。会計面は最も基本的なD.D.で，「蓋を開けてみたらいまにも潰れそうな財務内容の悪いボロ会社であった」といったケースはD.D.の失敗典型例である。

　経営者のD.D.は，企業の将来がかかっているので当然のことながら力を入れて取り組むべきである。新興国・地域の場合，法務面のD.D.と重なって，経営者のコンプライアンスリスクをしっかりチェックしなくてはならない。

　とくに新興国・地域において贈賄規制の違反がないかどうかの点は，ポストマージャー（買収後）もあわせてD.D.最大の課題といってよい。合法と違法の判断基準や「法令」遵守対象の不明確さがあるために，この分野で法務

D.D.の重要さが増大している。

　従来から法務D.D.の難しさがいわれてきたのは主に「訴訟社会」アメリカにおけるM&Aに関連してであった。

　代表的なのがアメリカ環境法の下で生じ得る環境汚染物質除去費用支払債務である。

　工場用地付きでアメリカの会社を買収するとする。何年か前に大量のダイオキシンが廃棄されており，その事実を買主が買収監査によっても察知できなかったならば，土壌から汚染物質を除去する費用などは，自ら投棄したのでなくとも，買収者が負うことになる。アメリカでは，この費用を公的基金（スーパーファンドと称する）からいったん支出し，その時点での土地所有者に求償する仕組みになっている。求償額は巨額に上ることがあり，このリスクをどうコントロールするかは，M&A取引の大きな課題である。

　有効な対応の１つが，売主にM&Aの契約中で，汚染物質を廃棄したことはないなどと表明（represent）させることである。考えられるリスクを想定し，なるべく具体的な表明内容を起案できるかどうかがM&Aを専門とする弁護士の腕の見せどころである。表明した事実に偽りや，重要な隠ぺいがあったりすれば，表明者が損害賠償責任を負う。

　ただ，この場合，損害賠償請求の相手方は経営状態が悪化したために売れそうな事業の「切り売り」をするディストレスM&Aを行うため，損害賠償の負担に耐えられそうにないことも少なくない。そこで，近時は日本でも，M&Aの表明・保証条項違反に備える損害保険が売られている。

## Ⅱ ◆ 海外M&Aに適用される法律

　たとえば，中国で現地法人を通じて事業を展開するのに際して中国法の適用は避けられないが，日本の会社法も適用される。その現地法人を日本企業が支配していると認められれば「子会社」である。日本親会社の監査役は子会社の取締役などを兼任することはできないし（会社法335条２項），海外子会社が日本親会社の株式を取得することも原則として許されない（同法135条１項）。

　海外で会社をM&Aで取得し現地拠点化するのに直接日本企業が吸収合併できるかというとできない。日本の企業が外国法人を法人格ごと吸収することは

会社法の解釈としてできないとするのが通説だからである。そのため，資産融合型のM&Aをしようとすれば事業譲渡によるか株式取得で現地の会社を支配下に置くのがよい。

　会社法以外にも，日本企業が海外で直接投資をするに当たっては，日本の外国為替及び外国貿易法（外為法）の規制があり得る。ただ，同法は1997年の大改正で対外直接投資についても大幅に自由化されている。

　さらに，クロスボーダーの投資やM&Aに必ず適用を考えておかなくてはならないのが税法である。日本税法や現地税法による二重課税を避けるためのいわゆる租税条約（tax treaty）の適用も考えておかなくてはならない。

　進出形態の選択をどうするか，進出方法としてM&Aや合弁のいずれを選ぶかなどにかかわりなく現地の会社法の適用はほぼ避けられない。

　ただし，いわば投資の「受け皿」に関する法律は会社法だけではなく，アメリカでいえばパートナーシップ法であったりするし，日本でLLPは，有限責任事業組合契約法によって設立される。このように，投資のための組織に根拠を提供する法律は会社法には限られない。

　加えて，会社法に代表される企業組織法は，アメリカでいえば州法に属することに注意を要する。欧州でいえば各国法である。アメリカのような国際私法でいう不統一法国では，連邦法と各州法の2段階の法構造になっており，分野によっていずれの法律が適用されるのか，双方の法律が適用になるのかを見極めなくてはならない。

　日本では，外為法が原則として資本取引を大幅に自由化し個別業法（たとえば放送法）によって外国人投資家による対内直接投資を規制しているに過ぎない。だが，国によってはこれを原則として認可を条件とするなど規制をしている国がある。中国など社会主義の国家体制の国がそうであり，中東やアジアなど発展途上国にもそうした例がみられる。

　進出の方法がM&A（企業買収）を使ってということであれば現地の独占禁止法の適用を考えておく必要がある。独占禁止法の発達した国や地域であるアメリカやEUにおいては，企業結合による集中の事前審査を受けなければならない。2008年8月1日から施行になった中国の独占禁止法下でも同様の法規制が行われているので，中国事業の展開に関しては同法の適用を見落してはなら

ない。

　海外での直接投資では株式を取り扱うことが多くなるので，日本の金融商品取引法類似の法律の適用を考えておくべきである。金融商品取引法の前身は，アメリカの連邦証券法や証券取引所法などをモデルにして第二次大戦後の1948年に制定された証券取引法である。この種の法律がすべての進出先にあるわけではないが，コンプライアンス上は極めて重要なので注意を要する。

　このほか，現地における税法の適用は直接投資に関しては必ず検討しておくべきである。進出形態との関係では現地でのdoing business「事業遂行」が認められるかが判断を分ける決め手になる国は多い。

# Ⅲ ◆ 海外M&Aにおけるポストマージャー問題

　M&Aにおけるポストマージャー問題とは，ターゲット企業を典型的には吸収合併，すなわちmerger（M&AのMに当たる）などで取得した後のさまざまな問題を指す。

　クロスボーダーM&Aの場合，日本企業が海外のたとえばタイ法で設立された現地企業を直接吸収合併することはできないとされている。吸収合併の場合，タイ法人のまま日本法人に吸収させて1つに統合することだが理論的にはむりだからである。

　そこで，外国法人の部門を独立させて事業譲受を受けるか，その外国法人を支配しうるだけの持分権（多くの場合，株式）を株主などから譲り受け取得するかのいずれかを選ぶことになる。通常，ターゲット会社の株式を親会社株主から100%譲り受け完全子会社にする方法が選ばれる。

　ただ，その場合でも日本企業がいきなり直接の親会社になるのではなく，アジアであればシンガポールに設けた地域統括の持株会社の支配下に置く，あるいはタイにある別の子会社に吸収させるやり方がよく選ばれる。このやり方のほうが，外資によるM&Aの現地当局による許認可取得，買収資金の送金などおよびポストマージャー問題に対処しやすいからである。地域統括会社の下に買収目的のためのSPC（special purpose company：特別目的会社）をつくり，そこにターゲット会社を吸収させたりもする。

　こうしたやり方で海外現地に子会社を取得することになるが，とくに海外に

おいては事業を統合させ子会社として日本企業に実質的に融合させるには困難なポストマージャー問題が待ち構えている。いわゆるポストマージャー・インテグレーション（PMI：買収後統合）であるが，一般に次のような課題がある。

① 組織面，人事面の統合
② 取引先，資材などの調達先の統合，整理

　組織面，人事面の統合（①）は，国内子会社のM&Aにおいても問題になるが，クロスボーダーM&Aでは格段に困難さを増す。それは外国企業と日本企業とではいわゆる企業文化に大きな差があり「融合」に大変な労力と時間を要するからである。地域統括会社の子会社同士の合併であれば，いわばワンクッション入ることになり統合の困難さは相当に軽減される。
　海外子会社のM&Aの場合，「時間を買う」メリットを生かし，現に働いている従業員を引き継ぐかたちにするのであるが，それでも一部リストラをせざるを得ない場合がある。現地労働法制下で解雇が難しく多額の退職金の上乗せ補償などを余儀なくされることもある。
　取引先，資材などの調達先に係るポストマージャー問題（②）は，重要な取引先などとの関係が切れないようにいかにスムーズに引き継げるかの問題である。とくにターゲット会社の取引契約にチェンジ・オブ・コントロール（支配権の変動）条項が入っているときは，これを根拠に取引関係を打ち切られかねない。予めデューデリジェンス（買収監査）の段階から同条項の存在をチェックしておくことが必要になる。
　他に，システムの統合や会計制度の統合の問題もある。まとめると，ポストマージャー問題解決の鍵は，プレマージャー段階におけるデューデリジェンスとM&A契約の管理にある。

## Ⅳ ◆ 海外M&A研究会報告書にみるPMIの課題

### (1)　海外M&A研究会報告書の目的
　経済産業省が2017年8月に立ち上げた「我が国企業による海外M&A研究会」は，企業へのヒアリングやアンケートなどを行った成果物としての報告書

を，2018年3月27日に発表した。

　本報告書は，日本企業による海外M&Aの経験のなかで，浮き彫りになった課題やその克服・対処のための取組みの具体的な事例を検証し，そこから得られる教訓を議論・整理して留意点を取りまとめ，これから海外M&Aを検討しようとしている企業群を含む，多くの日本企業の参考に供することで，これを後押しすることを目的とする。

### (2)　報告書の内容・ポイント

　本報告書は，M&A取引における実行前（Pre-M&A）と実行後（Post-M&A）の段階に着目し，実行「前」の入念な備えと，実行「後」の十分な取組みが，M&A取引自体の成否に大きく影響するとしている。

　その上で本報告書は，海外M&Aに関する取組みのステージごとに，大略以下を，留意すべきポイントとしている。

### ①　Pre-M&A

　中長期的な時間軸における企業の「目指すべき姿」を明確にし，それに沿った成長戦略の中で，海外M&Aの位置づけを明確にし，個別の取引の目的を定めることが重要であるとする。このようにすることで，適切なリスク評価・対応や優先順位づけがしやすくなるとともに，「成立ありき」の買収を避けることができるとする。

### ②　ディールの実行とPMI

　M&A取引の実行過程では，デューデリジェンス，バリュエーション（価値評価），リスクの抽出・評価と対処方法の整理，契約交渉といった各局面で，適時に的確な判断をしていく必要があるが，外部アドバイザーを使いこなしながら，企業があくまで主体的に取り組み，Pre-M&Aの段階で確認した買収目的を判断軸として条件交渉・意思決定を行うことの重要性を強調している。

　PMIは，ディールとPMIとのリーダーシップの連続性を維持しつつ，一気呵成に行うべきであるとする。買収完了前には限界があった対象会社の真の実態把握を進め，買収前に立てた仮説を検証するなどの観点から，Post-Closingデューデリ（買収後監査）の有用性も説いている。

### ③　Post-M&A

　M&A取引実行後の統合作業が完了した後も，企業の中長期の成長戦略の中でM&A取引が目的達成に寄与しているか，との観点から，中長期的なモニタリングを効果的に行うことが重要であるとする。

　買収を機に対象会社の優れている面を取り込んでグループ全体の成長の糧とするといったことも含め，海外M&Aを「グローバル経営力」の強化，ひいてはグローバル企業への変革の契機とすべきだとする。

　また，今後のさらなる海外M&Aの有効活用のためには，経営陣および実働部隊の「M&Aリテラシー」の向上を図ることが，「海外M&Aの実行力」強化のために重要であるとしている。

### (3)　日本企業の海外M&Aに関する意識・実態アンケート調査について

　上記「海外M&A研究会」報告書は，同研究会が2017年中に実施した「日本企業の海外M&Aに関する意識・実態アンケート調査」の結果を，グラフ形式にして随所に引用している。

　とくに興味深いのは，クロスボーダーM&Aを実行した81社を対象としてPMIの施策として有効であったものを聞いた質問に対する回答である。

　複数回答可で，回答企業の70％が挙げた第1位は，子会社ガバナンスの施策としての「買収先への経営陣・従業員の派遣」であった。第2位，第3位は，「買収先の経営手法の尊重・維持」（58％），「共同での営業活動の実施（販路の活用など）」（同）が続き，第4位，第5位がガバナンス施策で「定期的な会議体によるモニタリング」（56％），「規程・ルールの整備・導入」（54％）であった。

　アンケート結果から読み取れるのは，日本企業は，PMIを成功させるために，一方で海外子会社へのいわばグリップを強める方向でガバナンス施策を行い，他方では，買収先企業の経営手法の尊重・維持を重視している点である。

　これらは，互いに方向性を逆にするようでいて，最適なバランスを求め，いかに現地サイドに経営を任せつつ日本親会社からのコントロールを効かせるかがポイントである。

# Ⅴ ◆ 実態調査報告書「海外M&Aと日本企業」の内容

　2019年4月9日，経済産業省が，実態調査報告書「海外M&Aと日本企業～M&Aの最前線に立つ国内外の企業の声からひもとく課題克服の可能性～」を公表した。

　同報告書は，2018年の「海外M&A研究会報告書」がとり上げたポイント・課題をさらに深掘りすることを目的とする調査結果をまとめている。

　調査は，(1)海外PMI座談会，(2)海外M&Aワークショップ，(3)海外企業・海外PEファンド等へのヒアリングを内容としている。

　なかでも，海外PMI座談会は，海外現地（ニューヨーク，ロンドン，シンガポール）で，PMIの一環として日本親会社からPMIのために派遣された日本人駐在員や日本企業が買収した海外企業のCEO・CFOなどが，PMIの中で経験した苦労・工夫を議論し，共有している。現地だからこそ感じる日本企業の課題を浮き彫りにしており，参考になる。

　また，海外企業へのインタビューにつき報告書は，「M&A経験豊富な海外企業は，異なる文化，商慣習を持つ対象企業に対して，買収後のPMIフェーズで苦労をした経験から，統合相手との企業文化の適合の重要性について十分な理解をしており，その課題に対応するための仕組みを工夫しながら作り上げていることが分かった」として，海外企業が企業文化を「統合」の重要なファクターにしていることを述べている。

　その上でM&A経験豊富な海外企業が企業文化の統合のために取り組んでいた施策は，デューデリジェンスの早い段階から，対象会社の企業文化を知るための「カルチャーアセスメント」を実施することであったとする。

　同アセスメントの指標としては，「意思決定のプロセス，情報の共有方法，人事評価の考え方，失敗の捉え方，社員の育成方法等の項目が挙げられる」としている。

　報告書は，PMIに先立つカルチャーアセスメントの重要性を以下のとおり強調している。

　一方で，日本企業による海外M&Aにおいては，被買収企業の文化の把握を統合作業の中で実施していくことが多い。日本人駐在員の座談会および国内

ワークショップにおいても，実際に過去にカルチャーアセスメントに取り組んだという話はあまり聞かれなかった。理由として，統合前はディールを成立させることにリソースが割かれてしまう等の優先順位の問題や，統合相手の文化を知るには実際に統合後に協働してみないと分からないという構造的な問題等があるだろう。しかしながら，事前にある程度の文化を把握することができればPMIに向けて必要な準備ができ，買収後においてスムーズな立ち上げを実現することができる。M&A経験豊富な海外企業はカルチャーアセスメントをPMIのためのデューデリの一環として取り入れている。

## Ⅵ◆ 企業組織のグローバル化と地域ハブを使ったグループ再編

　いまは海外子会社を含めグループ企業同士のM&Aなどを行うことにより，柔軟かつ機動的に内外における事業のグローバルな「選択と集中」を推し進められなくてはならない。

　そのためにはグローバルな事業展開に見合ったグループの再編，撤退などがやりやすい企業組織をつくり上げるべきである。日本親会社をハブにして，地域ブロックごとに置いた地域ハブを利用した子会社（孫会社）群の統括を図るのは1つの進んだやり方といってよい。ここに至るまでの組織の変化のプロセスを，メーカーをモデルに考えてみよう。

　**第1図**は，企業活動がまだほとんど国内にのみ限定されている状態を示す。これを第一段階とする。ただ「内なる国際化」が進展するなかで「取引先」が外資系企業であったりするので，「完全ドメスティック」な日本企業は探すのが難しくなった。

　第二段階以降が，企業組織の国際化の始まりと考えてよい。**第2図**の段階になると，メーカーであれば製品を一部海外に輸出し始める。そのために，販売・代理店契約を結ぶのもこの段階である。また，資材を海外から調達したり，海外のライセンサーから製造ノウハウのライセンスを受けたりするようになる。他方で，スイス市場，ユーロ市場などの海外市場で外債を発行して資金を調達する。余資運用も国際的視野に立って行われる。

　国際化がさらに進んで，第三段階（**第3図**）になると海外の国々に子会社を持つようになる。しかも，その子会社が，現地製造のための合併や100パーセ

ント出資による製造子会社であったり，販売のために設置された販売子会社，あるいはファイナンスのための金融子会社というように機能分化していく。

〔第1図　国内に限定されている企業活動〕

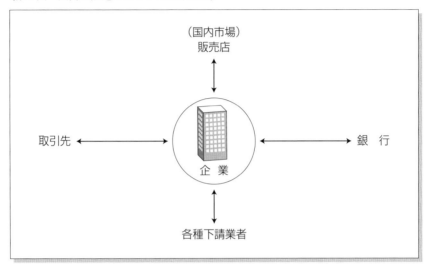

〔第2図　輸出を開始した場合の企業活動〕

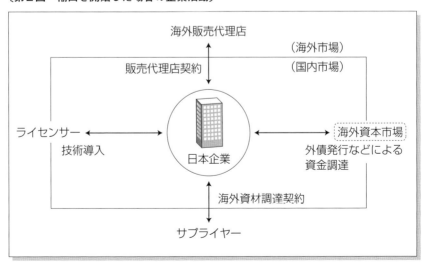

〔第3図　多国籍企業〕

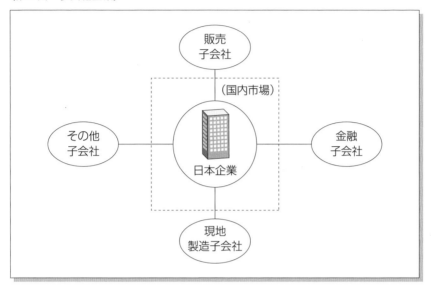

　図は，衛星群をしたがえた惑星のように見える。この段階における企業は，多国籍企業とよぶことができよう。

　最終段階（**第4図**）は，国家という壁を超えて，「無国籍化」したところの，"グローバル・コーポレーション"である。全世界的視野から，ビジネスを追求し利益を最大化しようとする。日本の親会社と海外における子会社群という関係ではなく，日本をヘッドとする兄弟会社を世界各地に展開するというものである。ある企業グループは世界市場を4つに分割し，各地域に本社を置く構想を構築しているが，こうしたレベルにおいてのことである。

　また，いまは地域ごとにグループ単位で内部統制的な統括ができる組織が求められるので，海外の地域のたとえば北米，欧州，中国といった各「極」に持株会社を設置し，その下に子会社を配置する形態があり得る。そうなると統括機能を持つ持株会社が地域ハブとなりスポークの先に子会社群を従える「ハブ・アンド・スポーク・コントロールシステム」ができ上がる。

　このシステムの強みは，地域・ブロックごとの統括を地域の統括会社に担わせることによって，実効性のあるコンプライアンス体制，ガバナンス体制，さ

〔第4図　グローバル・コーポレーション〕

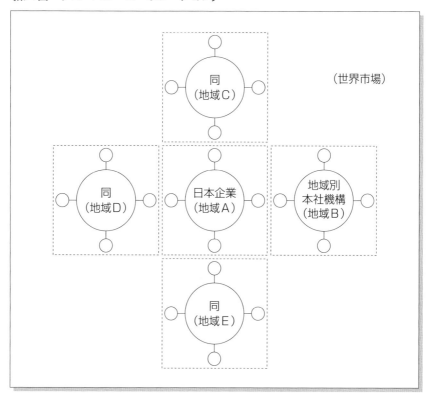

らにリスクコントロール体制が築ける点にある。

　なお，先端技術流出や安全保障を目的とした投資規制が各国で強化されており，日本企業の海外子会社戦略にも影響を与える。とくに，2020年2月13日から施行の米国外国投資リスク審査近代化法（FIRRMA）の新規定は，外国企業による米国事業の買収を，安全保障面で審査する対米外国投資委員会（CFIUS）の運用を強化する。

　日本でも，2019年11月，日本企業への出資につき，安全保障上の規制を強化する改正外為法が成立した。

第**8**節
# 日本親会社と海外子会社間取引のリスクコントロール

## Ⅰ ◆ 日本親会社と海外子会社間取引の「非通例的」内容

　日本親会社と海外子会社間の関係は、とくに海外現地からは特殊なものとみられている。親会社による子会社のコントロールが強く、いってみれば"箸の上げ下ろし"に至るまで子会社の事業遂行につき親会社が口をさしはさむことも珍しくない。

　かと思うと、日本親会社からの監視・コントロールがほとんど及ぼされず、悪くいえば"糸の切れた凧"のような放任状態の海外子会社が目立つのも特徴である。

　日本企業の海外子会社はこれら両極端のいずれかであることが多く、中庸がないのが特徴といってもよいであろう。問題はいずれの場合も不祥事の原因になりやすいことである。親会社による子会社のコントロールが強過ぎるときは、親会社の損失隠しのために「飛ばし」などで子会社を利用する、あるいは親会社の事業部門から不当な圧力がかかって不適正な行為がなされるといった不都合が起こりやすい。

　親会社からのコントロールが及ばず子会社が"野放し"になっているときは、親会社による企業集団内部統制が行き届かない状態になっていることを意味するので、その分不祥事も起こりやすくなる。

　「子会社」の定義からしても、親会社は子会社を支配しコントロールできるので、親会社の"都合"で子会社との取引条件を決めることができる。そのため、子会社の他の現地ステークホルダーの利益を損なったり、移転価格問題を引き起こしたりすることのないよう留意すべきである。

## Ⅱ ◆ 親会社と子会社間の取引における利益相反管理

　親会社と完全（100%）子会社間の取引だからといって利益相反が生じない
わけではない。この点は，国内子会社でもその会社債権者（取引先その他）な
どステークホルダーの利益を損なうおそれがあるからであるが，海外子会社の
場合は多様なステークホルダーに囲まれているからより慎重な利益相反管理が
求められる。

　ちなみに，2015年6月1日から日本で適用開始になった"日本版"コーポ
レートガバナンス・コード（「CGコード」）の原則2-2は，「会社の行動準則の
策定・実践」の題で次のように述べ，ステークホルダーとの「適切な協働」を
呼びかけている。

> 　上場会社は，ステークホルダーとの適切な協働やその利益の尊重，健全な事
> 業活動倫理などについて，会社としての価値観を示しその構成員が従うべき行
> 動準則を定め，実践すべきである。取締役会は，行動準則の策定・改訂の責務
> を担い，これが国内外の事業活動の第一線にまで広く浸透し，遵守されるよう
> にすべきである。

　また，同原則1-7は「関連当事者間の取引」の題で次のように述べ，利益相
反管理を求めている。これは広くとらえれば，海外子会社との取引において
「移転価格」を疑われ大きな課税をされる場合なども，日本親会社による管理
の対象に含むというべきである。

> 　上場会社がその役員や主要株主等との取引（関連当事者間の取引）を行う場
> 合には，そうした取引が会社や株主共同の利益を害することのないよう，また，
> そうした懸念を惹起することのないよう，取締役会は，あらかじめ，取引の重
> 要性やその性質に応じた適切な手続を定めてその枠組みを開示すると共に，そ
> の手続を踏まえた監視（取引の承認を含む）を行うべきである。

## Ⅲ ◆ 海外子会社のステークホルダーの見極め

　海外子会社は，国内子会社にはない多様なステークホルダーに囲まれている。たとえば，中国やベトナムのような社会主義国ではとくに，完全（100％）子会社の最大のステークホルダーは日本の完全親会社に違いないと考えていると，進出から撤退までの許認可権限を握っている当局が現地では最重要のステークホルダーとして振る舞ったりする。こうした，進出先国・地域によっても異なる"ステークホルダー構造"を見誤ると海外事業展開はうまくいかない。

　そもそもグローバル企業の場合，コーポレートガバナンスとは何か，それがどうあるべきかについて，企業グループとして一定の見識を持つべきである。

　企業はさまざまなステークホルダー（利害関係人）に囲まれている。親会社に100パーセントの株式を保有された子会社は親会社（一人株主）に支配されているので，形の上で最大のステークホルダーは親会社といってよい。ただ，完全子会社が銀行持株会社の傘下に置かれた銀行であったとすると，監督官庁や預金者，融資先といったステークホルダーの存在は大きく，一概にどちらを優先させると決めてかかれないほどである。

　日本では，2009年6月1日から施行になった改正金融商品取引法や改正銀行法などが，銀行をはじめとする金融機関に利益相反管理体制構築を求めた。同体制は顧客保護体制と併せて構築しなくてはならない。それは，親会社である銀行の融資先とその子会社である証券会社の顧客との間で利益相反がグループでの総合金融サービスを目指すなかで多く生じ得るようになったからである。企業がグループ経営までいかなくとも事業拠点を多く持つようになると各支店などの顧客，取引先間の利益相反が起こり，その状況に気づかないことにもなりかねない。取引先Aが同業の取引先Bに対し敵対的買収をしかけるといった事態は典型的である。

　こうしたステークホルダー間の利害調整は，海外拠点を多くもち事業をグローバルに展開する企業にとって極めて大きな課題である。それはある国の海外子会社における最大のステークホルダーは，現地当局（中央政府，地方政府）かもしれないからであり，それに気づかないことが致命的な結果をもたらしうるからである。

〔図表　企業を取り巻く法的コンフリクト〕

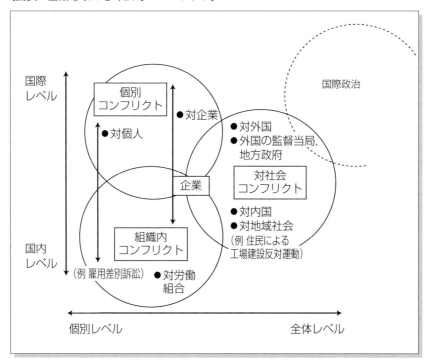

　コーポレートガバナンスは，さまざまな企業の利害関係者間の利害調整のもとに行われる会社の意思決定，決定された事項の実行，および意思決定や実行を監督・監視する仕組みということができる。このような定義によるならば，コーポレートガバナンスのなかで監査役員（会）が主役的な役割を果たすべきことがよく分かるのではないだろうか。グローバル企業における「利益相反状況」を図示したのが，上記の**図表**である。

　グローバル企業が中国のような国につくった現地法人にとってステークホルダーとして現地当局の存在は大きい。それは，中国において外国企業が事業を行うには当局の認可が前提になるからである。さらに，ステークホルダーとしての国は，内国と外国の双方を考えなければならず，移転価格問題などが起こると，国と国が課税権を主張してぶつかり合うコンフリクトが生じる。

# Ⅳ ◆ 「パナマ文書」と国際税逃れ

　2016年４月，タックスヘイブン（租税回避地）のひとつであるパナマの法律事務所から機密文書が漏洩した。「パナマ文書」と呼ばれるようになったこの文書には，40年間にもおよぶところの，タックスヘイブンを利用してきた企業や個人の取引情報が含まれていた。

　そこであらためて，とりわけ企業がタックスヘイブンにつくった海外子会社（タックスヘイブン・コーポレーション）を利用して行う節税スキームに注目が集まることになった。

　ただ，グローバル企業によるこうした国際税逃れをアメリカは「パナマ文書」以前から指摘していた。グーグルやアップルといったアメリカを代表する企業による同国への納税額が多くないことを2013年中頃から問題視したからである。

　「節税法」のひとつが，グローバル企業がよく使う「ダブルアイリッシュ」である。からくりは次のように行われているとされる。首都ダブリンにはグーグルのグループ会社が約500メートルの間に２つあり，その一方は登記だけのペーパーカンパニー（PC）で登記の場所には法律事務所があって，グーグルの特許などをタックスヘイブンである英領バミューダから管理している。事業を行っている会社は収益の一部を特許使用料などの名目でPCに支払うが，PCはバミューダ法人のためアイルランドでは課税対象にならない。

　クロスボーダーで事業展開をする企業の多くが「ダブルアイリッシュ」とまではいかなくとも，なるべく税率の低い国や地域に利益を移し，グループ全体で税負担を軽くしようとあの手この手の戦略を駆使する。

　最も分かりやすい例としては，通常１個１ドルで売られている部品を海外子会社から1.5ドルで買えば，0.5ドル分の利益が海外子会社に移ることになる。税額を低く抑えるために利益の移転先に選ばれるのはタックスヘイブンに設けられた子会社が多くなる。

　そこで，国際的「税逃れ」を防止するために各国の税務当局は，移転価格税制やタックスヘイブン税制の運用を強化している。前者は，企業がグループ内取引の価格を操作し利益を税率の低い国や地域へ移すことを，移転された差額

分に課税することで防止しようとする。後者はタックスヘイブンを利用した国際的租税回避に対処するための制度で，一定の要件を満たす外国会社を特定外国会社等と規定し，その課税対象留保金額を居住者の雑所得の計算上，総収入額に算入することにしたものである。

　移転価格税制の場合，「独立企業間価格」との差額に課税する一種の推定課税であることから，取引価額の妥当性を巡って企業と税務当局との間で見解が食い違いやすいのである。このため，主要8か国（G8）首脳会議が税逃れ防止を宣言したのを受け，OECD（経済協力開発機構）は，2013年7月19日，グローバルに活動する企業の行き過ぎた節税を防止するための行動計画を公表した。

## V ◆ タックスヘイブン税制と裁判例

　2016年7月，日本の財務省は日本企業や個人が税を逃れるため海外に移した所得に対し課税する仕組みを厳しくする検討を始めた。

　検討対象の1つがタックスヘイブン税制であり，現行法下では法人税率が20%未満の国に事業実態のないいわゆるペーパーカンパニーがある場合，日本の親会社や個人の所得に合算して日本で課税する。財務省は「20%未満」という基準をなくし所得の種類によって課税の有無を判断する仕組みに切り替えるという。

　tax havenのhavenは「（嵐などを避ける）港や避難所」を意味するが，ここでは税から逃れる場所を表す。ケイマン，バミューダ，バハマ，シンガポールといった国や地域が典型である。課税負担をなるべく軽減しようとする企業は，タックスヘイブンに名目的な現地法人を設立し，タックスヘイブン外で行った金融取引の勘定残高のみを同法人に残したりする。

　日本企業がこのようにタックスヘイブンを活用して「租税回避」を行うならば，日本国は課税の機会を失うことになってしまう。そこで，諸外国にならい日本でも，1978年以降，現地法人の留保所得を日本親会社などの所得に合算して課税するタックスヘイブン税制を導入し対応を図ってきた。

　ところで日本は，2019年11月1日現在，二国間条約の形でアメリカなど75の国・地域と二重課税の排除と国際的租税回避防止のための条約を締結してい

る。そのほとんどは1977年に経済開発協力機構（OECD）が作成したモデル条約に準拠しており，条約中にいわゆる法的二重課税を禁止する規定を含んでいる。その二重課税禁止規定に日本のタックスヘイブン税制が抵触するのではないかが争いになった裁判事例があるので紹介する（最高裁判所〈二小〉平成21年12月4日判決，判例タイムズ1316号92頁）。

〔事案〕

　Xは鋼管の卸売等を目的とするシンガポール法人S社を共同で設立した。S社は保有する関連会社の株式を売却した以外みるべき事業実績がなかったので，芦屋税務署長がS社をXの「特定外国子会社等」（平成14年改正前租税特別措置法40条の4第1項）に該当するとして，Xの未処分所得税額に所要の調整を加えた金額のうちXの持分割合に対する金額を平成14年分の所得金額の計算上雑所得に算入する更正と過少申告加算税賦課決定を行った。Xが同処分の取消等を求めて提訴した。

〔判旨〕上告棄却。

①　一般に，自国における税負担の公平性や中立性に有害な影響をもたらす可能性のある他国の制度に対抗する手段として，いわゆるタックスヘイブン対策税制を設けることは，国家主権の中核に属する課税権の内容に含まれるものと解される。したがって，租税条約その他の国際約束等によってこのような税制を設ける我が国の権能が制約されるのは，当該国際約束におけるその旨の明文規定その他の十分な解釈上の根拠が存する場合でなければならないと解すべきであるところ，日星租税条約7条1項は，いわゆる法的二重課税を禁止するにとどまるものであって，同項が禁止又は制限している行為は，一方の締約国の企業に対する他方の締約国の課税権の行使に限られるものと解するのが相当である（最高裁平成20年（行ヒ）第91号同21年10月29日第一小法廷判決・裁判所時報1495号1頁参照）。そして，措置法40条の4第1項による課税が，あくまで我が国の居住者（所得税法2条1項3号）に対する課税権の行使として行われるものである以上，日星租税条約7条1項による禁止又は制限の対象に含まれないことは明らかである。

②　措置法40条の4第1項の規定は，居住者が，法人の所得等に対する租税の負担がないか又は極端に低い国若しくは地域（タックスヘイブン）に法人を

設立して経済活動を行い，当該法人に所得を留保することによって，我が国における租税の負担を回避しようとする事例に対処して税負担の実質的な公平を図ることを目的として，一定の要件を満たす外国会社を特定外国子会社等と規定し，その課税対象留保金額を居住者の雑所得の計算上総収入金額に算入することとしたものと解される（最高裁平成17年（行ヒ）第89号同19年9月28日第二小法廷判決・民集61巻6号2486頁，前掲最高裁平成21年10月29日第一小法廷判決参照）。しかし，特定外国子会社等であっても，独立企業としての実体を備え，その所在する国又は地域において事業活動を行うことにつき十分な経済合理性がある場合にまで上記の取扱いを及ぼすとすれば，居住者の海外投資を不当に阻害するおそれがあることから，同条3項は，特定外国子会社等の事業活動が事務所，店舗，工場その他の固定施設を有し実体を備えていることなど経済合理性を有すると認められるための要件を法定した上，これらの要件がすべて満たされる場合には同条1項の規定を適用しないこととしている。

③　上記のような措置法40条の4が規定するタックスヘイブン対策税制は，特定外国子会社等に所得を留保して我が国の税負担を免れることとなる居住者に対しては当該所得を当該居住者の所得に合算して課税することによって税負担の公平性を追求しつつ，特定外国子会社等の事業活動に経済合理性が認められる場合を適用除外とするなど，全体として合理性のある制度ということができる。

　その後2017年10月には，シンガポールの海外子会社の地域統括業務を「主たる事業」と認める最高裁判所（第三小法廷）の判決が出た（平成29年10月24日，判例タイムズ1444号82頁）。

　この判決は，タックスヘイブンに子会社を設け，グループ会社を統括し「地域ハブ」を活用する「ハブ法務」の展開にとって大きな意味をもつ。

〔事案〕

　内国法人であるA（上告人）は，平成20年3月期と同21年3月期の法人税確定申告をした。刈谷税務署長は，平成21年改正前の租税特別措置法66条の1項により，Aのシンガポール所在子会社の課税対象留保金額相当額がAの所得金額

の計算上益金額に算入されるとして，平成20年３月期の法人税再更正処分と過少申告加算税賦課決定処分及び平成21年３月期の法人税再更正処分をした。Ａは，国を相手として，これら処分の取消しを求め上告した。

〔判旨〕破棄自判。

① 　他の会社の株式を保有する特定外国子会社等が，当該会社を統括し管理するための活動として事業方針の策定や業務執行の管理，調整等に係る業務を行う場合……当該会社の配当額の増加や資産価値の上昇に資することがあるとしても，株主権の行使や株式の運用に関連する業務等とは異なる独自の目的，内容，機能等を有するものというべきであって，上記の業務が株式の保有に係る事業に包含されその一部を構成すると解するのは相当ではない。

② 　措置法66条の６第３項及び４項にいう主たる事業は，特定外国子会社等の当該事業年度における事業活動の具体的かつ客観的な内容から判定することが相当であり，特定外国子会社等が複数の事業を営んでいるときは，当該特定外国子会社等におけるそれぞれの事業活動によって得られた収入金額又は所得金額，事業活動に要する使用人の数，事務所，店舗，工場その他の固定施設の状況等を総合的に勘案して判定するのが相当である。

③ 　DIASは，豪亜地域における地域統括会社として，域内グループ会社の業務の合理化，効率化を図ることを目的として，個々の業務につき対価を得つつ，地域企画，調達，財務，材料技術，人事，情報システム，物流改善という多岐にわたる地域統括業務を有機的に関連するものとして域内グループ会社に提供していたものである。そして，DIAS各事業年度において，地域統括業務の中の物流改善業務に関する売上高は収入金額の約85％に上っており，所得金額では保有株式の受取配当の占める割合が８，９割であったものの，その配当収入の中には地域統括業務によって域内グループ会社全体に原価率が低減した結果生じた利益が相当程度反映されていたものであり，本件現地事務所で勤務する従業員の多くが地域統括業務に従事し，DIASの保有する有形固定資産の大半が地域統括業務に供されていたものである。

以上を総合的に勘案すれば，DIASの行っていた地域統括業務は，相当の規模と実体を有するものであり，受取配当の所得金額に占める割合が高いことを踏まえても，事業活動として大きな比重を占めていたということができ，

DIAS各事業年度においては，地域統括業務が措置法66条の6第3項及び4項にいうDIASの主たる事業であったと認めるのが相当である。

〔コメント〕

　シンガポール完全子会社による地域統括業務の，タックスヘイブン対策税制適用除外要件を論じた最高裁判所の初判断である。同要件の判断基準も示し，日本企業の「海外子会社ガバナンス」に影響する。なお，租税特別措置法は，平成22年改正で，従たる事業も事業基準を満たし得ると改め，平成29（2017）年改正で，OECDの採用する取引的アプローチを取り入れた。

## VI ◆ 「悪質なタックスヘイブン」の基準づくり

　「パナマ文書」問題の発覚を受け，OECDは富裕層や多国籍企業による国境をまたいだ過度な節税を防ぐための国際協調策を検討するため京都市で会合を開き，2016年7月1日，悪質なタックスヘイブンの基準で合意に達して閉幕した。

　それによると悪質なタックスヘイブンを以下の3つの基準のうち2つ以上に合致しなければ悪質と判断する。

① 税の透明性を審査する国際組織の評価を満たしている
② 個人の金融情報を定期的に交換する仕組みに参加している
③ 税務当局が協力する条約に多く署名している

　OECDの本基準は，2016年7月に中国で開かれた20か国・地域（G20）財務省・中央銀行総裁会議で承認された。各国は本基準をもとにいわゆるブラックリストを作成するが，パナマなども入るとみられる。

　その上で，ブラックリストの国に所得を移転することを規制したり，国際社会が一致して圧力をかけ，情報開示に消極的な国に対して改善を促すことを検討していくことになる。

　海外子会社管理との関係で重要なのは，以下のようなルール案が検討されている点である。すなわち，企業による過度の節税を防ぐ共通ルールとしてタックスヘイブンにつくる実態のない子会社（タックスヘイブン・コーポレーション）の所得にも親会社のある本国（たとえば，日本）から課税できるようにす

る。

　さらに，ある国・地域に倉庫だけを持つネット企業に課税を可能にするルール案も検討中という。

## Ⅶ ◆ 移転価格税制と海外子会社コンプライアンス

　移転価格の問題は，国と国の課税権のぶつかり合いから生じるといってもよい。これを納税者である企業の側から見るとステークホルダー間の利益相反が生じた状態ととらえることができる。移転価格のことは英語でtransfer pricingという。transferは移転することでpricingは価格設定であるから，利益を海外子会社に移すために商品を通常より高く購入するのは典型的なtransfer pricingである。

　世界には，日本の法人税よりはるかに税率の低い国や地域がたくさんある。企業がそうした国や地域にある海外子会社に利益を移すならば，日本国の課税権は容易に侵害されてしまう。日本の親会社が意思決定をコントロールできる海外の完全子会社（wholly-owned subsidiary）を使うならば，取引の条件は親会社のいわばいいなりで決めることができる。

　移転価格によって課税権を侵害される国としては手を拱いているわけにもいかないので，移転価格税制を導入して対応を図る。日本では，1986年，アメリカの内国歳入法（Internal Revenue Code）482条の規定などを参考にこの税制を導入した。

　本税制は，国内企業が国外の関連当事者（子会社など）と取引を行う際に，独立企業間価格と異なる価格を用いたことによって当該国内企業の所得が減少している場合には，その取引が独立企業間価格で行われたとして課税所得を増額する。

　移転価格税制が厳しい国としてはアメリカ，日本，ヨーロッパ諸国を挙げることができるが，中国でも近時，この制度を導入しており注意が必要になる。同国は2009年1月に新通達を発して「文書化」を義務づけた。対象になる文書は，国際取引に広く使われる契約書類が中心と思えばよいであろう。すなわち，中国では2008年度の企業所得税申告時に関連者との取引の開示を義務づけたが，開示のための中国移転価格別表には「当該年度を対象とする移転価格文書を作

成したか」との質問項目がある。

　この質問に「否」と答えれば文書作成義務違反となるし調査を受ける可能性が高まる。同別表は売上高，仕入高総額の10％を超える主要国外関連者との取引に適用される価格算定方法の記述も要求している。この算定方法を中国にある複数の現地法人がそれぞれ独自の判断で記入するのは危険である。グループ全体というよりは中国ブロックの子会社群を統括する傘型企業（投資性公司）のCCO（チーフ・コンプライアンス・オフィサー）か，税務責任者がグループのプライシングポリシーに従って中国国内における申告書の書き方につき各子会社を指導するのがよい。

　これらの契約書類をもとに企業は取引条件・価格の適正性を立証できるようにしなくてはならない。中国の通達によれば文書化ができていない取引については税務当局に事前確認を申請しても受け付けないとしている。

　日本の企業はとくに完全子会社との取引について，後で説明のできるしっかりとした英文契約書を作成せず極端な場合は「阿吽の呼吸」でやっていたりする。この面での取引の「見える化」と文書化は日本企業の大きな課題となっている。

　日本企業の海外子会社との取引が赤字になると，それまでの取引においては「独立企業間価格」のレンジ内に収まっていた取引がレンジ内に収まらなくなってしまい日本課税当局から移転価格の適正性を疑われかねない。日本企業が海外子会社との取引で不当に利益を上げすぎているとなれば，逆に外国課税当局から目をつけられかねないが，昨今はほとんどの日本企業がその状況にはない。

　親会社，子会社間の取引条件が適正レンジ内にあることは，企業の側で立証できるようになっていなくてはならない。これは日本の移転価格税制，現地の移転価格税制のいずれで問題とされた場合でも同じである。

　なお，内部統制の要諦は「記録化・文書化」にあるとされるが，移転価格税制対応の場合も例外ではない。ただ，この場合，「同時文書化」の要求がグローバルになりつつあることに注意しなくてはならない。

　「同時文書化（contemporaneous documentation）」を移転価格税制中に初めて導入したのはアメリカである。これは，「独立企業間価格」算定の根拠とな

る文書類を国外関連取引が行われた時点において日本の親会社と海外子会社で同時に作成することを求めるものである。アメリカ以外では，中国，台湾が同時文書化を義務づけている。

　ここで，アメリカなどでなぜ法律が同時文書化まで要求するようになったかを考えてみよう。移転価格税制は，国内企業が国外の関連当事者（子会社など）と取引を行う際，独立企業間価格と異なる価格を用いたことによってその国内企業の所得が減少している場合には，取引が独立企業間で行われたとみなして差額分につき課税所得を増額させるものである。

　会社法による子会社の定義に照らすまでもなく，親会社は子会社の経営を支配するので取引条件を恣意的に「操作」することもできる。いま日本の法人税の税率は世界で最も高いといわれているから，税率の低い他の国や地域にある子会社に利益を「飛ばし」たくなるのも無理はない。独立事業者間の取引条件の「通例的」な範囲内であれば，合法的な「節税」スキームといえるが，その「範囲」を逸脱すると，いずれかの関係当事国の税収機会を奪うことになりかねない。

　海外子会社との取引は，つねに関係税務当局から疑いの眼で見られているといってもよい。「疑いを晴らす」のは企業の責任であり，文書記録でもって「通例的」な取引であることを立証しなくてはならない。文書化の対象になるのは親会社と海外子会社間の取引であるから，どちらの税務当局に対しても，矛盾のない一貫した説明ができるかどうかが重要で，「同時文書化」がないと難しい。

　各国の移転価格税制では，二重課税を防ぐためもあり，関係国政府間の相互協議を申し立てることができる。移転価格問題は国同士の「税の取り合い」の側面をもっており，企業は複数国の利益相反的状況に巻き込まれる。したがって，法令で要求されるまでもなく，親会社が中心（ハブ）になって各海外子会社との取引条件決定の基本方針としてプライシング・ポリシーを作成し，これをもとにグローバルな企業集団内部統制を整備するのがよい。

　内部統制の核心はPDCAサイクルを回すところにあり，なかでも「是正，改善」につなげるCheckを有効に行うには，過去の取引内容などをレビューするための記録化が欠かせない。

　なお，中国は，1991年に移転価格税制を導入し，2009年１月には国家税務当局が新通達を発して同時文書化の要求を規定した。

# Ⅷ ◆ 国際課税の新グローバルルール

　OECDが2014年９月16日に公表した新ルールは，日本企業と海外子会社間の契約・取引に関する文書化に大きな影響を及ぼす。新ルールは，2015年中に最終案になったが，グローバル企業は大量の文書化に備えて本社・親会社が海外子会社などの情報を一元管理する体制づくりに今からとりかかるべきである。

　まず，クロスボーダーで行われる節税策を防ぐための移転価格税制に関し，海外子会社の組織や取引などの情報を本社がまとめて当局に報告することが求められる。報告の対象になる文書は，①グループ全体の組織体制などの基本情報（マスターファイル），②各国拠点間の取引情報（ローカルファイル），および③国別の収入・利益・税額などの情報（国別リポート）の３種類である。

　これら３文書のうち，日本企業が対応に苦慮しそうなのが，「マスターファイル」と「国別リポート」である。「ローカルファイル」については現在も財務省令が作成を求めている書類で代替できる部分が多いと考えられる。

　マスターファイルを作成するには，日本の本社・親会社が海外子会社などの情報を一元管理する体制が求められる。従来，日本では把握が義務づけられていない項目が含まれている。また，国別リポートについてはすべて新たに作成せざるを得ない企業が多くなるであろう。

　報告対象となる３つの文書の内訳は，概略以下のとおりである。

> **１　マスターファイル**
> ●組織構造（グループ企業の相関図）
> ●事業説明（収益源，サプライチェーン，事業拠点など）
> ●無形資産（包括的な戦略，グループ内の移転価格ポリシーなど）
> ●グループの財務状態と納税状況
> **２　ローカルファイル**
> ●会社情報（経営形態，主な競合相手など）
> ●関連会社との取引情報……重要な取引とその背景説明，重要な取引の契約書コピー他

## 3　国別リポート
- 総収入
- 税引前利益
- 法人税
- 従業員数
- 有形資産
- 連結子会社名一覧（休眠会社含む）
- 連結子会社の納税地
- 連結子会社の納税地以外の実質的な管理他

　これだけ多くの文書化を要求するのは，OECDの事務総長によれば，新興国を巻き込んだ課税逃れ対策を可能にするためである。とりわけ，「ローカルファイル」には，「関連会社との取引情報」として「重要な取引の契約書コピー」が含まれている。

　移転価格（transfer pricing）は，取引条件にいわばかこつけて税率の低い国や地域における海外子会社に利益を移すことで親会社が課税を逃れようとするものだからである。

　この取引のための契約書を税務当局に報告させることが移転価格の最善の抑止策になるはずである。ただ，親子会社間の取引は，親会社の"都合"で取引条件が左右されがちであるだけでなく，正式な契約書そのものが取り交わされないことも少なくない。今後は，そうした"当たり前"の文書化に心がけていかなくてはならない。

　加えて，OECDの本ルールは，当局に報告を求める内容に本社と海外子会社間の知的財産権の取引も含めている。無形の資産である知的財産権の取引条件・価格が適正かどうかを評価するため，今後は特許やブランドなどにつき取引条件をどのような基準で決めるか，グループにおける統一ルールの策定が課題になっていく。

　なお，OECDの本ルールは，2015年2月，追加事項を決定し最終の内容が固まった。追加事項のうち最も注目すべき点は，企業が提出・報告すべき書類の提出先・報告先が決まったことである。とりわけ，親会社・海外子会社間など各国拠点間の取引情報（契約内容など）は，ローカルファイルとして各国税務

当局に提出することになった。

　同ルールを踏まえ，OECDとG20は，国際課税ルールを共通化するBEPS（税源浸食と利益移転）プロジェクトの最終報告書を2015年10月に公表した。BEPSプロジェクトは15の行動計画を含んでおり，なかでも行動13は移転価格の文書化を要求しており企業に対応を迫っている。

　このグローバルルールの適用開始によって，本書のテーマとの関連でいえば，日本親会社による海外グループ会社を対象にしたリスク管理体制の見直しを求められることとなった。

　上記のOECDルールが求める「マスターファイル」情報は，日本親会社が各海外子会社の組織や取引などの情報を一元的に取得し管理するのでなければ当局に報告できない。

　取引に関する情報もサプライチェーンや無形資産の取引を中心に親会社として内容を押さえておく必要がある。ガバナンス体制と組み合わせた子会社管理体制構築が課題となる。

　なお，上記BEPSプロジェクト最終報告書を受け，2021年10月には，OECD／G20を中心に，「グローバル・ミニマム課税」が合意された。

　この合意に対応するため，日本でも，2024（令和6）年4月以降に開始する対象会計年度から，国際最低課税額に対する法人税等の制度を導入することにした（令和5年度税制改正）。

　同制度は，所得合算ルール（Income Inclusion Rule）と呼ばれ，親会社が，海外子会社の所得を合算して申告する制度であり，既存のタックスヘイブン対策税制と類似する制度となっている。

**第3章**

# 海外子会社の内部統制・ガバナンスおよび監査体制

第 **1** 節

# 海外事業監査と海外子会社

## Ⅰ ◆ 海外子会社の内部統制とガバナンスの関係

　ここでいう海外子会社の内部統制は，各海外子会社単体の内部統制ではない。日本親会社をいわばピラミッドの頂点にしたところの「企業集団内部統制」の一部としての海外子会社を対象にした内部統制である。

　およそ内部統制における最大の目的は，企業の不祥事防止にあるといってよい。企業（グループ）内部の統制をしっかり行うことによって不祥事の発生を未然に防止し，企業（グループ）に及ぼされ得る損失・損害を極小化しようとするからである。

　ただ，内部統制が文字通り"内向き"かつ"下向き"で終わってしまうと大きな弱点を生じさせることになる。「内部統制は経営者の持ちものである」との言い方があるように，経営者自身のルール無視や"暴走"を内部統制はコントロールできないのである。

　海外子会社における不祥事のなかでも，会計不祥事は日本親会社の経営陣が関与して起こることが多いのが特徴である（28頁以下参照）。そこで，企業集団としての内部統制を強化するだけでは不祥事防止は達成できない。海外子会社の経営陣を牽制するためには，日本親会社からするガバナンス体制と共に，日本親会社の経営陣も牽制するグローバルな視点に立ったガバナンス体制の整備が欠かせない。

## Ⅱ ◆ 内部統制・ガバナンスと監査の関係

　内部統制，ガバナンスいずれもそのための体制づくりが課題になる。とくに内部統制はシステムの語と共に使われるように体制づくりが問われる。

　内部統制システムには，静的体制と動的体制が含まれる。静的体制には，コンプライアンスの基本方針，リスク管理規程の策定と並んでコンプライアンス・オフィサーの適切な配置などが内容になる。静的体制以上に重視されな

くてはならないのが，内部統制の動的側面，すなわちPDCAサイクルである。計画・基本方針（Plan）をつくり実行し（Do）その運用状況を不断に検証して是正・改善につなげ（Check）このプロセスを経営者の責任で回していくこと（Action）を内容とするが，最も重要なのがCheckの部分である。

　内部統制の重要な要素として記録化・文書化がある。2002年に米国でSOX（サーベンス・オクスリー）法が制定された際，その要求するぼう大な量の記録化・文書化要求に米国企業が音を上げかかったことがある。内部統制のPDCAのうちCheckを履践しようとしたら，過去の取引などに契約書の記録・文書が残っていないとレビュー（review）にならず「是正・改善」につなげられない。

　Checkの作業は監査の作業でもある。経営者の責任で行うべきCheckや監査を担うのは主に内部監査部門である。監査役員（会）も担うのであるが，内部統制のPDCAサイクルを回す経営陣の職務執行そのものを監査の対象にする。

　しかも繰り返し述べてきたように，海外子会社を通じた海外事業の不祥事は，日本親会社の経営陣による関与の下に行われるケースが目立つ。これを防止するためのガバナンス体制と一体になった企業集団内部統制システムを監査するのは監査役員（会）でなくてはならない。

　したがって，内部統制，ガバナンス，監査はそれぞれ体制として一体的に行われてはじめて海外子会社を通じた海外事業の不祥事を効果的に防止できるのである。

## Ⅲ ◆ 海外事業監査の意義

　およそ企業の事業展開は，国内の事業展開と国外（海外）の事業展開に大別できる。すでに第2章で述べたとおり，会社によっては国内事業以上のリスクが国外（海外）事業から顕在化しかねない。

　"リスクあるところ監査あり"の原則からすれば，海外の事業だから監査しない（できない）のではなく，リスクのより大きい海外事業は国内の事業以上にしっかり監査しなければならないはずである。

　ただ，海外事業を別法人に担わせること自体リスクコントロールが目的なので，海外子会社を通じて行う企業が大半を占める。そこで海外事業監査の対象

は海外子会社を中心にせざるを得ないが，理論的にも実際上も解決すべき難題
がいくつもある。

　「監査」の一般的な意味は，「監督し検査すること」（広辞苑）である。「監査
機関」を法律用語辞典で引くと「行政機関の事務の執行を検査し，その成否を
監査することを任務とする機関」とあり，「なお私法上，法人の機関のうち執
行機関を監督する監事・監査役を監査機関ということもある」と続く。

　法人の一種である会社の監査は，会社法上の監査機関によって担われるこ
とになり，監査役，監査委員（会），または監査等委員（会）がこれに当たる。
何を監査するかといえば，会社の財産状況と業務執行であり，会計監査および
業務監査と称している。会計監査，業務監査いずれにおいても，会社の規模が
それほど大きくなく業務の範囲も一定地域内にとどまるのであれば，会社法上
の監査機関だけで監査を全うできるかもしれない。

　だが，世界各地に支店や工場などの資産を持ち，グローバルに事業を展開す
る大会社となるとそうはいかない。会計監査面において外部監査人の，業務監
査面において内部監査部門による「補助」が必要になる。監査役や監査委員あ
るいは監査等委員（以下，これらを総称して「監査役員」という）の数は，最
大クラスの会社でも6，7人に過ぎず，半数以上が「社外」非常勤だからであ
る。

　グローバルに事業を展開する会社の監査は，海外で行われる事業についても
行わなくてはならない。いま，「リスクマネジメントと一体となった内部統制」
の監査はとくに重要なテーマになっているが，企業にとってより大きなリスク
は，会計面，業務面のいずれにおいても，海外事業からくる。海外事業を監査
の対象から外すことは考えられない。

　海外事業展開を，海外子会社を通じて行うのは，事業主体を別法人に担わせ
ることで，有限責任原則に支えられた法人格によるリスク遮断が主な狙いであ
る。そうなると，企業集団・グループ内部統制監査の一環として，海外子会社
を海外事業監査の対象にしなくてはならない。ただ，海外子会社は，海外現地
の法律に基づいて設立されそれ自身の監査機関を持っているので，日本の親会
社の監査機関が「監査」をするわけではない。あくまで企業集団のグローバル
ハブである親会社の内部統制監査，および海外子会社も対象に含んだ連結会計

監査の一環としての監査を行うのである。

# Ⅳ ◆ 海外事業監査の必要性

　海外事業展開は国内事業展開にはない大きなリスクがある。進出先の法令内容や社会情勢，国民感情・意識などの違いがもたらすものであったりするが，国内の事業遂行とは異なるコンプライアンス体制やリスク管理体制がなければならない。

　これらの体制を内容とするグローバルな内部統制の整備はいまや会社法や金融商品取引法の要求するところとなっている。監査役による業務監査は，次項に述べるように取締役などによる職務執行の適法性監査が中心になる。

　ところが，海外事業の職務執行は日本の法令に違反しないかどうかを監査するだけでは足りない。より重要なのは，海外事業が進出先現地の法令に適合するかどうかの監査である。国や地域で異なる法令内容を監査役が逐一フォローすることはできないとしても，それぞれの国・地域における事業遂行にとって重要な法令を知り違反がもたらす効果は監査役が押さえておく必要がある。

　たとえば，雇用差別禁止法違反が原因でクラスアクション（集団訴訟）をアメリカで起こされたとすると，企業グループ全体を揺るがすレピュテーションリスクに見舞われ適切な危機管理対応まで求められる事態にもなり得る。

　いま会社法令下で「大会社」における監査役は３名以上が必要とされ，その半数以上が社外監査役でなくてはならない。監査委員会や監査等委員会では３名以上の委員のうち過半数が社外取締役でなくてはならない。海外事業がもたらしうる危機の管理には，第三者的社外の冷静な視点が欠かせない。危機に直面したときに最も避けるべきなのはパニックに陥ることである。パニックに陥ると人間は冷静な判断を下すどころかうわさや風評に振り回されかねない。その渦中にあって似たような立場の人たちがこぞって誤った方向に走り出す判断ミスを犯すと事態は最悪になってしまう。

　国際ビジネスは，国内ビジネスとは異なる価値観をもった多様なステークホルダーに囲まれている。より複雑な利益相反管理が求められるといってよく，独立した立場の監査役などによる経営監視が欠かせない。

## V ◆ 海外事業遂行の形態と監査

　いま日本企業は国内における収益に限界を感じており，中国や東南アジア諸国をはじめとする海外市場にいわば活路を見出すかたちで盛んに進出している。製造業などにおいては，日本の「空洞化」が懸念されるほどである。

　そうした海外における事業展開には大きく分けて2通りの形態が考えられる。製造業を例にとれば，直接日本企業の一部である現地工場で製品をつくり，支店を通じて現地市場で販売していくのがひとつである。もうひとつは，海外現地法人（その多くは子会社とする）を通じてこれらの事業を行うやり方である（下記参照）。

> 〔海外事業展開の形態〕
> 　①　直接所有の工場や支店などによる
> 　②　現地法人・子会社による

　企業による事業は，国内事業と海外事業に分かれるが，海外事業が前者（①）の形態で行われているときにこれを監査役員による監査の対象にしないのは，監査役員がその職責を果たしていないおそれがある。とくにそれが収益面，損失面で重要な事業拠点であればなおさらである。監査役員（会）は取締役・執行役の職務執行を監査する職責を負うが，その職務執行がたまたま海外での事業執行であるに過ぎないからである。

　問題は海外子会社を通じた事業遂行（②）の場合である。

## VI ◆ 海外子会社監査の根拠

　子会社の場合，国内の子会社であるか海外の子会社であるかを問わず，親会社とは別の法人であるからその設立準拠法の下で何らかの監査機関による監査を受ける。そこで，例外的な場合を除いて親会社の監査役員（会）が子会社を監査する権限はもたない。もし親会社の監査役員（会）が子会社の監査権を持ちこれを行使するならば，子会社の独立性を害するおそれが生じてしまう。

　ただ，別法人とはいえ子会社は，連結会計上も親会社の財務内容に影響を及

ぼすので，親会社の監査役員（会）は必要があるときは子会社の業務・財産の状況を調査することができる（会社法381条3項）。これは監査役による子会社の「調査権」であり「監査権」ではない。日本国内の子会社が小会社である場合には監査役を置かない機関設計が可能で，この場合親会社が株主として業務監査権限を持つが，その監査役が監査するわけではない。

　海外子会社も会社法上の「子会社」になり得るので，監査役員（会）による調査の対象になるが，これに対する子会社調査権の行使となると海外現地法との関係で国内の子会社に対するのとは異なる配慮が必要になる。国内子会社の場合，設立準拠法は親会社と同じ日本法であるが，海外子会社は日本法とは異なる内容の現地法によって設立され，現地法下で許認可などの面で規制されている。

　日本親会社による調査のうち，文書提出の要求などを内容とする場合はとくに現地法とのバッティングすら予想されるので慎重に対応しなくてはならない。会社法の規定する監査役員（会）の子会社調査権（会社法381条3項他）は，事実上の強制権とされ，子会社が「正当な理由」（同条4項）を示して調査権の行使を拒むことができる場合はかなり限定される。

　海外子会社の場合は，現地法との関係で「正当な理由」のある場合が大幅に広がるので，子会社調査権をこれに対して行使するのは事実上できないと考えたほうがよい。ただ，海外子会社において親会社グループの財務内容にも大きな影響があり得る不祥事が起こった場合などは，親会社の監査役員（会）に同子会社を調査すべき義務が生じる。海外子会社の側からいえば，親会社監査役員（会）の調査権に応じるというよりは，グループ会社の1つとして親会社監査役員（会）による調査に協力すべき義務を負っているというべきであろう。

# 日本企業による
# 海外事業監査の実態

## Ⅰ ◆ 海外子会社監査が"不十分"な理由

　日本企業による海外事業は多くの場合海外子会社を通じて行われる。そこで海外事業からくるリスクのコントロール体制とその監査は海外子会社を対象とすることにならざるを得ない。

　従来，各産業分野で日本を代表するグローバル企業でさえ，海外子会社を対象とした親会社による「監査」が十分に行われてこなかったきらいがある。それ以外の企業でも，グローバルな事業展開の在り方に照らして法律上必要とみられるにもかかわらず，監査役員（会）が海外子会社の監査も調査も行わない会社は少なくないようである。

　海外子会社の監査（調査）には，国内子会社の監査（調査）にはない難しさがある点が理由と思われる。それだけではなく，海外子会社の監査（調査）の場合，監査（調査）の法的根拠，位置づけ，方法など各論的に解決されていない検討課題が多くあり，それも監査役員（会）による海外子会社の監査（調査）を渋らせる理由になっているのであろう。

　海外子会社の監査（調査）は，いわば教科書のない分野といってよいが，教科書的基準があるとしたら，公益社団法人日本監査役協会の海外監査研究会が，平成24年7月12日付でチェックリストと共に公表した報告書「監査役の海外監査について」がほとんど唯一かつ最善の資料であった。

　そこで，随所に本報告書を引用しつつ，「海外子会社の監査役監査（調査）の要否」について検討してみたい。

　日本監査役協会は，上記報告書と同じ平成24年7月12日付で「海外監査の実態調査アンケート」（回答会社の76%が「公開会社」，72%が「上場会社」）の結果を公表している。そのアンケート項目の1つに「海外往査を実施しているか」が含まれており，回答は「すべてまたはほとんどの事業所について実施し

ている」が29.8%,「ほどほどに実施している」が32.4%となっている。関連して，7割以上の回答者が何らかの形で海外監査を実施していると回答しており，拠点の数にもよるが，概ねローテーションを組んで数年で一巡する計画を設定することが多いと考えられるとの解説がなされている。

　ここで「海外往査」の対象になっているのは，海外事業全般であって海外子会社だけではない。海外に直接工場や支店を持ち，製造や販売活動を行っているとしたらそれは事業活動の一部が海外にある拠点を通じて行われていることを意味する。そうした海外での事業活動が収益面でも損失面でも大きな比重を占めるとしたら，監査役監査の対象に含めるべきは当然である。

　海外事業展開は，収益面と損失面でのウェイトが大きいほど現地法人である海外子会社を通じて行われることが多い。それは，国内子会社を通じる場合以上に法人格によるリスク遮断効果を狙うからである。

　とはいえ，いわば「手足を通じた」直接の海外事業展開を含めても，アンケート回答企業のおよそ3分の1以上においては，海外往査があまり行われていないことになる。直接，間接を問わず海外事業展開のない上場・公開企業がほとんど想定できない現状に鑑みると，海外往査はもっと多くの企業でより充実した内容で行われるべきではないかと思われる。

　監査役員（会）が海外事業の監査をあまり行っていない理由は，海外事業の監査には国内子会社の監査にはない難しさがあるからではないかと述べた。この点に関連して日本監査役協会の前記報告書は以下のように，海外事業の監査において「とくに留意すべき視点」をまとめている。

---

　上述のとおり［略］，海外監査においても，考え方や留意すべき視点における基本的な点には，国内の監査と大きく異なるところはない。
　一方で，言語のみならず，法令等の各種制度や文化，商習慣といった様々な点において，国内と海外では大きく環境が異なることも多い点に鑑み，海外監査においては，とくに留意すべき視点として下記の視点をも踏まえた監査を実施することが考えられる。
①　海外事業特有の経営環境やリスクの把握
　監査対象の海外事業会社特有の経営環境，経営上の課題，所在国特有のリスクなどを踏まえた監査を実施する。

② 他の機関との連携

　監査に携わる人的資源には限りがあることや，物理的な距離の問題等から，監査役監査のみにおいて海外事業会社の監査をすべて網羅することは難しい場合がほとんどであり，会計監査人や内部監査部門等との連携は，国内の監査に比してさらに重要となる。また，本社のみならず，海外事業会社における会計監査人や内部監査部門等とも緊密な連携を図った上で，効率的で有効な監査を実施する必要がある。

③ 本社における管理と海外事業会社における経営及び業務執行

　海外監査特有の視点として，「本社における海外事業の経営管理・運営に関する監査」の視点と，「海外事業会社における経営及び業務執行に関する監査」の視点という，双方の視点があることに留意する必要がある。

　それぞれの視点において，とくに留意すべき点の例として以下のような事項が考えられる。

| 本社における海外事業の経営管理・運営に関する監査の視点の例 | 海外事業会社における経営及び業務執行に関する監査の視点の例 |
|---|---|
| ● 本社の海外事業展開における意思決定のプロセスとその実施内容<br>● 海外事業会社を含めた内部統制システム（管理体制）の適切な構築と運用<br>● 本社と海外事業会社間の取引の正当性・適切性・透明性 | ● 海外事業会社の経営方針と本社の経営方針との整合性<br>● 海外事業会社における内部統制システムの適切な構築と運用<br>● 会計及び税務の適正性と信頼性<br>● 現地における特有のリスク・問題・課題 |

## Ⅱ ◆ 「アンケート」にみる海外監査の各論的実態

　前記「アンケート」においては，企業が実際にどのような点に留意しながらどのように海外往査を行っているかを知ることができ，興味深い。いくつかの項目を拾ってみる。

　「海外往査の実施において意識している点，視点」についての問いには，主に次のような回答があった。

- 現地責任者との面談に重点を置いているが，ローカル管理者との面談を通じて，オペレーションの実態把握にも注力している。
- 会社の運営・内部統制の適切性，売掛金・在庫等の資産の実在性，負債の網羅性，経費支出の大きい項目の現物確認，法令順守状況，親子間取引の適切性。
- 現地人幹部との対話。日本人幹部からの情報との整合性を確認するためと，現地人の声を聞くため。
- 会計事務所との情報共有。
- 現地の法令や許認可の状況とそれに沿った業務状況の確認。
- 現地特有のリスクと対応状況。

　現地人幹部や現地人スタッフとの対話を通じてリスクの認識，洗い出しに腐心している様子がうかがえる。「内部監査部門等との連携」についての問いには，次のような回答が示されている。

- 内部監査部門との監査方法等の事前協議。
- 会計監査等との同時実施。
- 内部監査部門と一緒に現地に行き，相互に協力して監査を行う。
- 内部監査部の海外監査については計画段階で監査役と相談し決定している。実施した監査結果は実施後報告を受けている。
- カントリーリスクの把握，市場環境の変化，業種特有のリスク等想定される監査ポイントについて意見交換を実施。

　監査役の場合，上場・大会社でも7名がせいぜいで，会社法上の「大会社」の場合，うち半数以上が社外監査役でなくてはならずその多くが非常勤である。そうなると，多大の時間を費やして海外事業監査を行うにもおのずから限界がある。そこで，いわゆる「三様監査」の他2者，すなわち内部監査部門，外部監査人との連携を重視せざるを得ない。その連携の在り方が示されており興味深い。

　とはいえ，「海外監査の実施人数」の問いには，「1〜2人」が38.2%，「1人」が34.7%となっており，「原則1人，場合によっては経理又は業務監査同伴」，「会計監査人，内部監査部門を同行」，「常勤監査役2名で往査している」が補足コメントである。関連して「同行者」の問いには，監査役スタッフ「同

行しない」が65.3％，「必ず同行」が13.9％となっている。非常勤監査役「同
行しない」が66.7％，「時々同行」が18.1％となっている。「重要子会社の場合，
同行することがある」，「近年，非常勤社外監査役が実施している」，「基本的に
常勤監査役と非常勤監査役のペアで往査を実施」が補足コメントである。

　海外監査の中身としては，現地でヒアリングを主に行うことになるが，「事
前の準備事項（複数回答）」の問いには，「往査先独自のリスクの把握」63.9％，
「海外事業所管役職員へのヒアリングによる重要事項の把握」56.3％，「往査先
の各層に会社・部門の問題点や課題についての質問状」30.6％となっている。

　一方，「往査先で実施するヒアリング項目（複数回答）」の問いには，「現在
直面している問題点・リスク」82.6％，「事業遂行における課題」81.3％，「組
織体制」71.5％，「会計監査人や内部監査部門から指摘された事項の改善状況」
72.2％，「経営方針の徹底状況」70.1％であった。

　「ヒアリングの主な対象者」には，経営者，経理担当者，人事担当者，各組
織のマネージャー，社長，経営幹部（日本人駐在員含む），現地法人代表者（社
長等），会計責任者（Treasurer等），現地会計監査人が挙がっている。

　「ヒアリング以外に実施している事項」については，在庫のサンプリング実
査，会計監査事務所との面談，工場，施設等の監査・視察，現地経営陣との会
食，駐在員とのヒアリング及び会食，国情のヒアリング（制度，法律等），帳
票類の整備状況，日本人住居環境の査察，物流業務アウトソーシング先の現場
確認（仕入・売上確証・現物の実査）などが主な回答であった。

第 **3** 節
# 海外事業監査を誰が行うか

## Ⅰ ◆ 海外事業監査を担う機関と人

　リスクに囲まれた現代企業にとってリスク管理体制と一体となった内部統制システムの監査が欠かせない。監査を行う主体は，企業の内である場合が監査役，監査委員会または監査等委員会および内部監査部門であり，企業の外である場合が外部監査人となる（下の**図表**参照）。

〔図表　会社の監査を担う機関，人〕

```
┌─ 会社内の機関，部門 ──┬─ 監査役（または監査委員会，監査等委員会））（①）
│                        └─ 内部監査部門（②）
│
├─ 会社外の監査機関　　……外部監査人（③）
└─ 海外事業拠点の監査機関，監査人（④）
```

　①〜③の３主体による監査を一般に「三様監査」と称してきた。内部監査部門は会社法の認める監査機関ではないため，すべての会社にとってこれを設置するかどうかは任意である。金融商品取引法いわゆるJ-SOX規定の下での内部統制報告も行う経営者直属の監査部門として内部監査部門を設ける上場の大会社が多くなった。

　会社法はいわゆる機関設計を柔軟化したし，監査役を持たない委員会設置型も，2002（平成14）年の商法改正時から導入しており，2015年5月から施行の改正会社法では監査等委員会設置会社もできることになった。監査役非設置の株式会社は可能である。

　会社法下での「大会社」（資本金5億円以上または負債総額200億円以上の株式会社）については，外部の監査人である会計監査人（公認会計士か会計監査法人）による監査が義務づけられている。「大会社」を除く「中・小会社」の

場合，会計監査人の設置は任意であるが，いずれにせよ会計監査人は会社法令の認める監査のための機関あるいは人ということになる。

　海外事業監査の場合，「三様監査」による通常の国内事業監査のやり方では対応しきれない。とくに海外子会社は，現地法に基づいて設立され，多くは現地の会社法が監査機関などの監査を義務づけていることが多い。そうなると，現地法人の独立性尊重の観点からしても，日本の親会社が海外子会社を直接「監査」することはできないし，事実上の強制権である子会社調査権を行使するのは妥当ではない。

　日本の親会社による海外子会社を通じた海外事業の遂行を，業務監査あるいは会計監査するのに必要な範囲で海外子会社を監査の対象にするのであれば問題はないであろう。日本企業が海外に直接もつ工場や支店であれば，日本企業の監査役などによる監査そのものを行えばよく，「監査」か「調査」かといった問題は生じない。

　海外事業監査の場合，海外各地の事業拠点を監査する必要があり，監査役など監査役員だけでは負担が重すぎる。そこで，内部監査部門などと連携し，協力を得ながら監査を進める必要があるのだが，海外子会社の監査機関などの協力も欠かせない。海外事業を適切に監査するには，現地における第4の監査人，機関を加えたいわば「四様監査」が求められるのである。

## II ◆ 監査役員による連携，役割分担

　監査役をはじめとする監査役員は人数がそれほど多くない。大企業でも6～7人がせいぜいである。しかも，監査役の場合その半数以上が，監査委員，監査等委員の場合であればそれぞれ過半数が「社外」役員ではなくてはならない。

　「社外」役員の多くは非常勤で，他に本業をかかえ複数他社の社外役員を兼任していることも少なくない。そうなると海外事業拠点を実際に往査するのは「社内」常勤の監査役員に任せざるを得なくなるが，それでも世界中に点在する事業拠点を往査して回るには限界がある。

　この限界を克服するのに以下の3つの"工夫"が考えられる。

① 　内部監査部門との連携

② 　監査役員補助者の活用

③　グローバルな「ハブ監査体制」の活用

　最後の点は，海外子会社のガバナンス体制の一環となる体制に関しており，203頁以下で併せて詳述する。ここでは，①，②について順に検討してみたい。

## Ⅲ ◆ 監査役員と内部監査部門との連携

　大企業でもせいぜい7名ほどの監査役員が何十か所もの世界中の海外拠点を対象に監査をしなければならないのが日本における実情である。そのため大企業における監査役などの監査は，内部監査部門との連携なくして成り立たない。とくに海外事業の監査は，日本親会社における意思決定への関与，海外事業部門の監査だけでなく現地子会社などの海外拠点往査が欠かせない。海外現地法人が数十か所にあるグローバル企業になると常勤の監査役員数人で手分けして往査するにも限界がある。

　そこで，内部監査部門との連携が欠かせない。内部監査部門は会社の規模にもよるが，人数は監査役とその補助スタッフを加えた数よりもはるかに大きいのがふつうである。その陣容も海外駐在を経験して帰国したばかりの社員を含んでいて年齢的にも監査役より若く機動力に富んでいることが多い。

　2022年8月10日最終改定の監査役監査基準38条は「内部監査部門等との連携による組織的かつ効率的監査」について次のように述べている。

---

**第38条**

1　監査役は，会社の業務及び財産の状況の調査その他の監査職務の執行に当たり，内部監査部門その他内部統制システムにおけるモニタリング機能を所管する部署（本基準において「内部監査部門等」という。）と緊密な連携を保ち，組織的かつ効率的な監査を実施するよう努める。

2　監査役は，内部監査部門等からその監査計画と監査結果について定期的に報告を受け，必要に応じて調査を求める。監査役は，内部監査部門等の監査結果を内部統制システムに係る監査役監査に実効的に活用する。

3　監査役は，取締役のほか，コンプライアンス所管部門，リスク管理所管部門，経理部門，財務部門その他内部統制機能を所管する部署（以下本条において「内部統制部門」という。）その他の監査役が必要と認める部署から内部統制システムの構築・運用の状況について定期的かつ随時に報告を受け，必

要に応じて説明を求める。
4　監査役会は，各監査役からの報告を受けて，取締役又は取締役会に対して助言又は勧告すべき事項を検討する。ただし，監査役会の決定は各監査役の権限の行使を妨げることはできない。
5　監査役会は，本条に定める内部監査部門等との連携体制及び第21条に定める監査役会への報告体制等が実効的に構築され，かつ，運用されるよう，必要に応じて取締役会又は取締役に対して体制の整備に関する要請又は勧告を行う。

　本書において「監査役員」は，監査役，監査委員，監査等委員を総称している。このうち監査役は独任制の監査機関であるのに対し，後2者はそれぞれ監査委員会，監査等委員会のメンバーとして委員会による監査に携わる取締役である点が大きく異なる（3頁図参照）。

　監査役と取締役の立場の違いは，内部監査部門との連携の在り方に影響を与える。監査役の場合，「取締役（会計参与設置会社にあっては，取締役及び会計参与）の職務の執行を監査する」のが職責であると法律が明記している（会社法381条1項）。

　かたや内部監査部門は，業務執行ラインからは独立させ経営トップ直属にしたとしても執行の一部門であることに違いはない。監査役員が取締役や執行役の職務執行を監査・監督する立場にある以上，執行の一部門と連携するに当たっては慎重にならざるを得ない。とくに内部監査部門が監査役員の指揮・命令を受ける上下関係に入るといったことはあってはならないことというべきである。

　ただ，取締役である監査委員，監査等委員の場合は，独任制の監査役とは異なり，内部監査部門とより柔軟な連携関係を築くことができる。

　結局のところ，監査役員と内部監査部門との連携の在り方は，監査役員が経営陣すなわち取締役・執行陣の職務執行を監査する一方で，内部監査部門はその指揮・命令を受けて職務を行う従業員などを監査するといった役割分担を中心にすべきである。実際上，内部監査部門は上司に当たる経営陣を監査するのは無理である。

にもかかわらず，会計不祥事など海外子会社におけるかなりの不祥事が経営陣のルール無視が原因になっているのでそれを監査できるのは監査役員（会）しかいない。

　監査役と監査委員（会），監査等委員（会）は内部監査部門との関係が異なることを，公益社団法人日本監査役協会が制定（平成27年9月29日）した「監査等委員会監査等基準」（2022年8月1日最終改定）の20条（内部監査部門等との連携体制）において次のように述べている。

---

**第20条**

1　監査等委員会は，第17条に係る基本方針の決定又は決議に関し，会社の業務及び財産の状況の調査その他の監査等の職務を実効的かつ効率的に執行する観点から，内部監査部門その他内部統制システムにおけるモニタリング機能を所管する部署等（本基準において「内部監査部門等」という。）と緊密な連携が保持される体制を整備する。

2　前項の体制の整備に関し，監査等委員会は，内部監査部門等からその監査結果等について報告を受け，必要に応じて調査を求め，又は具体的指示を出すなど，内部監査部門等と日常的かつ機動的な連携を図るための体制を整備する。なお，内部監査部門等の職務の執行の実効性及び独立性の確保の観点から必要があると認めたときは，監査等委員会は，内部監査部門等の主要な使用人の権限及び独立性に関する事項について，取締役会に対して第17条第1号，第2号及び第3号に定めるものと同様の決議を要請する。

3　監査等委員会は，前項に定めるほか，コンプライアンス所管部門，リスク管理所管部門，経理部門，財務部門その他内部統制機能を所管する部署（本基準において「内部統制部門」という。）その他の監査等委員会が必要と認める部署からも内部統制システムに関する事項について必要に応じて報告を受け又は調査を求めることができるようにしておくなど，監査等委員会の監査等が実効的に行われるための体制の整備に努める。

4　監査等委員会は，本条に定める内部監査部門等との連携体制及び第19条に定める監査等委員会への報告体制等が実効的に構築され，かつ，運用されるよう，必要に応じて取締役会又は取締役に対して体制の整備に関する要請又は勧告を行わなければならない。

---

前記引用した「監査役監査基準」と比較すると，以下の違いが浮かびあがる。

　第1項で,「緊密な連携が保持される体制」の整備を求めている点。

　第2項で,「必要に応じて調査を求め,又は具体的指示を出すなど,内部監査部門等と日常的かつ機動的な連携を図るための体制を整備する」としている点。

　第3項で,「……体制の整備に努める」としている点。

　第4項で,「……必要に応じて取締役会又は取締役に対して体制の整備に関する要請又は勧告を行わなければならない」としている点。

　これらの差異は,監査等委員はすべて取締役であることからくるといってよい。取締役でもあるということは,取締役会において議決権を行使し,会社の決定マネジメントに参加することを意味する。

　取締役会は,内部統制の基本方針を決定し,リスク管理のための体制整備について責任を負うべき立場にある。監査等委員会が委員会による組織監査を行ううえで最も重要なことは,内部監査部門を"部下として"使うわけではないが,この内部監査部門と緊密な連携を保つための体制づくりである。

　内部監査部門との連係がとくに求められるのが,海外事業監査においてである。

## Ⅳ ◆ 監査補助者の活用

　監査機能を強化するために監査役などはその補助者を置くことができる。2つのやり方があり,1つは監査役や委員会みずからが外部の弁護士や会計士に補助を委嘱する場合であり,他の1つは会社の従業員(使用人)を補助者にする場合である。前者においては監査役などが外部の補助者と直接委任契約を結びその費用を会社に請求すればよい。会社はそれが監査役などの職務の執行に必要でないことを証明しなければ請求を拒むことはできない(会社法388条)。

　場合によっては外国の弁護士や会計士の意見を監査役(会)として求めなければならないのが国際事業である。会社の規模や事業内容とも関わってくるが,海外事業の監査には外部の専門家に聞かなければ判断がつかない問題が多くある。監査役などが監査上必要と考えてこうした外部の専門家と委任契約を取り交わしたのであれば,会社側で請求を拒めるケースは少ないであろう。

　監査役設置会社の場合は,会社の従業員を補助者にするのであるから,会社

の人事部による異動命令などが必要になり，会社がコスト面を理由にするなどして監査役からの要求に応じないこともあり得る。そこで，会社法令は，内部統制システムの基本方針についての取締役会決議事項として「監査役がその職務を補助すべき使用人を置くことを求めた場合における当該使用人に関する事項」（会社法施行規則100条3項1号）および，その場合の「使用人の当該監査役設置会社の取締役からの独立性に関する事項」（同条同項2号）を掲げている。

　海外事業の監査には，海外駐在経験があり現地法人としっかりとしたコミュニケーションができる補助スタッフは欠かせない。大きな会社でもせいぜい7名程度の監査役員が手分けをして海外往査を行うとしても，語学力のある有能なスタッフがいないと効果的な監査はとてもではないが無理といわざるをえない。

## V ◆ 監査役による監査か委員会による監査か

　企業の監査は業務監査と会計監査に大別できるが，いずれにおいても法律や会計分野の専門的知見を必要とする。また，監査に携わる者には本質的に独立性が求められる。そこで，監査役員は専門職的立場でないと務まらないことになる。組織や企業活動を規制する法律が進出国・地域によって異なり得る海外業務の監査はなおさらである。

　多くは海外子会社を通じる海外事業の不祥事は，日本親会社と海外子会社双方あるいは一方の経営陣が関与することが多いので，内部監査部門よりは監査役員（会）による監査に期待せざるを得ない。ただ，監査役員はそれぞれ海外事業監査に同じように適しているかといえば必ずしもそうではない。

　すなわち，監査役の場合は経営陣の監査には独任制で独立性が制度上も保障されているので向いているが，それ以外の従業員による不祥事防止に向けた体制監査にはあまり実効性を期待できない。何と言っても海外拠点は多岐にわたるし，経営幹部の職務執行監査以外の部分では内部監査部門との連携体制ができていないと海外事業監査は難しい。

　また，日本における監査役制度にはあまりグローバル性がなく，往査に出向いたとしても海外事業拠点の側で監査役がどのような権限を持つのかについて正確に理解して適切に対応してくれないことがありがちである。

　日本版コーポレートガバナンス・コード（2021年6月改訂）はこの点に関連し，「第4章　取締役会等の責務」の「考え方」欄において，次のように述べている。

---

　上場会社は，通常，会社法が規定する機関設計のうち主要な3種類（監査役会設置会社，指名委員会等設置会社，監査等委員会設置会社）のいずれかを選択することとされている。前者（監査役会設置会社）は，取締役会と監査役・監査役会に統治機能を担わせる我が国独自の制度である。その制度では，監査役は，取締役・経営陣等の職務執行の監査を行うこととされており，法律に基づく調査権限が付与されている。また，独立性と高度な情報収集能力の双方を確保すべく，監査役（株主総会で選任）の半数以上は社外監査役とし，かつ常勤の監査役を置くこととされている。後者の2つは，取締役会に委員会を設置して一定の役割を担わせることにより監督機能の強化を目指すものであるという点において，諸外国にも類例が見られる制度である。上記の3種類の機関設計のいずれを採用する場合でも，重要なことは，創意工夫を施すことによりそれぞれの機関の機能を実質的かつ十分に発揮させることである。

（以下，略）

---

　監査役会設置会社が「我が国独自の制度」であると言い切っている点が眼を惹くが，たしかに，グローバルスタンダードに照らした上での分かりやすさの点で，委員会による監査のほうが，海外事業の監査に向いているように思われる。

第**4**節
# 海外事業監査をどう行うか

## I ◆ 海外事業は海外だけで行われるわけではない

日本企業による海外事業は海外現地だけで行われるわけではなく，日本国内でも行われる。日本企業の場合，海外子会社と日本親会社間の事業遂行上の結びつきが強いケースが多い特徴がある。

日本親会社の主管部門から日常的に業務上の指示，指図が電子メールで海外子会社に送信されることもまれではない。そうなると，業務分野ごとに海外子会社の主要な業務遂行はいちいち日本親会社によって決められ，実際の執行だけが海外現地で行われることになる。

しかも，親会社の事業部ごとに海外子会社をぶら下げるようなかたちになるので，同一国・地域に複数の子会社が置かれることもまれではない。たとえば，中国・上海市に会社がつくる製品群ごとにメーカーが販売子会社を置くようなケースである。こうした形態のメリットは，事業分野ごとに親会社グループのつくるグローバルなビジネス戦略をスピードをもって各海外子会社に伝え遂行できる点にある。日本親会社からの出向・派遣日本人幹部社員が情報伝達のパイプ役を果たすのも特徴的である。

反面，デメリットは，コンプライアンス体制構築上に表れる。同体制の中身としてコンプライアンス・オフィサーやヘルプライン窓口を事業拠点に配置することが含まれる。しかし，同一国・地域にいくつもある子会社ごとにこれらを配置するのはコスト面その他から現実的ではなく，法令や法規制違反を防止するためのグループ内部統制に"穴"が生まれてしまう。

こうしたデメリットを克服するために，東南アジア子会社群を統括する「地域ハブ」としてシンガポールに持株会社を設立しそこにチーフ・コンプライアンス・オフィサー（CCO）や監査部門を置く体制が考えられる。このやり方だと日本の事業部との結びつきが"切れて"しまうので上記メリットが生かされないおそれがある。とはいえ，「中央集権型」と「地方分権型」の折衷型と

して双方の"いいとこ取り"をしながらバランスをとることはできるであろう（45頁以下参照）。

　もうひとつ，不祥事防止視点で日本親会社サイドで国際取引の適正さをチェックすべき問題がある。海外子会社を"悪用"した「飛ばし」による会計不祥事，親会社と海外子会社間の「非通例的」な取引における移転価格問題などが含まれる。

　これらの問題は，日本親会社が主導して起こし，あるいは日本親会社が支配力を発揮して親子会社間の取引条件を決めるところから発生することが多い。相対（あいたい）取引の両当事者である親会社と子会社をそれぞれ監査する必要があるとはいえ，親会社の関与度合いがより大きいのが特徴である。

## II ◆ 日本親会社における海外事業監査のポイント

　海外事業遂行に関わる重要な意思決定は，監査役（会）設置会社の場合，日本親会社の取締役会でなされる。たとえば，ある会社が東南アジアのベトナムに数百億円を投じて進出を計画しているとしよう。多くの日本企業にとってこの規模の海外進出計画は，取締役会の承認決議を必要とする案件になるであろう。

　監査役員は取締役会に出席しなくてはならない。取締役会で議決権を持たない監査役も，必要があれば意見を述べなければならない（会社法383条1項）。ベトナムに進出すること自体は適法性監査の対象にはならないが，進出にあたっての現地当局の許認可取得のために贈賄行為が行われたりはしていないか，現地特有のリスクを十分に洗い出しそれを管理する体制に不備はないかなどにつき，取締役会に出席して意思決定プロセスを含め監査しなくてはならない。

　海外進出を果たした後のいわば日常的な現地での海外事業の遂行に，日本の本社あるいは親会社の主管部門（たとえば，アジア製造事業部門）が深く関わるのが日本企業の特徴である。アジア製造事業部長が取締役で，その判断，指示のもとにベトナムの子会社の主要な業務が行われていたとすると，その取締役の職務執行を監査役などは監査しなくてはならない。後述するように，取締役が現地法人の役員を兼務しており，現地でいわば陣頭指揮をとるのであれば，現地に出向いてその職務執行を監査する必要があるかもしれない。

## Ⅲ ◆ 海外子会社の現地往査のポイント

　監査役員あるいは内部監査部門から直接海外現地に出向いて海外事業を「監査」することがある。海外事業は海外子会社を通じて行われることが多いので，監査の対象は海外現地法人ということになる。

　この場合，日本親会社の監査役員（会）や内部監査部門が行うのは，個々の不正調査ではない。不正調査においては，不祥事が発覚したあるいはその徴候が見られたときに，事実関係や被害の大きさなどを調査することを目的とする。

　監査役員の場合，取締役や執行役の不正行為への関与などについて監査や調査を行うことはあるが，内部監査部門の場合は，不正行為などを未然に防止し徴候を察知するための内部統制が行われているか，その有効性評価などを目的とする。

## Ⅳ ◆ 日本親会社による「ハブ監査体制」の必要性

　海外子会社を通じた海外事業を監査する体制は，日本親会社をハブとする内部統制システムの一環として整備・構築しなくてはならない。ただ，監査の実効性を上げるためには，「中央集権型」「地方分権型」，あるいは「子会社分散型」のいずれの体制によるかを決めなくてはならない。それぞれのメリット，デメリットを考えておきたい。

　「中央集権型」においては，親会社の内部監査部門が，海外の全拠点を監査範囲とした均質的な監査を実施できる。ただ，各海外子会社固有の業務・業態，あるいはこれを取り巻く現地最新の法制度・商慣習の内容などに対応しきれないおそれがある。

　「子会社分散型」においては，親会社と海外子会社の内部監査部門が，それぞれ監査を実施する。現地固有の業務・業態，最新の法制度などに対応できる反面，海外子会社の内部監査部門が行った監査結果を日本親会社に集約できないおそれがある。

　「地方分権型」は，親会社（ハブ）と地域統括会社（地域ハブ）による二段階型である。他の2つの型の折衷形態であるが，これを上記2体制の"いいとこ取り"でうまく生かすためには，現地法下で持株会社などによる統括方式は可能か調べておく必要がある。

## V ◆ AIを使ったグローバル監査体制

　AI（人工知能）の発達と活用は，今後，企業グループのリスクをグローバルにコントロールする体制にとって欠かせないものになるであろう。

　今後のグローバルな企業活動では，これまで人間社会が経験したことがないほど大きなリスクをもたらしかねない。企業はこのリスクをコントロールするための適切な体制とガバナンス体制を整備しなくてはならない。

　それとともに今後は，リスクをコントロールするためにAIを活用することがごく日常的に行われるようになるであろう。

　リスク管理は，本書39頁の**図表**に示したように，①リスクを想定し洗い出し，②それらを分析・評価し，③管理する大まかな流れで行われる。この流れの"入口"部分で，海外事業の多様で予測の難しいリスクの想定，洗い出しには，AIを使うのが有効である。

　とりわけ，会計監査の分野では，すでに監査法人がAIによる会計不正チェックシステムを使いはじめている。売上高や費用を分類する会計仕訳の作業に用い，不正につながるような異常な資金の動きがないかどうかを自動でチェックできるという。

　2015年，ある電機メーカーのスペインの子会社において，売上高の過大計上が発覚する不祥事があった。この種の会計不正は，海外子会社単体ごとか，それともブロックで統括する"地域ハブ"において"監視"するか，いずれのシステムを構築するとしても，グローバルな会計監査ではAIが最も活躍しそうな分野である。

　また，多くの日本企業で監査役員（会）が監査報告書を作成し株主に提供するが，そこには会計監査人の職務の遂行が適正に実施されることを確保するための体制に関する事項を書かなくてはならない。

　近い将来，海外事業をも対象とする会計監査にAIを使うことが"常識化"すると，「適正」な監査と評価してもらえるための条件になるかもしれない。

　これを"応用"するならば，いま国際法務において大きな対応課題である「移転価格」のリスク管理にAIを活用できるであろう。

　移転価格は，親会社と海外子会社間の取引における「非通例的」な内容が問

題になる。

　「非通例的」であるかどうかは，独立した当事者間の取引条件との比較で行われるので，同一の製品・サービスについて，どの価格帯での取引を行っているかの全データを海外子会社ごとに集め，「非通例的」な内容につき"アラーム"が出るようにする。

　以上を可能にするためには，世界中の海外子会社から自動的に取引情報を入手し保管する機能が必要になる。ここに，AIを活用するのがよいであろう。

　ただ，いわゆる「教師データ」の作成，準備などには手間がかかるので，ITリテラシーをもった，AIを使いこなせる社内人材がいないとAIによる監査は難しいことは頭に入れておく必要がある。

## Ⅵ ◆ コロナ禍など非常事態による海外事業監査の遅れと開示

　2020年春から急速に広がったコロナ禍パンデミックの影響で，企業による海外事業監査に遅れがめだつようになった。

　2019年の開示府令改正によって，「監査役会等の活動状況」の開示を求めるようになった（227頁以下参照）。そこで，海外事業・海外子会社を対象とする監査の遅れにつき，どこまで開示をしたらよいかで迷う企業も少なくなかった。

　日本親会社が海外子会社を直接監査する権限をもたないのは，国内の子会社についてと同様である。企業集団内部統制の監査をするなかで，海外子会社をも「監査」するようにみえたとしても，それは言葉の使い方の問題にすぎない，というのが本書の立場である。

　海外事業拠点や海外子会社は，日本からは物理的に遠く離れた場所にあるのがふつうである。いわゆるリモート監査が，コロナ禍のなかで，従来にも増して，求められるようになった。コロナ禍対応は，「密を避ける」かたちでの，オンライン会議や，テレワーク・リモートワークなどの活用を求めた。リモート監査もそうした対応の一環とみてよい。

　海外子会社のリモート監査においては，現地法人としての監査機関や外部監査法人との連携が重要になる。グローバルにこれを展開するための手法をまだ確立できていない企業があったのは事実である。

　金融庁の「新型コロナウイルス感染症の影響に関する記述情報の開示Ｑ＆

A」（2020年5月29日）は，開示のあり方につき，次のように説明している。

> ・「監査の状況」において記載が求められている監査役会等の活動状況には，事業年度を通しての活動内容を記載する必要があります。既に実施された監査役会等の活動内容を記載した上で，新型コロナウイルス感染症の影響により，計算書類や事業報告に対する監査において従前どおりの手続きが行えない等，計画していた監査役等の活動のうち実施困難となったものがあれば，その内容を記載するとともに，代替的な対応を記載することが重要と考えます。
> ・なお，代替的な対応についても困難が伴う場合には，実施困難な理由と当該監査役等の活動が実施できないことによるリスクについて具体的に記載することが期待されます。
> ・企業が適正な監査の確保に向けて会計監査人とどのような取り組みを行っているかについても開示することが期待されています。例えば，新型コロナウイルス感染症の拡大によって，会計監査人が監査業務を例年どおり遂行することが困難となる中，適正な監査の確保に向けて，監査役等が，会計監査人とどのような協議を行い，どのように対応をしたかについて，具体的に記載することが考えられます。
> ・加えて，今回の経験も踏まえ，今後，監査の遂行に支障をきたす何らかの異常な事象が生じた場合において，適正な監査を確保するための対応（例えば，監査の遅れなどのリスクの低減）についての記載も期待されます。

　上記中の「代替的な対応」や「適正な監査を確保するための対応」には，リモート監査の具体的な実施が含まれるべきである。

# 海外事業監査の基準

## Ⅰ ◆ 会計基準と国際事業監査

　現在，日本企業は会計基準として日本基準，米国基準（U.S. GAAP），IFRS
のいずれを採用してもよいことになっている。ただ，いずれを採用するにして
も海外子会社を含むグループ会社の会計基準がどうなっているのかそれらの間
の違いをよく知っておくことが肝要である。

　「大会社」の監査役員（会）は会計監査人による財務諸表監査の方法または
結果の相当性を監査することを通じて間接的にその会社の会計監査を行うこと
になる。連結決算も対象に行うことになるので，監査役員（会）はグローバル
なグループ会計監査を行わなければならない。

　監査の対象になる海外の連結子会社は，原則としてそれぞれ異なる会計基準
に服しているが国際会計基準を導入して会計基準を統一しようとする動きがあ
る。日本における動向はもちろん，進出先海外現地で国際会計基準にどう対応
していくかの動きは，日本企業の監査役員（会）による国際事業監査に大きな
影響を与える。

## Ⅱ ◆ IFRS導入の動向

　IFRSは，International Financial Reporting Standardsの略で，直訳すれ
ば「国際財務報告基準」であるが，企業会計審議会が2009年6月30日に公表
した「我が国における国際会計基準の取扱いに関する意見書（中間報告）」で
は，「国際会計基準（IFRS）」としている。IFRSは，狭義の国際財務報告基準
（IFRS）と国際会計基準（IAS）などの総称というのが正確である。

　IFRSは国際会計基準審議会（IASB）が設定し採用した会計基準を内容とし
ており，EU（欧州連合）は，2005年，域内の上場企業にIFRSの適用を義務づ
けた。アメリカと日本の動向が注目されたが，アメリカのSEC（連邦証券取
引委員会）は，2008年8月，アメリカ企業につき2014年から2016年にかけて段

階的にIFRSを強制適用する案を示し，まずは一定の企業に任意適用を認める
ロードマップ（工程表）案を示すことにした。ロードマップ案は，2008年11月
に公表された。

　日本でも投資者への財務報告の品質・国際的な比較可能性の向上，企業，監
査人および金融資本市場の国際競争力強化などの観点から，将来的にはIFRS
に移行すべきとの方向性が冒頭の意見書で示されている。金融庁は以前から企
業の連結会計基準として日本基準と米国基準の採用を認めてきたが，2009年12
月11日，IFRSに基づく有価証券報告書の提出を認める内閣府令を公布した。

　これによって，いったんは，2015年にも上場企業の連結決算にIFRSを強制
適用し基準を一本化する方向性が明確に示された。

　しかし，2011（平成23）年6月30日に開催された企業会計審議会総会・企画
調整部会において，金融担当大臣により，IFRSの強制適用時期について，少
なくとも2015年3月期についての強制適用は考えておらず，仮に強制適用する
場合であってもその決定から5〜7年程度の十分な準備期間の設定を行うこと，
また2016年3月期で使用終了とされている米国基準での開示は使用期限を撤廃
し，引き続き使用可能とする旨が表明された。これにより，IFRSの強制適用
時期については，当分の間先送りされることとなった。

　その後，2012（平成24）年7月2日，企業会計審議会から，「国際会計基準
（IFRS）への対応の在り方についてのこれまでの議論（中間的論点整理）」が
公表されたが，2017年1月時点でもなお，最終的な結論は出されておらず，最
短で2016年とされていた強制適用は先送りとなった。

　他方で，金融庁は，2010年3月期の連結財務諸表から一定の要件を満たす上
場企業にはIFRSの任意適用を認めることとした。実際にIFRSの早期適用に
踏み切った企業は，海外で事業展開をしているグローバル企業であり，日本た
ばこ産業（JT）や住友商事などである。現時点で，グローバル展開する大手6
商社の2014年3月期決算は，IFRSで出そろった。

　JTは，「資本市場における財務情報の国際的な比較可能性の向上」及び「国
際的な市場における資金調達手段の多様化」，ひいてはグループの経営基盤強
化を目的として，IFRS適用に向けての活動をいち早く行い，2012（平成24）
年4月には，IFRSに基づく財務諸表（決算短信）の公表を行った。JTは，近

年，海外における大型M&Aを推進しているが，そこにおける会計処理においてもIFRSが与える影響は大である。

IFRS適用に伴う財務影響すなわち日本基準を用いた場合との主な会計処理の相違点のうち，M&A実務にも大きな影響があると考えられるのが，「のれん」の取扱いである。

IFRSが適用されると「のれん」の取扱いに2つの大きな変更が生じる。ひとつは，日本の会計基準とIFRSとでは「のれん」の定義が異なる点であり，もう ひとつは，日本の会計基準では償却していた「のれん」をIFRSでは償却しない点である。

これらの変更の結果として，「のれん」として計上される金額は，財務諸表に多大な影響を与えることから，IFRSの導入が与えるM&A実務への影響は大きいと考えられる。

ただ，IFRSでも，膨らむ減損リスクを避けるため，のれんの定期償却をすべきとする意見が強まった。2019年6月，ロンドンで開催の国際会計基準審議会（IASB）における中間採択では，反対が8人と賛成の6人を上回ったが，意見は拮抗しており，2020年2月に公表予定のディスカッションペーパーでは「賛成」に転じる可能性がある。

金融庁は2019年12月12日，「企業内容等の開示に関する内閣府令」の改正案を公表した。これには，翌年度以降の継続的なIFRSとの差異開示を廃止することにより，企業の事務負担やコストを削減し，IFRSの任意適用の促進を図る内容が含まれていた。

## Ⅲ ◆ IFRSと監査役員（会）による海外事業監査

IFRSは原則主義を採用するところに最大の特徴がある。日本では会計処理を細かく決められた数値基準や詳細な規則によるルール主義（細則主義）によってきた。IFRSは，これを原則主義に変えたので，企業はIFRSの基本的な考え方を示した「概念フレームワーク」を正しく理解した上で自らの判断で財務諸表を作成することになる。

原則主義によれば，具体的な問題は企業ごとにケース・バイ・ケースで判断されその適否は監査人の専門的判断に委ねることになる。アメリカや日本の会

計基準はルール主義によってきたため，数値基準を唯一の判断基準としない
IFRSの導入にはかなりの困難が予想される。

　IFRSへのコンバージェンス作業の対象になっている会計基準のうち監査役
の監査業務への影響が大きいと考えられる項目は多岐にわたる。公益社団法
人日本監査役協会会計委員会は2008（平成20）年4月3日，「会計基準の国際
化に伴う企業への影響と監査役の実務対応」，同年9月29日にその2を，2011
（平成23）年9月29日にその3を公表した。

　そのなかで実務対応の対象にピックアップしているのは，それぞれ以下の7
項目，3項目，4項目である。

---

**会計基準の国際化に伴う企業への影響と監査役の実務対応**
- 棚卸資産の評価
- 関連当事者との取引に関する注記
- 四半期報告制度
- リース取引
- 在外子会社の会計処理
- 引当金
- 減価償却制度の改正

**会計基準の国際化に伴う企業への影響と監査役の実務対応　その2**
- 工事契約に関する会計基準
- 持分法に関する会計基準
- 資産除去債務に関する会計基準

**会計基準の国際化に伴う企業への影響と監査役の実務対応　その3**
- 包括利益の表示
- 会計上の変更及び誤謬の訂正
- 企業結合
- セグメント情報等の開示

---

　監査役の海外事業監査に直接関わるのは「関連当事者との取引に関する注
記」，「在外子会社の会計処理」，「持分法に関する会計基準」，「企業結合」およ
び「セグメント情報等の開示」である。上記文書はこれらの項目それぞれにつ
き，要約版的な「ポイント解説編」とより詳しい「実務対応編」を載せている。

## (1) 「関連当事者との取引に関する注記」について

本項目についての「ポイント解説」は，以下のとおりである。

| | | |
|---|---|---|
| 1 | 改正の概要 | ①　会社法と金融商品取引法では関連当事者との取引に関する注記内容が異なる。前者は個別，後者は連結ベースの開示である<br>②　「関連当事者の開示に関する会計基準」がASBJより公表され，平成20年4月1日以降開始事業年度より，親会社の役員，重要な子会社の役員等が関連当事者の範囲に追加された。また，関連当事者の存在に関する開示も拡充された。なお，取引に係る重要性の判断基準が100万円から1,000万円に引き上げられた<br>③　これを踏まえ会社計算規則における関連当事者の範囲等が見直された |
| 2 | 経営にもたらす主な影響 | ①　関連当事者の範囲の拡大に伴い，関連当事者に関して情報収集できる体制を整備するなどの準備が必要となる<br>②　関連当事者との取引において，本開示も念頭に置き，取引条件等を設定することが必要となる<br>③　連結子会社と関連当事者との取引も開示されることになり，会社グループに対する関連当事者の影響がより的確に把握される |
| 3 | 監査役監査の主な着眼点 | ①　開示すべき関連当事者の範囲や，関連当事者との取引の判定プロセスは適切か<br>②　会社法と金融商品取引法での注記の差異に留意する<br>③　関連当事者との無償取引や低廉な価格での取引についてとくに留意すべきである |

| | | H20/3期末 | H20/6,9,12 | H21/3期末 | H21/6,9,12 | H22/3期末 | H22/6,9,12 | H23/3期末 |
|---|---|---|---|---|---|---|---|---|
| 4 | 適用時期 | 早期適用 | | 適用 | | → | | → |

「実務対応編」は「監査役監査の着眼点」をより詳しく以下のように例示している。

> ①　開示すべき関連当事者の範囲や，関連当事者との取引の判定プロセスを担当部署から聴取し，適切であることを確認したか（とくに関連部署間の連係及び基準内容の理解等に留意する）。

② 関連当事者の範囲，開示対象範囲が追加されることによって，どのような開示が追加的に発生するのか確認したか。

③ とくに以下の点に留意して開示の適切性を検証したか。
- 従来開示不要であった取引の開示
- 関連当事者に対する貸倒懸念債権及び破産更生債権等に係る情報
- 重要な関連会社の要約財務情報

④ 関連当事者との無償取引や低廉な価格での取引については，財務諸表に重要な影響を及ぼす可能性があるので，とくに留意したか。

⑤ 会社法と金融商品取引法での注記の差異は適切か。

⑥ 対象となる関連当事者や情報収集事項，開示内容等について会社と会計監査人間で基本的な合意形成がなされていることを，会計監査人に確認したか。

　重要なのは海外子会社を含むところの連結子会社と関連当事者の範囲が適切かどうかであり，グループ会社間での移転価格問題などの検証を考えると，⑤はとくに重要な監査ポイントになるであろう（226頁以下参照）。

### (2) 「在外子会社の会計処理」について

　本項目についての「ポイント解説」の内容は，以下のとおりである。

| | | |
|---|---|---|
| 1 | 改正の概要 | ① 平成20年4月1日以降開始事業年度より在外子会社の会計処理が原則親会社と統一される。しかし当面の取扱いとして，IFRSまたは米国会計基準に準拠している場合には，それらを連結決算手続上利用することが認められる<br>② ただし必須修正6項目については，重要性が乏しい場合を除き我が国の基準への調整が必要である<br>③ なお在外関連会社についても，当面の間，在外子会社に準ずることができる |
| 2 | 経営にもたらす主な影響 | ① 基準の選択は重要な経営判断であり，現地会計監査人との連係の下での適切な準備が必要となる<br>② 在外子会社が適用する会計基準の内容調査，我が国の基準との差異の把握が必要となる<br>③ 現地国基準との二重監査になる場合には監査報酬が増加する可能性がある |

| 3 | 監査役監査の主な着眼点 | ① 連結決算の会計処理方針の決定プロセスや連結修正に係る内部統制の整備状況は有効か<br>② 存外子会社の採用している会計基準の確認と差異の調整の内容につき，担当部署から聴取し，適切であることを確認したか<br>③ 会計監査人が発出する海外監査人への「監査指示書」の内容を確認したか |

| 4 | 適用時期 | H20/3<br>期末 | H20/<br>6,9,12 | H21/3<br>期末 | H21/<br>6,9,12 | H22/3<br>期末 | H22/<br>6,9,12 | H23/3<br>期末 |
|---|---|---|---|---|---|---|---|---|
| | | 早期<br>適用 | 適用 | → | → | → | → | → |

「実務対応編」は，「監査役監査の着眼点」を次のとおり列挙する。

① 連結決算の会計処理方針の決定プロセスや連結修正に係る内部統制の整備状況は有効か。

② IFRSや米国会計基準に通じたスタッフの整備と将来の変化に対するモニタリング体制は適切か（なおIFRSの改正をめぐる動向に留意する必要がある）。

③ 在外子会社の採用している会計基準の確認と差異の調整の内容につき，担当部署から聴取し，適切であることを確認したか。

④ グループ統一会計基準と在外子会社の属する国の基準との差異を把握し，連結方針書等による文書化を行うと共に，同方針書が毎年更新されていることを確認したか。

<中略>

⑨ 経営管理のITシステムが共通化されているか否か，共通化されていない場合にグループ統一会計基準との調整をどのように行うのか，担当部署から聴取したか。

⑩ 会計監査人との連係により，連結財務諸表を適正に作成するためのポイント（連結修正の範囲，明らかに合理的でない会計処理の修正，適用初年度の在外子会社の期首の利益剰余金の修正等）について確認したか。

⑪ 会計監査人が発出する海外監査人への「監査指示書」の内容を確認したか。

⑫ 新基準に関する執行部と会計監査人との打合せ状況を確認したか。

J-SOXの下で，グループのグローバルな内部統制の中味として同「着眼点」

④の「グループ統一会計基準」や「連結方針書」による文書化をしっかり監査する必要があろう。また，⑨の「ITシステムの共通化」は，いわゆるJ-SOXの下での内部統制の一部であり，IT統制の面からも重要なチェックポイントである。

## ⑶　「持分法に関する会計基準」について

　本項目についての「ポイント解説編」は，以下のとおりである。

| 1 | 改正の概要 | ①　投資会社（その子会社を含む）と持分法適用関連会社の会計処理の原則及び手続は，原則として統一しなければならない<br>②　ただし，親子会社間の取扱いで認められている，必ずしも統一を必要としない会計処理と在外子会社に係る当面の取扱いが，持分法適用関連会社にも認められる<br>③　また会計処理統一のために必要な情報を入手することが極めて困難と認められる場合，「統一しないことに合理的な理由がある場合」に該当する |
|---|---|---|
| 2 | 経営にもたらす主な影響 | ①　当基準の導入を契機として，持分法適用対象会社である非連結子会社，関連会社の管理の在り方の見直しが必要になる<br>②　会計処理の原則・手続の統一については，支配力の及ばない持分法適用関連会社の理解と協力が不可欠であり，企業集団の会計方針を明確に定めておく必要がある<br>③　会計処理の原則・手続の統一に当たり海外の会計基準の把握や関連会社への指導等で実務負担が増大する |
| 3 | 監査役監査の主な着眼点 | ①　持分法適用会社の範囲が妥当かどうか。会計処理の原則・手続が統一されていない場合，合理的な理由があるか，重要性がないといえるか<br>②　当基準の導入を契機として，連結範囲の妥当性につき再確認する<br>③　海外関連会社の採用している会計基準を把握する。また，統一に必要な資料が入手できない場合その理由を確認する |

| 4 | 適用時期 | H21/3<br>期末 | H21/<br>6,9,12 | H22/3<br>期末 | H22/3<br>6,9,12 | H22/3<br>期末 | H23/<br>6,9,12 | H24/3<br>期末 |
|---|---------|------------|-------------|------------|--------------|------------|-------------|------------|
|   |         | 早期<br>適用 | →           | 早期<br>適用 | 適用          | →          | →           | →          |

「実務対応編」は「監査役監査の着眼点」をより詳しく以下のように例示している。

① 持分法適用会社の範囲が妥当かどうか。会計処理の原則・手続が統一されていない場合，合理的な理由があるか，重要性がないといえるか。
② 当基準の導入を契機として，連結範囲の妥当性につき再確認する。
③ 海外関連会社の採用している会計基準を把握する。また，統一に必要な資料が入手できない場合その理由を確認する。

## ⑷ 「企業結合」について

本項目についての「ポイント解説編」は，以下のとおりである。

| 1 | 改正の概要 | ① 共同支配企業の形成及び共通支配下の取引以外の企業結合はパーチェス法（被結合企業から受け入れる資産及び負債の取得原価を，対価として交付する現金及び株式等の時価とする方法）により会計処理する<br>② 負ののれんは，特別利益に一括計上する<br>③ 受入資産に，分離して譲渡可能な無形資産が含まれる場合には，当該無形資産は識別可能なものとして取り扱う |
|---|-----------|------|
| 2 | 経営にもたらす主な影響 | ① 負ののれんの一括計上により，当該年度の利益が著増することがある<br>② 無形固定資産の管理の重要性が増す |
| 3 | 監査役監査の主な着眼点 | ① 企業結合の会計処理について，経営執行部門及び会計監査人からその見解を聴取し，その適正性を判断する<br>② 企業買収手続きについて十分審議され，承認手続きが適正かどうか確認する |
| 4 | 適用時期 | 平成22年4月1日以後実施される企業結合から適用 |

「実務対応編」は「監査役監査の着眼点」を次のとおり列挙する。

---

① 企業結合の会計処理について，経営執行部門及び会計監査人からその見解を
聴取し，その適正性を判断する。とくに以下の点に留意する。
- 取得する企業の資産・負債の評価，並びに取得の対価が適正に算定されているか。
- のれんの価値が適正に評価され，実質価値相当額が貸借対照表に計上されているか。資産が過大に評価されていないか。
- 分離して譲渡可能な無形固定資産は，時価を基礎として受け入れているか。
- 取得対価の一部を研究開発費等に配分したときの会計処理は適正か。
- 識別可能な資産・負債を見直しても負ののれんが発生する場合，特別利益に計上されているか。
② 被取得企業の時価の算定手続きについて，会計監査人の意見を徴し検討する。
③ 企業買収手続について十分審議され，承認手続きが適正かどうか確認する。

---

## (5)　「セグメント情報等の開示」について

本項目についての「ポイント解説編」は，以下のとおりである。

| | | |
|---|---|---|
| 1 | 改正の概要 | ① セグメント情報等開示にマネジメント・アプローチを導入<br>② マネジメント・アプローチでは，経営上の意思決定を行い，業績を評価するために，経営者が企業を事業の構成単位に分別した方法を基礎とする<br>③ 開示対象を連結財務諸表，もしくは個別財務諸表（連結で開示している場合は不要）とした |
| 2 | 経営にもたらす主な影響 | ① 一般的に管理会計が財務情報に含まれて開示されることから管理会計の重要性が増す。また子会社のセグメント情報も必要となることから，グループ会社の情報システムの統一化やガバナンスの強化につながる<br>② 経営者の視点・考えを投資家に提供することができることにより，セグメント別の経営実態が投資家により把握しやすくなるため，たとえば投資効率の低いセグメントについての説明が求められるなど，経営判断に対する厳しさが増す可能性がある |

| 3 | 監査役監査の主な着眼点 | ①　株主総会提出の書類等に参考情報としてセグメント情報が含まれているときは，それを調査しなければならない<br>②　マネジメント・アプローチに則したセグメント情報等の開示となっていることを確認する |
|---|---|---|
| 4 | 適用時期 | 平成22年4月1日以後開始する連結会計年度及び事業年度から適用 |

「実務対応編」は「監査役監査の着眼点」を次のとおり列挙する。

①　株主総会提出の書類等に参考情報としてセグメント情報が含まれているときは，それを調査しなければならない。
②　セグメント情報等の開示と事業報告における記載との整合性を確認する。
③　有価証券報告書（含む四半期報告書，半期報告書）におけるセグメント情報等の開示は取締役の重要な職務の執行に該当するので，監査役の業務監査の対象となる。
④　マネジメント・アプローチに則したセグメント情報等の開示となっていることを確認する。
⑤　事業セグメントの識別と報告セグメントの決定が適切であるか，経営執行部門や会計監査人の意見を聴取し，確認する。
⑥　経営環境の変化に対応して，セグメントの見直しが行われているか，確認する。
⑦　セグメント内事業の重複に対するマネジメントの考え方や施策を把握し，妥当性を確認する。

## Ⅳ ◆ 会社の意思決定と監査役員の関与についての「監査基準」

株式会社の重要な意思決定は取締役会において行われる。取締役会であるから決議に参加するのは取締役であることは当たり前であるが，監査役にも出席義務，意見陳述義務がある。会社法は取締役につきこれらの義務を規定していないが，当然の義務だからであろう。

海外事業にかかるリスク管理には監査役，とくに社外監査役による客観的な

視点からの意見表明が大きな意味を持つといったが，取締役会における意思決定にどう関与したらよいかをもう少し具体的に考えてみよう。

　この点につき示唆を与えてくれるのが，公益社団法人日本監査役協会が作成した監査役員（会）のための監査基準である。「監査等委員会監査等基準」（2015年9月29日制定）は，改正会社法施行後間もなく制定されており，「監査委員会監査基準」は2005年9月28日に制定後，2015年9月29日，2021年12月16日，2022年8月1日に改正がなされた。

　以下では日本で最も数の多い監査役（会）設置会社のための「監査役監査基準」（2022年8月1日最終改訂　以下，「基準」という）をもとに説明する。同基準は1975年に制定され，商法の改正に合わせて改正を重ねてきたが，会社法の制定（2005年6月），施行（2006年5月）を先取りして2004年に大きな改正が行われた。同改正は監査体制を含めたコーポレートガバナンスの質を向上させるために，監査役の役割変化を見据えたものとなっている。

　その際，同協会が公表した「監査役監査基準の改定について」は，「…さらに，監査役は，独立の立場から取締役の職務執行を監査することにより，企業不祥事を防止し，健全で持続的な成長を確保・担保することが基本責務であると認識し，良質な企業統治体制の確立と運用を監査役の基本的な監査視点とすることを明示した。」と述べた上で改定の主要な視点を7点掲げているが，最初の2点は，以下のとおり，監査役による意思決定への関与と内部統制監査についてであった。

> ①　取締役会その他における意思決定に関しては，取締役の善管注意義務履行の判断基準としていわゆる経営判断の原則が判例で定着しつつあることに鑑み，十分な情報と適切な意思決定過程に基づいた合理的決定がなされているか否かという観点を，監査役監査基準に盛り込むこととした。
> ②　取締役個々の職務執行に関しては，いわゆる内部統制システムの確立がとくに大規模公開会社の取締役の善管注意義務として認識されつつあることに鑑み，会社の規模・事業内容等に即した適切な内部統制システムが整備されているか否かを監査役監査基準に据えることとし，その規定化を図った。
> （以下，略。）

「基準」は，会社法施行後数次にわたって改正され，2022年8月の改訂では，「第6章　業務監査」中の第22条（取締役の職務の執行の監査）と第23条（業務執行取締役の職務執行の監査）を次のように規定する。

---

**第22条**

1　監査役は，取締役の職務の執行を監査する。

2　監査役は，その職務の執行に当たって，必要があると認めたときは，取締役会に対する報告，提案若しくは意見の表明，又は取締役若しくは内部統制部門に対する助言若しくは勧告など，状況に応じ必要な措置を適時に講じなければならない。

3　監査役は，取締役の職務の執行に関して不正の行為又は法令若しくは定款に違反する重大な事実があると認めたときは，その事実を監査報告に記載しなければならない。その他，株主に対する説明責任を果たす観点から適切と考えられる事項があれば監査報告に記載する。

4　監査役会は，各監査役の監査役監査報告に基づき審議を行い，監査役会としての監査意見を形成し監査役会監査報告に記載しなければならない。

**第23条**

1　監査役は，取締役会が経営の基本方針及び中長期の経営計画等を定めている場合には，取締役が当該方針及び計画等に従い，健全，公正妥当，かつ，効率的に業務の執行を決定し，かつ，業務を執行しているかを監視し検証しなければならない。

2　監査役は，取締役が行う業務の執行の決定及び業務の執行について，取締役の善管注意義務，忠実義務等の法的義務の履行状況を，以下の観点から監視し検証しなければならない。

一　事実認識に重要かつ不注意な誤りがないこと

二　意思決定過程が合理的であること

三　意思決定内容が法令又は定款に違反していないこと

四　意思決定内容が通常の企業経営者として明らかに不合理ではないこと

五　意思決定が取締役の利益又は第三者の利益ではなく会社の利益を第一に考えてなされていること

〈以下，略〉

## V ◆ 海外事業に係る意思決定の監査基準

　業務監査の一環として海外事業を監査する場合に最も参考にすべき指針は，上記「基準」である。取締役の意思決定を監査する上で海外事業について「取締役の意思決定の状況」（基準21条2項1号）をどう監視したらよいかを考えてみる。

　取締役会による意思決定で重要なのは監査役を含めた出席メンバーが慎重な審議を行える状況をつくることである。とくに海外事業が持つ特有のリスクを考えると，社外役員を中心として多方面から意見，質問が出され十分な検討ができる状況が望ましい。執行側は，そうした検討を可能にするように海外拠点などから予め十分に情報を集め討議用資料を作成しなくてはならない。

　「取締役会の監督義務の履行状況」（基準21条同項同号）についてはどうであろうか。業務執行のモニタリングは，監査役設置の上場大会社の場合，監査役（会）と取締役会の双方によって行われる。取締役会によるモニタリングは取締役間の相互監視になる点が特徴である。海外事業に関していえば通常，海外事業担当の取締役が「インドの○○に××億円を投じて新工場を建設する件」のようにして取締役会に議案を提出，説明してその承認決議を求めたりする。

　取締役は他の取締役の職務執行について監視義務を負っている。海外事業とは直接関与せず国内事業しか担当していなかったとしても同様である。この時期にインドのこの場所に××億円を投じて工場を建設することが経営判断として適切かどうか，担当役員が事前に収集した情報作成資料などに基づき投資にかかるリスクを検討しなくてはならない。

　担当外だからとして他の取締役が意見を述べることもせず漫然と全員一致で承認した結果，多額の損害が会社に生じたとすると，他の取締役にも善良なる管理者の注意義務違反による責任が生じ得る。

　取締役相互の「監視義務」は確立した判例の認めているところであるが，実際は自分の担当外の分野，他の取締役の担当分野には「口出しをしない」ことが多くの企業で暗黙のルールになっている。

　とくに海外事業の場合，担当外の役員にはよく事情が飲み込めない，分かりにくいといったことが先に立ってしまい，「聖域化」してしまうことがよくあ

る。海外事業は国内事業に比較してリスクが少ないかというと決してそうではない。質の面まで考えると海外事業のリスクのほうが大きいともいえる。監査役は，海外事業を特別視するような雰囲気が取締役会にないかどうかを中心に「取締役会の監督義務の履行状況を監視し検証」すべきである。

## Ⅵ ◆ 取締役会による海外事業の意思決定と経営判断原則

　「基準」23条1項は，いわゆる経営判断の原則について規定している。この原則は取締役の善管注意義務履行の判断基準として，結果として会社に損害が生じたとしても意思決定のプロセスにおいていわば慎重であれば注意義務違反は認めないとの内容を持つ。同条1項が1号から5号まで列挙しているのは判例の認める同原則の適用要件とみてよい。

　これら適用要件を海外事業の場合に当てはめて検討してみよう。

　1号の「事実認識」であるが，海外事業は現地からのレポートを中心としてかなり時間をかけた調査が前提となっていなくてはならない。

　2号の「意思決定過程が合理的である」とは海外事業の特有のリスクを多方面から注意深く検討する姿勢を取締役が共有しそれを実行することを意味する。

　3号の「法令」は，現地の関連法令を含むかどうかであるが，海外事業の遂行に必要な認可を根拠づける現地法令などは当然含むべきである。そうした法令の違反は認可が下りないあるいは認可が取り消されることに直結するので，場合によっては現地弁護士の意見書を取り寄せるなどの対応が望ましい。

　4号の「通常の企業経営者」は，グローバルな倫理感を身につけ国際ビジネスマンとしての常識をわきまえており，「井の中の蛙」として海外事業についての経営判断を下したりはしないことが期待される。

　5号は，取締役と会社の利益相反取引などに関連した場面を扱う。最近は，M&A（企業買収）やMBO（マネジメント・バイアウト）において問題になることが多い。とくに海外子会社が関与するクロスボーダーM&Aでは，ステークホルダーが多様化し利害関係が複雑であるため利益相反的状況があるのにこれを見逃さないよう，よりしっかりした事実認識が求められる。

## Ⅶ ◆ 独立社外役員による海外事業監査

「大会社」においては監査役（3名以上）の半数以上を占める社外監査役が監査の中心的役割を果たすが，これは海外事業監査にとくに当てはまるといってよい。「社外の眼」が「海外の眼」に通じるところがあるからであり，取締役会でも社内の監査役がもちえない視点に立った意見に期待することが多くなる。

そのため，社外役員に外国人を入れる会社が増えている。その場合は，社外監査役としてよりも社外取締役に就くほうが圧倒的に多い。監査役の職務は，日本の法令の下での適法性監査を中心とするので，外国人には日本の法令内容を理解する上で負担が大きすぎるからであろう。

社外監査役による海外事業監査には，「外からのあるいは外への眼」を生かすことができるので期待が集まる。しかしながら，非常勤で他に本業を抱えたり，他社の監査役を兼任したりすることが多い社外監査役が海外現地での監査に十分な時間を割けるかどうか疑問である。日本本社における「国内」海外事業監査のうち，取締役会の意思決定への関与に期待するのが無理のないところである。

監査役間での職務分担の話し合いによって社外監査役を海外事業監査担当にするのはよいが，海外事業の現地監査を任せるのは同様の理由で無理がある。

## Ⅷ ◆ 海外事業の連結会計監査

「大会社」は，公開会社であるかないかを問わず会計監査人を置かなくてはならない（会社法328条）。その他の監査役設置会社は任意で会計監査人を設置することができる。

会計監査人を設置した監査役設置会社では，監査役と会計監査人の双方が会計監査を行うことになる。会計のプロである公認会計士あるいは監査法人が会計監査を担当するので監査役は直接監査を行わなくてもよいが，代わりに会計監査人による監査に関してその監査の方法または結果の相当性を監査しなくてはならない（会社計算規則127条）。

これを海外事業の監査面で考えると，会計監査の対象に連結決算が入る点

（会社法444条4項）が重要である。連結上の子会社にはいわゆる支配力基準によって海外子会社を含むので，監査役は海外子会社を対象にした会計監査人による連結財務諸表監査の方法または結果を検証しなくてはならない。

## IX ◆ 海外子会社を含むグループ会社における決算期統一と海外事業監査

　日本のグローバル企業の間では，海外子会社の決算期を親会社と統一する動きが見られる。2008年4月1日以降始まる事業年度から上場会社等は四半期報告書を各四半期終了後45日以内に提出することを義務づけられた。

　その際，子会社の決算期が親会社と異なると直近の状況を四半期決算に反映できなくなってしまう。たとえば，日本の親会社が3月期決算でアメリカなどの海外子会社は12月期決算であったとする。この場合，日本親会社の10〜12月期の四半期連結決算では事業者によっては業績を大きく左右する最需要期のクリスマス商戦の販売動向は反映せず，アメリカ子会社の年末在庫なども分からないままに終わってしまう。

　連結会計上は決算期のずれが3か月以内ならそのまま連結することが認められているからこうした不都合が発生するのであるが，投資者に対する有用な情報開示とはいえない。日本親会社と海外子会社の決算期を統一する動きは，子会社の直近の動きをディスクロージャー上反映させようとするものである。

　監査役員（会）による海外事業の監査上，この点は重要なチェックポイントになる。

　なお，「決算期の統一」とも関連して，近時の会計不祥事（28頁以下参照）を受けて，とくに重視される。

第 **6** 節

# 海外事業の内部統制監査

## Ⅰ ◆ 会社法のもとでの内部統制監査

　会社法は，大会社である取締役会設置会社が取締役会が内部統制の基本方針として会社法施行規則所定の事項について決議をしなければならないとしている。同事項には，海外子会社も対象にする企業集団内部統制が含まれているため，会社は，グローバルなグループでのリスク管理体制およびコンプライアンス体制の整備を義務づけられていることになる。

　監査役員（会）による監査の対象には会社の作成する事業報告が入るが，同報告は内部統制の基本方針に係る取締役会決議を含んでいる。そのため監査役員（会）は，海外子会社も対象にしてグループ内部統制についても監査すべき義務を負っているといってよい。

## Ⅱ ◆ 金商法のもとでの内部統制報告

　会社法とは別に金融商品取引法は，「財務報告の適正性を確保するための内部統制」につき，上場会社等に内部統制報告書の提出と同報告書につき独立監査人による監査証明を受けることの2点を義務づけている。このいわゆるJ-SOXの要求する内部統制は，会社法の要求する内部統制の各論的一部とみられ，この部分を含めて監査役員（会）は監査をすべき義務を負っていることになる。

　J-SOXの内部統制は，会計不正とくに粉飾決算を防止するための体制が柱になる。かつてよく見られた海外子会社を使った損失「飛ばし」のように，親会社と海外子会社間の資金移動，取引などが適切で健全になされていなかったことから生じる不正を早期発見できる体制ができているかどうかを監査しなくてはならない。

　この種の会計不正は，親会社と海外子会社の経営幹部が関与し，親会社から海外子会社へ不当な圧力がかけられて行われることが多い。そうなると，親会

社，海外子会社双方を対象にしつつ監査役員（会）が「監査」する必要が生じる。内部監査部門による監査は，経営幹部を対象にするときは十分に機能しないおそれがある。自分の上司を監査するようなものだからである。

なお，グループ内部統制の監査は，親会社の監査役員としてグループ内部統制が海外子会社においても適切に行われているかを見るものである。海外子会社に直接赴いてのヒアリングやチェックを「監査」と呼ぶかどうかは言葉の問題に過ぎない。

## Ⅲ ◆ 近時における「開示府令」の改正と海外子会社

海外事業を取り巻くリスク環境は，「ウクライナ侵攻」以降，激変したと述べた。「コロナ禍パンデミック」の始まった2020年以前からも，企業を襲う多様化する内外のリスクへの対応を，有価証券報告書などにおいて，より充実した開示を行うべきとする法令改正などが行われてきた。

とりわけ，2019年および2023年の1月31日に公布・施行になった改正開示府令（企業内容等の開示に関する内閣府令）は，海外子会社のガバナンスとリスク管理と一体をなす内部統制のあり方にも大きな影響を与える重要な内容を含んでいる。

2019年改正は，「財務情報及び記述情報の充実」として，事業等のリスクについて，顕在化する可能性の程度や時期，リスクの事業へ与える影響の内容，リスクへの対応策の説明を求めた。

また，同改正は，「情報の信頼性・適時性の確保に向けた取組み」として，監査役会等の活動状況，監査法人による継続監査期間，ネットワークファームに対する監査報酬等の開示を求めた。

2023年改正は，主に①サステナビリティに関する企業の取組みの開示と②コーポレートガバナンスに関する開示に係る。2023年3月31日以降に終了する事業年度に係る有価証券報告書・届出書から適用される。

同改正の求める開示項目のうち，子会社に関わるのは，サステナビリティに関する企業の取組みの開示中の「サステナビリティ全般」についての部分である。この部分には，「戦略」と「指標及び目標」として，「短期，中期及び長期にわたり連結会社の経営方針・経営戦略等に影響を与える可能性があるサステ

ナビリティ関連のリスク及び機会に対処するための取組」と「サステナビリティ関連のリスク及び機会に関する連結会社の実績を長期的に評価し，管理し，及び監視するために用いられる情報」が各開示すべきとされた。

# 第7節 企業集団内部統制についての事業報告における開示例

## I ◆ 改正会社法で"強化"された企業集団内部統制と海外子会社

2006年5月から施行になった会社法は「子会社」の定義を実質支配力基準によって，「会社がその総株主の議決権の過半数を有する株式会社その他の当該会社がその経営を支配している法人として法務省令で定めるものをいう」（会社法2条3号）とした。

これによって，親会社からの一定の支配権が及び得る外国会社を含む法人等を「子会社」に含めることになった。金融商品取引法下の財務諸表規則における連結子会社の定義とほとんど変わらない内容に変えられた。

その結果，企業は海外子会社も対象にした企業集団内部統制を構築しなければならなくなった。そして，企業集団内部統制は，会社法の平成26年改正（同27年5月1日施行）によって取締役または取締役会は，株式会社およびその子会社からなる企業集団の業務の適正を確保するために必要なものとして法務省令で定める体制の整備についての決定を各取締役に委任することができないようになった。

つまり，改正前までは企業集団内部統制は構築すべき内部統制システムの内容に含まれていたが，法務省令に根拠があった。改正はその根拠を会社法に変え，企業集団内部統制構築義務をいわば"格上げ"，"強化"した。その結果，海外子会社などのグループ会社における不祥事を防止すべき親会社経営陣の責任は重くなった。

改正会社法で企業集団内部統制を"強化"したことに伴い改正会社法施行規則が，取締役会の決議の対象となる事項として子会社管理体制に関する規定を追加した。決議の対象となるのは，子会社における体制そのものではなく，親会社における体制である。「職務執行情報」についてであれば，子会社の職務執行に関する情報の親会社における収集体制を，「リスク管理体制」について

であればリスク管理規程が存在することではなく同規程の作成に親会社として
どう関わっているかを決議すべきことになる。

## Ⅱ ◆ 事業報告におけるグローバル企業集団内部統制の開示例

　会社法令の「大会社」は業務の適正を確保するための体制の整備について取
締役会で定め，事業報告においてその決定または決議の内容の概要を記載しな
くてはならない。

　2015年6月定時株主総会時において，同取締役会決議の概要を事業報告で海
外子会社なども対象にして企業集団内部統制につき開示した証券グループの例
を以下に掲げる。

---

⑤　当該株式会社及び子会社から成る企業集団における業務の適正を確保する
　ための体制
- 当社執行役が主要なグループ各社の代表者を兼務すること等により，グ
　ループ各社においてグループ戦略に基づく事業戦略を機動的かつ効率的に
　実践する。
- 国内外のグループ会社の事業活動を適切に管理することを目的として，グ
　ループ会社管理規程及び海外店等の運営管理に関する規程等を定める。
- グループ各社の経営に関する重要な情報を把握し，当該情報が法令・諸規
　則に従い公正かつ適時適切に開示されることを確保するため，グループ各
　社において規程を定める。

---

　2015年5月から施行の改正会社法によって内部統制システムの「運用状況の
概要」も事業報告に開示しなくてはならなくなった。経過措置により2015年6
月総会時の事業報告には記載不要であったため，任意に記載した一部の会社を
除き，上記証券グループのようにこれを記載していない会社が大半であった。

　「運用状況の概要」をどう開示したらよいかについて，改正「要綱案」のパ
ブリックコメントについての法務省立法担当者のコメントは，「運用状況」の
開示内容としては，内部統制システムの整備の決定に基づく具体的な運用の実
態という客観的な事実関係の概要を念頭に置いており，評価の記載を求めるも
のではないというものであった。

　ただ，「運用」であるから，とりわけPDCAサイクルにおける内部統制システムのチェック（見直し）が具体的にどのように行われる体制になっているかを記載する必要があるだろう。海外子会社も対象に含む企業集団内部統制の「運用」は，とりわけ内部通報システムなどの活用によるリスクの早期発見，日本親会社への報告体制を中心に説明すべきと思われる。具体的には，取引などの記録化・文書化をモニタリングする体制が地域統括会社を使ってどのように構築されているかなども重要になる。

　2016年3月定時総会時においては，内部統制の基本方針の項目ごとに運用状況を記載している以下のような例があった。ただ，海外子会社につき別に記載しているわけではない。

---

**5　当社および子会社における業務の適正を確保するための体制**

　当社および子会社は，コンプライアンスを企業集団の最優先課題として掲げ，研修・指導等を通じて周知徹底を図ります。また，「コンプライアンス相談窓口」の活用を子会社にも適用し，グループ全体としてコンプライアンスの実効性を上げます。

　当社および子会社の業務執行を効率的に運営するため，グループ全体の経営の目指す方向として，グループ全体の中期経営計画を定め，年度の課題および目標値を年間実行計画として設定し，これに基づく業績管理を行います。

　また，当社と子会社はグループ会社経営規程にもとづき，子会社の営業成績，財務状況その他重要な情報についての定期報告を義務づけ，さらに，子会社の重要な業務執行の決定については，事前協議事項としています。

　当社および子会社は，財務報告の適正さについて重い責任を負っていることを認識の上，グループ全体における財務報告の適正性を確保するための体制とシステムを整備します。また，財務報告の適正を確保するために，その重要性を全社員に対しあらゆる機会を捉えて周知徹底を図ります。

　当社および子会社は，財務報告の作成過程において虚偽記載ならびに誤謬等が生じないようIT利用による統制も含め実効性のある内部統制を構築します。

　監査役および内部監査部門は，必要に応じ子会社を対象に，監査や診断等を実施します。また，監査役は，主要な子会社の監査役と定期的な会合を持ち，連携を図ります。

【運用状況】

　当社およびグループ会社の役員・社員が日常業務を遂行する過程で遵守すべ

き行動基準を定めたコンプライアンス・マニュアルを配布し，グループ内で周知徹底を図りました。

当社は，グループ会社経営規程に基づき，子会社から営業成績，財務状況その他重要情報の報告を受け，重要な業務執行の決定については事前協議の上，承認を行いました。

監査役および内部監査部門は，当社および子会社を対象に必要な監査や診断等を実施しました。

また，別の会社は，「運用状況の概要」として「内部統制上重要と考える主な取り組みは以下のとおりです」と述べ，「子会社管理に関する取り組み」のタイトルの下に次のように開示している。

子会社が当社に対し事前承認を求める，または報告すべき事項を定めた「ポリシーマニュアル」というグループ会社管理規程に基づき，必要に応じて子会社から当社に対し，付議・報告がなされています。

また，事業別及び事業を支援する機能別に設置されている定例会議においても，付議基準に基づき，必要に応じて付議・報告が行われました。また，規程などに基づき付議・報告がなされていることについて経営監査室や子会社管理を所管する部門が往査やチェックリストの提出を受けることにより確認しました。

さらに，代表取締役及び執行役員は，職務分掌に従い，子会社に対して，内部統制体制の整備・運用について監督を行いました。

# Ⅲ ◆ "グループガバナンス・ガイドライン" と海外子会社

2019年会社法改正の成立と同じ時期に，経済産業省から「グループ・ガバナンス・システムに関する実務指針」（2019年6月26日）が出された。

同指針は，グループ・ガバナンスの向上によって，企業価値を高めることをねらう。国内子会社と海外子会社を分けることなく，「グループ設計のあり方」として，要約するならば，以下のポイントを掲げている。

- 迅速な意思決定と一体的経営，実効的子会社経営を実現するために，分権化と集権化の適切なバランスをとる
- 財務シナジーと事業的シナジーの最適な組み合わせを明確にしたうえで，グループ本社がグループ全体の方向性を決定，事業ポートフォリオ戦略を策定し，これを取締役会が監督する
- 子会社との権限分配等の基本的な共通プラットフォームを構築，規模特性等に応じリスクベースでの子会社管理・監督を行う

また，「事業ポートフォリオマネジメントのあり方」としては，以下を指摘している。

- 定期的に見直し，コア事業を見極め，その強化のためのM&Aとノンコア事業の整理を通じて，コア事業に対する経営資源の集中投資を戦略的に行う必要がある

さらに，「内部統制システムのあり方」としては，以下のポイントが示されている。

- グループ各社の経営方針や各子会社の体制等に応じて，監視・監督型や一体運用型，両者の組み合わせが選択されるべき
- 親会社の取締役会がその基本方針を決定し，子会社を含めたその構築・運用状況を監視・監督する責務を負う
- 親会社の監査役等と子会社の監査役等が連携して，グループ全体の内部統制システムの監査を効率的に行うべきで，その際，内部監査部門の活用を図ることが有効
- 実効的な内部統制システムの構築のために，第1線（事業部門），第2線（管理部門），第3線（内部監査部門）からなる3線ディフェンスを導入する必要がある
- 有事対応として，レピュテーションへのダメージを最小化し，不祥事等の早期発見と被害最小化のための迅速な対応が行われるべきであり，事案の公表，独立社外役員等が主導的な役割を果たすことが重要

　いずれのポイントも，グループ・ガバナンス向上の施策としてきわめて重要なポイントである。海外子会社にかかるリスク管理やそのガバナンス体制構築の貴重な道標とすべきであろう。

第 **8** 節

# 内部統制報告書と監査役員（会）監査報告書に見る海外事業管理の「不備」

## I ◆ 海外子会社における不祥事と「重要な欠陥」

　経営者による内部統制の有効性評価は，原則として連結ベースで行わなくてはならない。連結ベースであるから，内外を問わず「連結対象となる子会社等（組合等を含む）」（「財務報告に係る内部統制の評価及び監査の基準」，以下「実施基準」という）を評価対象に含むことになる。これに関連して「実施基準」は「在外子会社等についても，評価範囲を決定する際の対象に含まれる。」と明記している。

　2009年3月決算会社で，海外子会社が関与したあるいは海外子会社における経理処理が適切に行われていないことから内部統制報告書に「重要な欠陥」があるとした開示例（該当箇所のみ）には以下があった。

〔セイコーエプソン株式会社の場合〕

> 　中南米子会社3社において，不適切な経理処理が行われたことが平成20年12月に発覚し，その対応のために相当の時間を要し，第3四半期報告書及び確認書の提出を遅延するに至った。
> 　当該経理処理が行われたのは，米州子会社を統括する会社において，「傘下会社に対するモニタリング」が適切に実施されなかったためである。
> 　問題の発覚を契機として，社内に設置した社内調査委員会による調査，事実解明，改善策立案，改善実施に努めてきたが，時間的な制約が大きく，財務報告に係る内部統制の整備及び運用状況全体の有効性を確認するには至らなかった。

　中南米の子会社における不適切な経理処理につきその原因は子会社を統括する会社における傘下会社へのモニタリング不足にあるとしている。この会社の場合，北米，中南米における子会社群を統轄するホールディング・カンパニー

（持株会社）を置いてグループ内部統制を推進していたものと思われるが，改善点は明確に意識されており，監査役も改善の有無をしっかり見るべきである。

　ちなみに，同社の監査役会の監査報告書には以下の記載が「事業報告等の監査結果」としてなされた。

---

　内部統制システムに関する取締役会決議の内容は相当であると認めます。また，事業報告に記載のとおり，海外連結子会社の一部において財務報告に係る内部統制に関し有効でない可能性があると取締役は評価しておりますが，取締役等はその改善に取り組んでおり，また，当期の計算書類及びその附属明細書並びに連結計算書類の適正性に影響が生じておらず，内部統制システムに関する取締役の職務の執行についても，指摘すべき事項は認められません。

---

〔**日本アンテナ株式会社の場合**〕

---

　当社における決算・財務報告プロセス，販売業務，購買・生産業務の各プロセス，及び海外販売子会社における財務報告に係る内部統制における一連のプロセスにおいて，内部統制の整備状況に関する記録が欠けている。

　上記のプロセスにおいて整備状況に関する記録が欠けており，事業年度の末日までに是正されなかった理由は以下のとおりである。当社においては，期中での「全社統合情報システム」の導入を計画していたが，システム移行を延期せざるを得ないこととなり，現行システム下でのリスクの評価を実施することとなったが，時間的制約から，上記一連のプロセスの整備状況に関する記録の整備をすることができなかった。また，海外販売子会社においては，事業再編の渦中にあって，経理及び財務の知識・経験を有した者を整備状況に関する記録の整備に従事させることが困難であった。

---

　この会社は，「内部統制の整備状況に関する記録」化に問題があり，時間的制約と海外子会社における人材不足がこれを招いた原因であるとしている。ただ，「全社統合情報システム」導入の遅れが最大の原因とみられる。全社的内部統制システムとしては，ここでいう「記録化」のためにも海外子会社をも対象として大なり小なりシステムの統合が必要になるが，これを改善点に掲げる

のはグループ内部統制があるべき方向をめざしている証左といってよい。

　なお，内部統制の求める「記録化」には，大別して２通りが考えられる。１つは，上記のような各業務プロセスの整備状況に関する記録化であり，他の１つは業務プロセスの中身の記録化，すなわち販売業務であれば売買契約書，納品書などの作成である。

〔フォスター電機株式会社の場合〕

> ３【評価結果に関する事項】
>
> 　下記に記載した財務報告に係る内部統制の不備は，財務報告に重要な影響を及ぼす可能性が高く，重要な欠陥に該当すると判断しました。したがって，当連結会計年度末日現在において，当社グループの財務報告に係る内部統制は有効でないと判断しました。
>
> 記
>
> 　当連結会計年度末をみなし取得日として連結子会社としたESTecコーポレーション（韓国コスダック上場）において，平成21年5月に従業員による売上債権回収代金の着服という不正が発覚しました。これは，同社の売上債権の回収管理手続に係る内部統制の整備・運用に重要な欠陥があり，かつ，同社に対する管理体制（モニタリング）が十分に構築できていなかったためであります。
>
> 　当連結会計年度の末日までに，当該重要な欠陥が是正されなかった理由は，同社は当連結会計年度末で連結子会社になったため，重要性により同社の業務プロセスを評価の対象に含めておらず，当該不正の事実が決算日以降に発覚したためであります。
>
> 　当社は，財務報告に係る内部統制の整備・運用の重要性を強く認識しており，翌連結会計年度においては，同社の業務プロセスを評価範囲に加えると共に，当社より同社に対する管理体制（モニタリング）を強化し，適切な内部統制を整備・運用する方針であります。
>
> 　なお，重要な欠陥のある売上債権の回収管理プロセスで処理された全取引については，銀行資料との再照合を行った結果，当該重要な欠陥から生じた不正による同社の損害額は約64億ウォン（約465百万円）と見込んでいます。同社は当連結会計年度中は関連会社であり，当社持分に係る損害額は約23億ウォン（約164百万円）と想定されるため，連結財務諸表への影響は限定的と判断し，当連結会計年度末の連結財務諸表には反映されていません。

　韓国の上場子会社で発生した従業員による着服横領事件につき，同子会社に対する管理体制が十分に構築できなかった点を「重要な欠陥」としている。内部統制は，Plan→Do→Check→Action のいわゆる PDCA サイクルを回し問題点を是正，改善を継続している限り，健全に機能していると考えられるが，「連結会計年度の末日までに」重要な欠陥が是正されなかったのでこうして開示されたものである。

　ただ，重要な欠陥が同末日までに是正できなかったのが「連結会計年度末で連結子会社になったため，重要性により同社の業務プロセスを評価の対象に含め」なかったことが原因としている点は重要である。海外子会社については内部統制の評価方法に特別の考慮を必要とするが評価の前提となるのは評価範囲の確定である。本来評価対象に入れるべき海外子会社が対象から漏れることがないようにしなくてはならない。

〔西松建設株式会社の場合〕

　　外為法違反により罰金の略式命令を受け，元取締役らが外為法違反及び政治資金規正法違反の容疑で起訴された。これらの事実は，「経営者の姿勢」・「組織の行動規範」・「取締役会の有効性」等の統制環境等，全社的な内部統制の不備に該当し，日本公認会計士協会監査・保証実務委員会報告第82号「財務報告に係る内部統制の監査に関する実務上の取扱い」11(8)重要な欠陥に該当するかどうかを検討すべき内部統制の不備に例示される「③上級経営者層の一部による不正が特定された場合」に該当するため，重要な欠陥に該当するかどうかを検討した。

　　その結果，財務報告に係る内部統制が有効であると判断するためには，全社的な内部統制が，業務プロセスに係る内部統制の有効な整備及び運用を支援し，企業における内部統制全般を適切に構成している状態にあることが要請されるが，上記の全社的な内部統制の不備は，内部統制の基盤となる部分に不備があることを意味しており，財務報告に重要な影響を及ぼす可能性が高いと認められることから，重要な欠陥に該当すると判断した。当社は当該重要な欠陥を是正すべく平成21年1月以降期末日までに以下の是正措置を講じたが，当事業年度の末日までに十分な評価期間を確保できず，その運用の有効性を確認できなかった。したがって，当事業年度末日時点において，当社の財務報告に係る内部統制は有効でないと判断した。

（期末日までに講じた是正措置）

　当社が"新生西松"として内部統制の整備及び運用の重要性を認識し講じた是正措置は次のとおりである。

　内部調査委員会を設置し，事実関係の解明，原因の究明及び再発防止策の検討を進めると共に，外部諮問委員会を設置し，内部調査委員会による事実関係の調査や再発防止策の策定等について，助言・指導を受けた。

　法令遵守の精神と高い倫理観を持った"新生西松"を役職員全員が一致団結して築いていくために，社是を「勇気，礼儀，正義　～挑戦する姿勢，感謝する気持ち，正しい姿勢～」と一新し，併せて企業理念，経営理念，行動規範も変更した。また，新しい社是に基づき「コンプライアンス基本方針」を定め，すべてのコンプライアンス施策の基本方針とした。

　さらに，コンプライアンス推進室を発足し，同時に，新しい内部通報制度「Nishimatsuホットライン」を開設した。従来の内部通報制度とは異なり，社外にも通報窓口を設けると共に匿名での通報も可能とすることで内部通報制度の有効性を確保した。通報を受けた後の対応を明確にするため，内部通報に係る諸規程（「内部通報規程」「調査委員会規程」「内部諮問委員会規程」）を制定した。また，従来の「コンプライアンスマニュアル」の改訂と，業務遂行において判断に迷う事例を取り纏めた「コンプライアンスマニュアル実践版」の作成を完了し，コンプライアンス研修の教材として今後これらを積極的に活用していくこととした。

　以上については，社内報や社内イントラへの掲示等により全役職員に対し周知徹底を図った。


　なお，当社は，平成21年5月15日開催の取締役会において，内部調査委員会の調査結果及びこれに対する外部諮問委員会の所見の報告を行うと共に，内部調査委員会が策定した再発防止策について決議した。当該再発防止策のうち，財務報告に係る内部統制の重要な欠陥を是正するための措置及び方針の概要は次のとおりである。

1　コーポレート・ガバナンスの機能回復に向けて

(1)　内部統制システムの再構築

　「内部統制システム構築の基本方針」を改定し，取締役会にて決議した。

(2)　取締役会の有効性強化及び効率性の確保

　経営トップの主導による不正を二度と起こさないためにも，コーポレート・ガバナンス機能を強化し，とくに経営監視機能の強化を行う。

　　　ⅰ　社外取締役の招聘
　　　ⅱ　指名委員会・報酬委員会の設置
　　　ⅲ　役員定年制度の導入
　　　ⅳ　支店長会の設置
　2　コンプライアンス意識の徹底に向けて
⑴　「コンプライアンス委員会」の一新
　　従来のコンプライアンス委員会を廃止し，外部より有識者を招きコンプライアンス委員会を新しく組織し直す。
⑵　社内風土の改革
　　組織を横断して情報を共有し，構えることなく議論・相談できるようなしくみと雰囲気を創ることを目指す。これを実現させるため，役員や本支店幹部の各会議体などでも組織の壁を打ち破る雰囲気作りに注力し，自由なコミュニケーションを通じて，隠蔽体質からの脱却を目指す。


　　当社は，財務報告に係る内部統制の整備及び運用の重要性は認識しており，今後も，外部専門家等の活用も含め，継続して適切な内部統制を整備・運用する方針である。


　海外事業で捻出した裏金約7千万円を無届けで国内に持ち込んだ元取締役らが外為法等違反事件をひき起こしたことをもって「全社的な内部統制の不備に該当」するとしている。親会社，子会社間のクロスボーダーの資金移動に関しては，外為法（外国為替及び外国貿易法）のほか税法上の移転価格問題などコンプライアンス上の課題が多く含まれる。コンプライアンス体制の構築を中心に「是正措置」を説明しており，内容は内部統制システム構築上の参考になるであろう。

　なお，同社監査役会の監査報告書はこの関連で「事業報告等の監査結果」として次のように述べている。


　　事業報告に記載のとおり，会社が外為法違反により罰金の略式命令を受け，会社の旧取締役らが外為法違反及び政治資金規正法違反の容疑で起訴されました。会社は，かかる法令違反行為について，事実関係の解明及び再発防止策の

検討を目的として内部調査委員会による調査を行いました。かかる調査の結果，法令違反行為の原因は，コーポレート・ガバナンスの機能不全，コンプライアンス意識の欠如にあることが確認されたことから，取締役会は，これらの点について種々の再発防止策の策定を行いました。当監査役会としましては，今後の再発防止策の実施状況を監視し検証してまいります。また監査役会として，旧取締役の法令違反行為に関して，訴訟で明らかになる事実等を踏まえた上で，法的措置の要否を含め，今後の対応を検討してまいります。上記の他，取締役の職務の執行に関する不正の行為又は法令もしくは定款に違反する重大な事実は認められません。

　この事件で東京地検特捜部は，2009年1月14日，当時の海外担当副社長，海外事業部事業部長ら4人を逮捕した。副社長が海外で裏金を管理していた事業部長に日本国内への持ち込みを指示していた疑いをもたれた。

　問題とされた裏金は，約10年前から会社が東南アジアなどで受注した工事費を実際より高く見せかけるなどの手口で捻出していた。その総額は約10億円に上り，海外事業部の元事業部長が中国・香港のペーパーカンパニー名義の銀行口座で管理し，必要に応じて引き出して一部を日本に無届けで持ち込んでいたとみられる。裏金の使途について元事業部長は「工事受注のための外国公務員への賄賂」と供述しており，外国公務員への賄賂の不正競争防止法違反の容疑でも調べがなされた。

　外国公務員に対するリベートや賄賂は，海外事業展開に関する最大のコンプライアンスリスクのひとつといってよい。現地法と日本法の両面においてグローバルなコンプライアンス体制の確立が求められる。

　また，この事件では，政治家に「裏金」が渡ったとみられ，マスコミなどの関心を集めた。監査役員（会）としては，海外のペーパーカンパニー利用などの事実関係と原因の解明に基づいて取締役がしっかり再発防止策を策定し実施しているか否かを見る必要がある。

## Ⅱ ◆ 「重要な不備」

　内部統制報告書において開示すべき「重要な欠陥」が，2011年3月29日の内部統制府令改正によって「重要な不備」に変えられた。

　2011年後半から明るみに出たオリンパス，大王製紙の企業不祥事では，いずれにおいても親会社と子会社間の取引，国際的資金移動が問題とされた。そこで，以下において，まず，両社による「重要な不備」の開示例を，続いて他3社の開示例も取り上げる。

〔オリンパス株式会社の場合〕

　　下記に記載した財務報告に係る内部統制の不備は，財務報告に重要な影響を及ぼすことになり，開示すべき重要な不備に該当すると判断しました。したがって，平成24年3月31日現在の財務報告に係る内部統制は有効でないと判断しました。

記

　　当社が過年度に行った有価証券投資等の損失計上の先送り及びその解消スキームに係る不適切な会計処理に関連して，過去の有価証券報告書及び平成24年3月期第1四半期報告書について訂正報告書を提出しました。本件は，経営者の業務執行を監督ないし監査すべき取締役会と監査役会が有効に機能していなかったこと，企業風土やコンプライアンス意識の欠如及び内部通報制度の不備が原因であり，これらの不備は開示すべき重要な不備に該当すると判断しました。本件発覚以降，当事業年度末日までに十分な整備・評価期間を確保できず，その運用の有効性を確認することができませんでした。

　　当期の決算において，会計監査人からの指摘で複数の誤りを修正しました。これは，正確な財務数値を作成するための当社及び連結子会社での数値の検証の不足及び当社における連結子会社の報告資料の不十分なモニタリングが要因であり，全社的な観点から評価する決算・財務報告プロセスに開示すべき重要な不備があると判断しました。当該不備は期末の監査の過程で識別されたものであり，事業年度末までに是正することができませんでした。また，韓国にある子会社において元代表理事によって当該子会社の統制環境が毀損されている事実がありました。当該子会社社員からの内部通報を受け，鋭意調査を実施してきましたが，これに時間を要し，当該子会社の統制環境の不備の特定が当事業年度末日以降になったことから，当事業年度末日までに是正することはでき

ませんでした。本件については，当該子会社の内部管理体制を見直すと共に，親会社の監視・監督を強化する方針であり，元代表理事を6月に解任しました。

　なお，上記の開示すべき重要な不備に起因する必要な修正事項は，決算過程で適正に修正しております。

### 〔大王製紙株式会社の場合〕

　下記に記載した財務報告に係る内部統制の不備は，財務報告に影響を及ぼす重要な欠陥に該当することから，平成23年3月31日現在の当社グループの財務報告に係る内部統制は有効でないと判断しました。

記

1　経緯について

(1)　経営トップに対する不正貸付

　平成23年9月に連結子会社からの内部通報メールを受けて実施した社内調査により，当社の元代表取締役会長（以下「元会長」という。）個人に対する複数の連結子会社からの貸付が明らかとなりました。その後の経緯は次の通りです。

①　特別調査委員会の設置

　当社は，事実関係の更なる解明等を目的に，構成メンバー5名のうち過半数を外部の調査委員（弁護士3名，社外監査役1名）とする「大王製紙株式会社元会長への貸付金問題に関する特別調査委員会」（以下，「特別調査委員会」という。）を平成23年9月16日に設置し，事実関係の把握，再発防止策等の検討を行いました。

　この会社の場合，問題となった連結子会社は海外子会社ではないものの，貸付金の大部分は元経営トップが海外のカジノで使ったとしている。

### 〔株式会社東芝の場合〕

　同社が2016年6月22日に提出した内部統制報告書中の「Ⅱ．2016年3月期の状況」部分を以下に引用する。

　当社といたしましては，財務報告に係る内部統制の重要性を認識しており，前年度に識別した財務報告に係る重要な不備を是正するため，当事業年度末に

おいては，上記Ⅰ．の改善策を整備し，運用も実施しているものの，一部の改善策についてはその運用期間を十分に確保できなかったことから改善策の運用状況を当事業年度末時点では確認できていません。

　したがって，当事業年度末までに，「意図的な利益の嵩上げのための経営トップらによる目標必達のプレッシャー」，「上司の意向に逆らうことが出来ない企業風土」，「経営者における適切な会計処理に向けての意識の欠如」，「コーポレート及び各カンパニーにおける内部統制の無効化」，「会計処理基準が適切に運用されなかった」という全社的な内部統制の不備については，上記の様々な改善施策を通じて改善が進んでいるものの，以下の観点からは必ずしも是正の定着が確認できませんでした。

　全社的な内部統制の不備については，予算策定プロセスをキャッシュ・フローを重視した中期的目線による実行可能性を踏まえたプロセスとなるように変更し，達成可能性を考慮した2017年3月期予算を作成しました。しかしながら，2016年3月期においては，前期以前の過年度決算訂正の影響があったこと，また，財務報告数値の実績検証に重点を置いていたことから，実質的に予算が作成されないまま事業年度が終了したため，予算統制が行われる中でのコンプライアンス意識の発揮を始めとする運用状況については，確認を行えない状況にありました。また，決算・財務報告に関与する従業員の適切な財務報告に関する意識については，会計コンプライアンスについての実効性を高めるため，役職・業務内容に応じた階層別・職能別教育を実施し，2016年3月末時点では意識の改善は進んだものの，運用の定着を確認するための十分な期間が確保できませんでした。これらについては，2016年3月期決算に加えて，今後の四半期決算の状況を追加で確認する必要があると判断しました。

　また，決算・財務報告プロセスに係る内部統制の開示すべき重要な不備の是正のための各種施策に取り組み，2016年3月期時点では，整備は概ね完了し運用も開始されていますが，2016年3月期の財務諸表監査の過程におきまして，財務報告に係る多数の修正事項が発見されたため，決算・財務報告プロセスの内部統制の整備及び運用に開示すべき重要な不備が存在するものと判断しました。事業年度末までに是正することができなかった理由は，当該不備が期末の監査の過程で識別されたことによります。

　なお，上記の開示すべき重要な不備に起因する必要な修正事項は，適正に修正しております。

　当社といたしましては，全社的な内部統制の開示すべき重要な不備の解消を

> 確認するため，予算統制制度の運用状況及び決算・財務報告に関連する従業員の適切な財務報告に対する意識の定着並びに決算・財務報告プロセスに係る内部統制の開示すべき重要な不備の改善策の遂行に取り組み，今後の四半期決算の状況を追加で確認してまいります。

　2016年5月23日付，監査委員会による監査報告書は「重要な不備」について以下のように述べている。

> 　内部統制システムに関する取締役会決議の内容は相当であると認めます。財務報告に関する内部統制については，前年度に識別した開示すべき重要な不備を是正するための改善策の整備を概ね完了し運用を実施しておりますが，これらのうち，全社的な内部統制については，予算統制等の一部の事項について必ずしも十分には運用状況が確認できておらず，また，決算・財務報告プロセスに係る内部統制については，当期の計算書類等の監査の過程において財務報告に係る重要な修正事項が発見されたことから，開示すべき重要な不備が存在すると判断しました。なお，当期決算においては，当該不備に起因する必要な修正事項は適正に修正されております。
> 　取締役及び執行役は当該不備の改善に着実に取り組んでおり，監査委員会としては，状況を引き続き監視，検証します。

　その後，2018年3月期（2017年4月1日から2018年3月31日）の有価証券報告書における独立監査人の監査報告書（連結計算書類）の記載（抜粋）は，以下のように，連結の子会社であった米社における損失引当金の非計上に言及して，「限定付適正意見」を表明した。

> 限定付適正意見の根拠
> 　会社は，前々連結会計年度末である2016年3月31日現在の連結貸借対照表の非継続事業流動負債に，当時連結子会社であった米国ウェスチングハウスエレクトリックカンパニー社（以下，「WEC」という。）によるCB&Iストーン・アンド・ウェブスター社（以下，「S&W社」という。）の買収に伴う取得金額配分手続に関連して，工事損失引当金を計上していない。これは，会社が2016年3月31日現在の連結財務諸表を作成した時点（以下，「前々期決算の当時」とい

う。）において，すべての利用可能な情報に基づく合理的な仮定を使用して工事損失引当金を算定していなかったためであり，米国において一般に公正妥当と認められる企業会計の基準に準拠していない。

　会社が，前々期決算の当時において，すべての利用可能な情報に基づく合理的な仮定を使用して適時かつ適切な見積もりを行っていたとすれば，前々連結会計年度末である2016年3月31日現在の連結貸借対照表の非継続事業流動負債に工事損失引当金を計上することが必要であり，前連結会計年度の連結損益計算書の非継続事業からの非支配持分控除前当期純損失（税効果後）に計上された損失652,267百万円のうちの相当程度ないしすべての金額は前々年度連結会計年度に計上されるべきであった。前々連結会計年度末の非継続事業流動負債に計上することが必要であった工事損失引当金の過少計上額は，前連結会計年度の営業成績に質的及び量的に重要な影響を及ぼすため，当監査法人は，会社の2017年3月31日をもって終了した前連結会計年度の連結財務諸表に対して限定付き適正意見を表明した。よって，当該事項が当連結会計年度の連結損益計算書の「非継続事業からの非支配持分控除前当期純利益（税効果後）」，「非支配持分控除前当期純利益」，「当社株主に帰属する当期純利益」，連結資本勘定計算書における「株主資本合計」の2017年3月31日現在残高及び関連する注記3.「非継続事業WECグループにおける原子力事業」の数値とこれらの対応数値との比較可能性に影響を及ぼすため，当連結会計年度の連結財務諸表に対して限定付適正意見を表明する。

限定付適正意見

　当監査法人は，上記の連結財務諸表が，「限定付適正意見の根拠」に記載した事項が対応数値に及ぼす影響を除き，米国において一般に公正妥当と認められる企業会計の基準に準拠して，株式会社東芝及び連結子会社の2018年3月31日現在の財政状態並びに同日をもって終了する連結会計年度の経営成績及びキャッシュ・フローの状況をすべての重要な点において適正に表示しているものと認める。

　ところが，2018年6月定時総会の招集通知に添付された会計監査人の監査報告書（連結書類）（抜粋）は，次のように述べて，無条件の適正意見を表明したため両報告書間の"くい違い"が取り沙汰された。

監査意見

　当監査法人は，会社計算規則第120条の3第3項において準用する同規則第120条第1項後段の限定により米国において一般に公正妥当と認められる企業会計の基準で求められる開示項目の一部を省略して作成された上記の連結計算書類が，株式会社東芝及び連結子会社からなる企業集団の当該連結計算書類にかかる期間の財産及び損益の状況をすべての重要な点において適正に表示しているものと認める。

〔資料１■私家版・海外事業の内部統制，ガバナンスおよび監査のチェックリスト〕

## ＜本チェックリストの使い方＞

　本チェックリストは，海外事業から生じるリスクのコントロールが行われ，そのための体制が構築されているかどうかをチェックするためのポイント項目をまとめたものである。

　会社の監査役員（会）や内部監査部門による監査は，海外事業の内部統制，すなわちその主な柱であるリスクコントロール体制やコンプライアンス体制を対象にする。そのため，リスクコントロールやコンプライアンスのチェック項目は監査の対象の監査項目でもある。

　そこで，海外事業の監査のチェック項目としては，監査体制についての項目に絞り込んだ。チェックリストの各項目の右端には，本書中で解説などを記載した頁数を入れ索引としても使えるようにした。

　本チェックリストで想定したのは日本国内に本店，本拠地を持ち主に海外子会社を通じて海外事業を展開する日本企業である。業種はとくに限定していないが，内外の特別な法規制を強く受ける規制産業を想定しているわけではない。

　なお，本チェックリストの作成に当たっては，公益社団法人日本監査役協会が平成24（2012）年7月12日付で公表した「監査役の海外監査について」に参考資料としてつけられたチェックリストを参考にさせてもらった。

　ただ，本チェックリストは，著者による私家版チェックリストであるから本書を使って海外事業のリスクコントロールと監査をしようとする企業が参考にしてもらえればよい。

| | チェック項目の分類 | チェック項目の内容 | 参照頁 |
|---|---|---|---|
| グループ組織全体の在り方 | 1.グループのかたち | 企業集団の姿は，「中央集権型」か「地方分権型」か，それぞれのメリット，デメリットを理解しているか | 45, 46 |
| | | 「中央集権型」の場合，日本企業の事業部門・主管部門と直接結びつくかたちになっていないか | 47 |
| | | 「地方分権型」の場合，地域統括のための会社を地域ブロックごとに置くかたちか | 47, 48 |
| | | 「地域ハブ」は，持株会社形態かそれ以外か | 47, 48 |
| | | 「地域ハブ」を活用した「ハブコンプライアンス」「ハブ監査」の体制になっているか | 47 |
| | 2.グローバルな企業理念・企業風土の浸透 | 企業集団全体で共有すべきグローバルな企業理念はあるか | 48, 75, 76 |
| | | そうした企業理念は，日本企業の企業風土にも合致し，経営者の責任でグループ全体に発信され浸透がはかられるようになっているか | 48, 49 |
| | | 同企業理念の下で整合のとれた規程やマニュアル類をつくり適宜英訳するなどしているか | 49 |
| 海外子会社の法的形態、ガバナンスなど | 1.海外子会社の法的形態 | 海外事業拠点は，法人格による「リスク遮断」を狙って現地法人化されているか | 7 |
| | | 現地法人は，「有限責任原則」に支えられた組織になっているか | 7 |
| | | 現地には，日本法でいう株式会社，合同会社（LLC），有限責任事業組合（LLP）類似の組織があるか | 8 |

| | チェック項目の分類 | チェック項目の内容 | 参照頁 |
|---|---|---|---|
| 海外子会社の法的形態、ガバナンスなど | | 地域統括の親会社は「リスク遮断」の役割を担っているか<br>"防波堤"の数は多いほどよく，海外事業のリスクはなるべく日本親会社（グループ）に波及させないことを最優先にしているか | 8, 9 |
| | 2. 海外子会社は，合弁か100%子会社か | 「有事の合弁，平時の独資」の考え方を理解しているか | 18 |
| | | 合弁の出資比率と株主総会の特別決議を通せる議決権保有比率の関係は現地法の下で正確に理解されているか | 45 |
| | | 合弁は，撤退のやりやすさまで考えて選択しているか<br>「撤退のことを考えない進出は失敗する」……"出口戦略"を踏まえた"入口戦略"を練っているか<br>海外子会社戦略は，機動的な撤退を含め「グループ再編」，「グループ経営における"選択"と"集中"」を適宜行えるように練られているか | 25,<br>142,<br>163 |
| | | 100%子会社の場合，経営幹部などが日本からの出向社員で占められてはいないか<br>現地従業員（NS）の幹部登用など，人事面での現地化推進をはかっているか | 23 |
| | | 新興国においては，単独進出であっても現地許認可当局が最大のステークホルダーかもしれないとの認識はあるか……ステークホルダーの見極めはできているか | 169 |
| | 3. 海外子会社のM&Aによる取得 | M&Aは，現地行政トップの"あっせん"によっていないか | 155 |
| | | 新興国・地域におけるM&Aによる子会社取得は，対象会社による行政トップへの贈賄リスクなどを"引き継ぐ"リスクがあることを認識しているか | 102 |

| | チェック項目の分類 | チェック項目の内容 | 参照頁 |
|---|---|---|---|
| 海外子会社の法的形態、ガバナンスなど | | 買収監査（デューデリ）はコンプライアンス面などを中心に法務デューデリを十分に行ったか | 155,156 |
| | | 買収後監査（ポストデューデリ）でとくに贈賄規制の違反がないかチェックしたか | 155 |
| | | ポストマージャーにおける組織の融合は，うまく進んでいるか | 158 |
| | 4．海外子会社のガバナンス | 海外子会社のガバナンスは，日本親会社からのコントロールと適切な権限委譲のバランスをとるのが目標であることが理解されているか | 167 |
| | | 日本親会社が現地海外子会社のガバナンス向上に向けて以下のことを実践しているか<br>①グループ全体にグローバルビジネスのための行動憲章を示し，海外子会社にも浸透を図る<br>②海外子会社におけるリスクコントロール，内部統制の運用状況をモニタリングする<br>③海外子会社の経営トップが会計不祥事などでルール無視をしないようけん制するシステムを構築する | 48,184,185,198 |
| | | 海外子会社ガバナンスの手段として，株主としての議決権行使（とくに役員の選解任），役員派遣があることが理解されているか | 44 |
| | | 海外子会社のガバナンスが機能しないと，とくに日本親会社の経営陣の関与する会計不祥事が防止できないことを理解しているか | 184,198 |

| | チェック項目の分類 | チェック項目の内容 | 参照頁 |
|---|---|---|---|
| 海外子会社の法的形態、ガバナンスなど | 5．海外子会社の現地化・独立性 | 日本親会社へのリスク波及防止のための方策と以下のファクターからする海外子会社の現地化，独立性向上がはかられているか<br>①資本・出資面（100％出資よりは現地パートナーとの合弁）<br>②人事面（役員の出向・派遣などが多過ぎないか，役員兼任はないか）<br>③業務面（日本親会社の商品しか扱わないなどになっていないか）<br>④意思決定面（重要な決定が日本親会社により決まるようになっていないか） | 18,<br>22,<br>50,<br>118 |
| | | 海外子会社の経営トップに裁量権を与えすぎ，日本親会社からのガバナンスとモニタリングが困難になってはいないか | 50 |
| | | 海外子会社の独立性が低い場合，現地会社法または判例法の下で，以下の2要件のいずれかに該当するとして，法人格否認の法理の適用を受けるおそれはないか<br>①同子会社が別法人とは名ばかりで形骸化している（法人格の形骸化）<br>②親会社が同子会社を債務逃れの"隠れ蓑"として乱用している（法人格の濫用） | 62 |
| | | 海外子会社の法人格が否認されると個々の取引ごとに親会社との無限連帯責任になり得るリスクを認識しているか | 62 |
| | | 海外子会社の独立性が低く，海外子会社と共同被告にされて訴えられ，現地裁判所の裁判管轄権が及ぶ状況になっていないか（とくに日本親会社の関与度合いが強い製造物責任（PL），知財侵害，雇用差別などの分野で日本親会社の関与が大きくなりがちなので注意する） | 23 |
| | | 海外現地，とくに米国で訴えられると，日本親会社と海外子会社間の電子メールによるコミュニケーションがディスカバリーの対象になり得ることを意識しているか | 118 |

| | チェック項目の分類 | チェック項目の内容 | 参照頁 |
|---|---|---|---|
| 海外子会社の内部統制システム | 1．内部統制システム整備（全般） | 海外進出先現地に特有のリスクをしっかり洗い出しているか……同現地に地政学的リスクはあるか，同現地に新興国型の規制リスクなどはあるかなど | 4, 70, 82, 85 |
| | | リスク管理体制はしっかり構築され，リスク管理のPDCAが適切に行われているか……体制内容として，リスク管理規程，リスク管理委員会などは設けられているか | 184, 185 |
| | | 海外子会社における内部統制システムの日本親会社による構築指導とモニタリングを以下のような視点から検討しているか<br>• 日本親会社における海外子会社管理のために日本親会社に内部統制委員会やコンプライアンス委員会を置くと共に，日本親会社の内部監査部門による指導とモニタリングを行う | 52, 91, 185 |
| | | "縦割り"で日本親会社の事業部との結びつきが強くモニタリングが困難になる弊害の除去 | 203 |
| | | 海外子会社における内部統制システムの評価と報告のしかたを以下の諸点から検討しているか<br>• 企業集団内部統制上，海外子会社に毎期リスクの識別と評価，コントロールの有効性の自己評価（CSA）を行わせ日本親会社に報告させる<br>• コントロールの有効性を海外子会社のトップから独立して再評価するのが，日本親会社・内部監査（部門）の役割とする<br>• 内部監査（部門）は，評価が妥当であれば結果を「保証」し，誤りであれば指摘し改善策を助言する<br>• 日本企業（上場会社等）は，J-SOXの下，内部統制報告書を提出し内部統制に関する経営者の評価結果を報告する<br>• 同報告の評価対象には海外連結子会社を含ませる | 41 |

| | チェック項目の分類 | チェック項目の内容 | 参照頁 |
|---|---|---|---|
| 海外子会社の内部統制システム | 2．内部統制システム整備：リスク管理体制 | 現地特有のリスクとして，地震・津波，大洪水などの自然災害リスク，政治体制や経済体制の安定度リスク，金融市場や競争市場の混乱，原材料・部品などの継続的調達可能性リスク，人材や技術の流出リスク，ブランド・レピュテーションの毀損リスク，ITセキュリティ滅失リスクなどについて十分な分析・評価がなされているか | 42，84 |
| | | 分析・評価がなされたリスクに関し対応は十分に行える体制ができているか | 4 |
| | | 法的リスク，規制リスクなどに関し，地域ハブも活用したハブ管理体制ができているか | 75 |
| | | 日本親会社による企業集団内部統制の一環として，海外子会社を通じた海外事業に係る法令等遵守につき，損失危険管理体制，情報保存管理体制があり各体制整備が不可欠であると理解されているか | 9 |
| | | リスク管理の基本方針はリスクベース・アプローチでメリハリのあるリスク管理を行う旨を明確にしているか | 2，97 |
| | | リスク管理の"入口"に当たるリスクの洗い出し方法につき，以下を活用することを検討しているか<br>①ヘルプライン（グローバルヘルプライン）通報<br>②NS（現地従業員）向けアンケート<br>③自社グループ，他社グループにおける不祥事例などのケーススタディ | 39 |

| | チェック項目の分類 | チェック項目の内容 | 参照頁 |
|---|---|---|---|
| 海外子会社の内部統制システム | | 洗い出した各リスクの評価につき，以下のような定性的評価，定量的評価によることを検討しているか<br>①リスク（ベース）アプローチの下で，リスクの項目立て（経営リスク，コンプライアンスリスク，人事・労務リスク，環境リスク，知的財産権リスク，税務リスク，会計リスクなど）をした上で，定性的な評価をする<br>②リスクの定量的評価は，リスクの影響の大きさと発生頻度を数値化し，これらの数値を乗じた数を基礎にするが，リスクの影響度合いを判断する際は，自社（グループ）の根幹事業に関わっているか，業種，業態からみて影響がどの程度あるかを見極めることとする | 41 |
| | 3．内部統制システム整備：コンプライアンス体制 | コンプライアンスに関わるリスクを適切に分析・評価しているか | 4,85 |
| | | 海外子会社に対する現地法令の適用構造は正確に理解されているか<br>……EU法と各国法，連邦法と州法などのほかFTA（自由貿易協定）の存在など | 93 |
| | | 海外現地特有の法的リスクを，新興国型リスクと法治先進国型リスクに大別して分析・評価しているか | 70,82,84,85 |
| | | 海外現地の法的リスクを，進出先の国・地域に特徴的な法令，たとえば中国の商業賄賂規制，米国連邦反トラスト法などの下で分析・評価し対応を検討しているか | 93,94 |
| | | グローバルに通用するコンプライアンス・プログラム，コンプライアンス・マニュアルはつくられているか | 91 |
| | | コンプライアンス・オフィサー（CO），チーフ・コンプライアンス・オフィサー（CCO）の配置は適切か | 27,74 |

| | チェック項目の分類 | チェック項目の内容 | 参照頁 |
|---|---|---|---|
| 日本親会社と海外子会社の関係、両社間の取引など | | これらを配置するためのグローバル人材の養成はしているか | 10 |
| | | 地域ハブの統括会社にCCOを配置し各海外子会社にCOを配置する形態などは検討されているか | 76,<br>178,<br>203 |
| | 1．日本親会社と海外子会社との関係 | 日本親会社と海外子会社の関係は極端で特殊なものになっていないか……親会社からの"干渉""圧力"が不当にかかりすぎていたり，逆に親会社が過度に無関心になって子会社を"放任"しすぎていることはないか | 167 |
| | | 海外子会社は，日本親会社のとくに事業部門との結びつきが強すぎることはないか | 47,<br>167 |
| | | 日本親会社の海外子会社を取り巻くステークホルダーとしての位置づけはできているか……新興国，社会主義国における許認可当局のステークホルダーとしての存在の大きさは理解されているか | 167,<br>168 |
| | 2．日本親会社と海外子会社間の取引 | 日本親会社と海外子会社間の取引はあるか | 167 |
| | | 取引がある場合，利益相反管理はできているか | 168 |
| | | グループ会社間での「関連当事者間の取引」（CGコード原則1-7）はないか | 168 |
| | | それらがある場合，取引内容は特殊で「非通例的」なものになっていないか | 167 |
| | | 子会社の利用又は親会社からの不当な圧力による不適正な行為によって会社に著しい損害が生じるリスクがあるか | 23,<br>62 |
| | 3．日本親会社と海外子会社間の資金移動 | 移動する資金が海外進出先で賄賂として使うための裏金になっていないか（米FCPAの域外適用に注意すること） | 98,<br>238 |
| | | 海外現地における外国為替規制に抵触することはないか，日本の同規制はどうか | 238 |
| | | 海外子会社からの「利益還流」につき現地，および日本の税法上の扱いを検討したか | 172 |

| | チェック項目の分類 | チェック項目の内容 | 参照頁 |
|---|---|---|---|
| | | タックス・ヘイブンコーポレーションである海外子会社での所得留保につき日本の税法上の扱いを検討したか | 172 |
| 海外子会社を通じた海外事業の監査体制 | 1．基本的な考え方，姿勢 | 海外事業からくるリスクは増大しているので，海外事業の監査は欠かせないと認識しているか | 2 |
| | | 海外事業監査には以下のような特殊性があることを理解しているか……法令，文化，商習慣，言語などが異なるだけでなく，海外子会社の設立準拠法は外国法でその下で監査機関をもっていることが多く，子会社の独立性を尊重しつつ，現地内部監査部門や外部監査人と連携する必要性があること | 4，5 |
| | 2．監査の方法 | 海外子会社を通じた海外事業の監査は，日本親会社と海外子会社それぞれにおいてなされなくてはならないことを理解しているか | 203 |
| | | 日本親会社においては，以下の項目につき監査がなされるべきであることを確認しているか<br>• 本社の海外事業展開における意思決定のプロセスとその実施内容<br>• 海外事業会社を含めた内部統制システム（管理体制）の適切な構築と運用<br>• 本社と海外事業会社間の取引の正当性・適切性・透明性 | 204 |
| | | 海外子会社においては，以下の項目につき「監査」がなされるべきであることを確認しているか<br>• 海外事業会社の経営方針と本社の経営方針との整合性<br>• 海外事業会社における内部統制システムの適切な構築と運用<br>• 会計及び税務の適正性と信頼性<br>• 現地における特有のリスク・問題・課題 | 187，190 |

| | チェック項目の分類 | チェック項目の内容 | 参照頁 |
|---|---|---|---|
| 海外子会社を通じた海外事業の監査体制 | | 海外子会社を通じた海外事業の日本親会社による監査主体には，以下があることを確認しているか<br>①監査役員（監査役（会），監査委員会，または監査等委員会による）<br>②内部監査部門<br>③（外部）会計監査人<br>④海外子会社の監査機関，外部監査人 | 195 |
| | | 監査役員（会）による監査は，取締役・執行役の職務執行を対象にするものであることを理解しているか | 185,<br>188 |
| | | 内部監査部門による監査は，役員以外の従業員を対象にすることになるが，監査の対象は内部統制システムであることを理解しているか<br>なお，内部監査部門による監査のチェックリスト参照（263頁以下） | 197 |
| | | 海外事業拠点の往査には，以下の内容の事前準備が欠かせないことが理解されているか<br>●海外子会社の経営責任者に対する親会社海外事業会社担当取締役からの指示書<br>●合弁子会社にあっては，定款，合弁契約書ないし覚書などにおける記載 | 187 |
| 海外子会社を通じた海外事業のリスク管理（各論） | 1．贈収賄規制違反リスク | 現地法，日本法，米・英の法律の下で三重のコンプライアンスが必要で，贈賄リスクの評価には，トランスペアレンシー・インターナショナルの腐敗度指数が参考になることを押さえているか | 93 |
| | | 現地国営企業の社員から名目社員としての給料・金品や購買担当者のリベートなどが商習慣となって要求されていないか | 90,<br>98,<br>103 |

| | チェック項目の分類 | チェック項目の内容 | 参照頁 |
|---|---|---|---|
| 海外子会社を通じた海外事業のリスク管理（各論） | | 現地エージェントやコンサルタントとの契約において，その活動内容に見合わず外国公務員への賄賂を含んだ報酬が支払われていないか | 96, 102, 103 |
| | 2．独占禁止法違反リスク | 国際カルテル規制につき，新興国で続々最初からリニエンシー制度付きで独占禁止法が制定施行になっているので，ヘルプラインなどでいかに早く現地の情報をキャッチできるかが重要になることを押さえているか | 110, 116 |
| | | 進出先国・地域の独占禁止法の下で経営集中審査があるかどうかを調べたか | 110 |
| | | 現地規制当局の発するガイドラインの内容をよく調べ，その規制や法令執行傾向を押さえているか | 112 |
| | | 日本人会などを通じて同業他社との情報交換を行ってはいないか，これについて日本親会社からの指示は出ていないか | 118, 119 |
| | 3．人事・労務関連法違反リスク | "日本的"人事制度をそのまま現地に持ち込んではいないか，現地化対応は日本親会社の公平・適正を旨とする方針・制度と整合しているか | 137 |
| | | 撤退に伴うリストラに際してトラブルになることがあり，「労働者主役の社会主義国」でも労働契約法が制定されるなど，この分野のコンプライアンスが重要性を増したことを理解しているか | 142 |
| | 4．知的財産関連法リスク | 新興国において，知的財産権を侵害されるリスクは，いぜんとして大きいことを理解しているか<br>職務発明規定を含めた知的財産管理の体制は構築・整備されているか<br>現地における知財法制の不備をライセンス契約や秘密保持契約などの契約によって補う必要性を理解しているか | 123 |

| | チェック項目の分類 | チェック項目の内容 | 参照頁 |
|---|---|---|---|
| 海外子会社を通じた海外事業のリスク管理（各論） | 5．税法違反リスク | 日本親会社との取引で移転価格を疑われたり，PE（恒久的施設）認定をされるリスクが増大していること，移転価格やタックスヘイブン対策税制に関するOECDなどのグローバルルールの遵守も重要になることを理解しているか | 169,<br>176,<br>177 |
| | | 移転価格問題に関しグループ企業間の「非通例的」取引を監視するシステムを検討しているか | 177 |
| | 6．会計不正リスク | 海外事業拠点に適用される会計基準と日本親会社に適用される会計基準は同じか | 209 |
| | | 違う場合，IFRS，U.S.GAAP，日本基準間の違いの内容はよく把握されているか | 209 |
| | | グループ会社の会計監査人を同一の監査法人グループのなかから選ぶようにすることをメリットとして意識しているか（現地会計監査人とのコミュニケーションを重視しているか） | 214,<br>215 |
| | | グループ会社の決算期を極力統一することのメリットとIFRSの要求との関係を理解しているか | 215 |
| | | 海外子会社による次のような会計不正の要因をマークしているか<br>(1)　継続的な赤字事業を行ってきたグループ会社で事業の存続を案じて無理をする<br>(2)　好業績を続けてきたグループ会社が景気後退期に業績を悪化させてしまい，親会社からの評価の低下をおそれて損失を先送りする<br>(3)　親会社から市場環境を無視した売上げ販売拡大の圧力がかかり，これに屈してしまう<br>(4)　グループ内で，売上目標や利益目標の達成を最優先事項とする雰囲気が蔓延し，売上の先行計上，過大計上をしてしまう | 28,<br>235 |

262

| チェック項目の分類 | チェック項目の内容 | 参照頁 |
|---|---|---|
| | (5) グループ内の統合，合併による「選択と集中」，事業整理をおそれ，統合，合併前からの不祥事の根を放置する<br>(6) 海外子会社の経営陣に営業や技術部門出身者が多くリスク管理に関心が薄くなっている | |
| | 海外子会社の会計不正などを予防しあるいは早期に発見するために以下の事項につき確認を行っているか<br>• 海外子会社の外部会計監査人や内部監査部門から会計不祥事の兆候や疑念が示されていないかの確認<br>• 兆候や疑念があった場合，それについて関係者への調査<br>• 疑念が解消できなかった場合における，日本親会社の取締役会，監査役員（会）への報告の有無<br>• 海外子会社の経営責任者や財務・経理の責任者のコンプライアンス意識が十分に高いかの確認<br>• 海外子会社は利益追求を最優先とする企業風土になっていないか | 28, 31 |
| 7．サプライチェーンにおけるコンプライアンスリスク | 現地工場で児童労働が行われるなどしていないか | 145 |
| | いわゆる紛争鉱物規制の意義を理解しているか | 147 |
| | 英国2015年現代奴隷法，2012年カリフォルニア州サプライチェーン透明化法の内容を理解しているか | 146 |
| | 国連・SDGsの目標（ゴール）のなかには，サプライチェーンのクリーン化を求めるものがあることを理解しているか | 148 |

## 〔海外子会社の内部監査チェックリスト〕

| | チェック項目の分類 | チェック項目の内容 | 参照頁 |
|---|---|---|---|
| 海外子会社内部監査とは | 1．海外子会社内部監査の意義・目的 | • 親会社の内部監査が海外子会社まで監査すべきとされるのはなぜか？<br>→企業集団内部統制の視点<br>→海外子会社のガバナンスの視点 | 184 |
| | | • 海外子会社内部監査の目的は？<br>→海外子会社不祥事の発生予防<br>→同不祥事の予知<br>→同不祥事を"芽"のうちから摘む | 197 |
| | 2．海外子会社内部監査の特徴 | • 国内子会社の内部監査との違いは？<br>→設立準拠法の違いと親会社の"監査権"<br>→法令，文化・商習慣，言語の違い<br>• 海外子会社の何を監査するのか？<br>→内部統制 | 191,<br>192 |
| 海外子会社内部監査の行い方 | 1．海外子会社監査の流れ | • 海外子会社内部監査のPDCAとは？<br>→監査→予備調査・現地往査→結果報告，是正点の抽出→フォローアップ・モニタリング<br>• 内部統制構成要素を「内部監査構成要素」に構成し直すと？<br>①ガバナンス<br>②コンプライアンス<br>③リスクマネジメント<br>④プロセス・コントロール（不正抑止）<br>⑤IT・セキュリティ・システム | 197 |
| | 2．海外子会社監査の担い手 | • 海外子会社監査のための「四様監査」とは？<br>→三様監査＋Oneで現地監査人（機関）を加える<br>• 監査役員（会）監査との連携がとくに求められる理由とは？<br>→経営陣の不正関与があり得るから<br>• 同「連携」のあり方は？<br>→役割分担をするだけでなく，情報を収集し，監査役員（会）へ報告するなどして協働する | 195 |

| | チェック項目の分類 | チェック項目の内容 | 参照頁 |
|---|---|---|---|
| 海外子会社内部監査の課題 | 1．監査体制の整備 | • 地域統括拠点を活用する「ハブ監査」体制とは？<br>→各海外子会社への監査は，地域ハブの監査部門が担う<br>• ハブ監査を担う人材とは？<br>→会計・法務リテラシーをもったグローバル人材の育成，派遣をする | 197 |
| | 2．各論的課題 | • 海外M&Aで取得した子会社における会計不祥事を防止するには？<br>→会計基準による「のれん」の処理の適切さをチェックする<br>→同基準ごとの処理の違いを理解し，減損処理が適切に行われているかをチェックする | 211 |
| | | • 現地公務員などへの贈賄行為を防止するには？<br>→"裏金"，"工作資金"の存在をチェックする<br>→現地法の運用状況の変化に注意する<br>→現地コンサルタント，エージェントに支払った報酬の金額，使途などをチェックする<br>→日本の当局との「司法取引」を視野に入れた調査をする | |
| | | • 海外子会社も組み込んだ「サプライチェーン監査」とは？ | 148 |
| | | →グローバル・サプライチェーンのCSR度が問われる状況を理解するとともに，国連SDGsの17の目標中12番目が「つくる責任つかう責任」を掲げ，とくに「食品廃棄物を半減させ，収穫後損失などの生産・サプライチェーンにおける食品の損失を減少させる」ことをターゲットのひとつに掲げる<br>→「非財務情報」開示のための情報収集を行う<br>→児童労働・強制労働など不適切な労働慣行が行われていないかどうかチェックする | 149 |

| | チェック項目の分類 | チェック項目の内容 | 参照頁 |
|---|---|---|---|
| 海外子会社内部監査の課題 | | →サプライヤーである現地企業との対話や支援の取組みをチェックする | |
| | | →同現地企業との契約・取引内容とくに表明保証条項などをチェックする | |
| | | •「関連当事者間取引」などと税務リスク回避のための監査とは？ | |
| | | →同取引に「非通例的取引」はないかどうかをチェックする | |
| | | →同取引の適切性につき当事者双方をそれぞれ監査しチェックする | |
| | | →このチェックにAIを活用できないかを検討する | 206 |
| | | →海外子会社はタックスヘイブン・コーポレーションではないかを，事業遂行の有無でチェックする | 172 |

〔GDPR下でのデータ管理内部統制と海外子会社ガバナンスのチェックリスト〕

| | チェック項目の分類 | チェック項目の内容 | 参照頁 |
|---|---|---|---|
| GDPRとは | 1．GDPRの意義 | •2018年5月25日に発効したGDPRの前身は？<br>→1998年10月24日に発効したEUデータ保護指令である | 53 |
| | | •「指令」と「規則」の違いは？<br>→加盟国政府を名宛人とするかの違いにある | 54 |
| | | •指令が規則になったことの意義？<br>→直接日本企業にも適用され得る<br>→違反につき直接制裁金（最大2千万ユーロまたは世界での年間売上高合計の4％）を課され得る | 12 |
| | 2．GDPRの特徴 | •GDPRは，単なる個人情報保護法か？<br>→日本の個人情報保護法と比べてもはるかに厳しく，今後これがグローバルルール化していく可能性あり | 13 |
| | | •特徴は何か<br>→域外適用あり得る<br>→新たな権利の明文化（忘れられる権利，データーポータビリティ権，プロファイリングされない権利）<br>→義務の強化（内部統制）<br>→越境移転の規制<br>→多額の制裁金 | 53 |
| 企業によるGDPR対応 | 1．データ管理内部統制整備 | •説明責任の原則とは？<br>→GDPR遵守を説明すべき（5条2項）<br>→個人データ処理の原則による（5条1項）<br>→個人データ処理の適法性の原則による（6条1項） | 55 |
| | | •遵守を実証する方法は？<br>→データ保護方針の制定（24条2項）<br>→管理者および処理者による記録保持（30条 | 55 |

| | チェック項目の分類 | チェック項目の内容 | 参照頁 |
|---|---|---|---|
| 企業によるGDPR対応 | | 1項，前文）<br>→遵守する処理者のみ使う義務（28条1項）<br>→設計・初期設定におけるデータ保護（25条1項）<br>→データ保護影響評価（35条，36条）<br>→データ保護責任者の選任（37条，28条） | |
| | | • データセキュリティに関する義務とは？<br>→適切なセキュリティ対策の実施（32条）<br>→個人データ侵害の報告義務（33条，34条） | 11 |
| 日本企業に対するGDPRの適用 | 1．EU内に拠点を有する場合 | • GDPRは拠点のどのような活動に適用されるか？<br>→拠点の活動に関連してなされる個人データの処理につき（3条1項）<br>→Google Spain 事件（2014.5.13）を参照 | 55 |
| | 2．拠点をもたなくても域外適用を受ける場合 | • どのような場合に域外適用を受けるか？<br>→EU所在のデータ主体に商品・サービスの提供に関する処理をする場合<br>→データ主体がEU域内で行う行動の監視に関する処理を行う場合（3条2項）<br>→これらの場合，EU域内に代理人を選任しなくてはならない（27条1項） | 13 |
| | 3．域外移転規制対応が求められる場合 | • 域外移転をするための有効要件は？<br>→「十分性認定」を得ていること<br>→または，一定の例外事由に該当すること<br>…標準的契約条項<br>…拘束的企業準則<br>…データ主体の同意（従業員から「同意」を得ても，原則として「自由になされた」ことにならないので注意すべき） | 54 |
| | 4．日本企業と子会社の役割分担 | • 現地拠点だけではなくグループ全体で取り組むべきなのはなぜか？ | 55 |

| | チェック項目の分類 | チェック項目の内容 | 参照頁 |
|---|---|---|---|
| 日本企業に対するGDPRの適用 | | • 日本親会社の果たすべき役割とは何か？<br>→対応プロジェクトをリードし，グループ全体の対応方針に関する意思決定を行う<br>→グループ全体方針や共通基準を定め各社へ展開・指示する<br>→グループ全体のコントロールタワーとして拠点間の調整やプロジェクト進捗を管理する | 55 |
| | | • 現地子会社の主な役割とは？<br>→日本企業のグループ方針に従い，管理体制・ルールを整備・運用<br>→各社固有の状況などをまとめ，日本企業に連絡し相談する<br>→米国カリフォルニア州消費者プライバシー法（2020年1月施行）やタイ版GDPR（2022年6月完全施行）の動向をマークする | 56 |

〔資料２■海外子会社現地従業員（ナショナルスタッフ：NS）向けコンプライアンスアンケート＜参考例＞〕

（＊冒頭で，所属会社・部門，役職，勤続年数，年齢についての定型的な質問を入れることも可）

---

Ｑ１　あなたは，日系企業グループで働くことに誇りを持っていますか。
1　持っている
2　どちらかといえば持っている
3　どちらかといえば持っていない
4　持っていない

Ｑ２－１　＿＿＿＿＿グループにはグローバル行動規範がありますか。
1　ある
2　ない
3　分からない

Ｑ２－２（Ｑ２－１で「ある」と答えた場合）あなたは＿＿＿＿＿グループのグローバル行動規範に従って業務を行っていますか。
1　行っている
2　どちらかといえば行っている
3　どちらかといえば行っていない
4　行っていない

Ｑ２－３　あなたの会社は，＿＿＿＿＿グループのグローバル行動規範に従ってコンプライアンス体制を構築していると思いますか。
1　思う
2　どちらかといえば思う
3　どちらかといえば思わない
4　思わない

Ｑ３－１　あなたの会社のコンプライアンス体制は，現地法（あなたの国の法令）を遵守する内容になっていると思いますか。
1　思う
2　どちらかといえば思う
3　どちらかといえば思わない
4　思わない

Q3－2　あなたの会社は，コンプライアンス研修を行っていますか。
　1　行っている
　2　行っていない

Q3－3　あなたの会社のコンプライアンス体制は，どちらかというと日本法重視になっていませんか。
　1　なっている
　2　なっていない

Q3－4　あなたの会社には，日本企業グループ特有のコンプライアンス問題があると思いますか。
　1　思う
　2　思わない

Q3－5　（Q3－4で「ある」と答えた場合）それはどのような問題ですか。どうすればその問題を克服できると思いますか。自由に記入してください。


Q4－1　あなたが業務をする際，現地法（あなたの国の法令）による場合と日本法による場合とで当該業務の違法性の判断が異なるとき，どちらの法令を優先させるべきだと思いますか。
　1　現地法
　2　日本法
　3　個別のケースごとに判断する

Q4－2　（Q4－1で「個別のケースごとに判断する」と答えた場合）どのような方法で判断しますか。（複数回答可）
　1　上司に相談する
　2　同僚に相談する
　3　公的機関に相談する
　4　自分で書籍等資料を調べる
　5　その他（　　　　　　　　　　　　　　　　　　　　　　　）

Q5－1　あなたの会社にヘルプライン（直属の上司以外の相談窓口）はありますか。
　1　ある
　2　ない
　3　分からない

Q5－2　（Q5－1で「ある」と答えた場合）ヘルプラインは機能していますか。
　1　機能している

　　2　どちらかといえば機能している

　　3　どちらかといえば機能していない

　　4　機能していない

Ｑ5－3（Ｑ5－1で「ない」または「分からない」と答えた場合）ヘルプラインがあればよいと思いますか。

　　1　思う

　　2　思わない

Ｑ5－4（Ｑ5－1で「ある」，または，Ｑ5－3で「思う」と答えた場合）あなたがヘルプラインを利用しやすくするためには，どのようにすればよいと思いますか。（複数回答可）

　　1　日本の本社に直通窓口を設ける（本社とのホットラインを設ける）

　　2　外部の機関（法律事務所など）に窓口を設ける

　　3　相談内容の秘匿を徹底する

　　4　匿名でも相談できるようにする

　　5　その他（　　　　　　　　　　　　　　　　　　　　　　　　）

Ｑ6－1　あなたの会社は，いわゆる風通しがよく，社内のコミュニケーションがうまくとれている組織だと思いますか。

　　1　思う

　　2　どちらかといえば思う

　　3　どちらかといえば思わない

　　4　思わない

Ｑ6－2（Ｑ6－1で「どちらかといえば思わない」または「思わない」と答えた場合）なぜそのように思いますか。自由に記入してください。

Ｑ7－1　あなたには日本人の上司がいますか。

　　1　いる

　　2　いない

Ｑ7－2（Ｑ7－1で「いる」と答えた場合）その指示は分かりやすく適切だと思いますか。

　　1　思う

　　2　どちらかといえば思う

　　3　どちらかといえば思わない

　　4　思わない

Ｑ7－3（Ｑ7－1で「いる」と答えた場合）日本人の上司は，自分で判断を

せず，日本の本社からの指示に頼りすぎていると思いますか。

1　思う

2　思わない

Ｑ７－４（Ｑ７－１で「いる」と答えた場合）日本人の上司は，現地の文化や現地法を十分に理解しようとしていると思いますか。

1　思う

2　思わない

Ｑ７－５　あなたが業務上相談したい出来事を抱えているときに，日本人社員が上司である場合と現地社員が上司である場合とで，どちらの方が相談しやすいと思いますか。

1　日本人社員

2　現地社員

3　とくに変わらない

Ｑ８－１　あなたは，あなたの会社に存在する不正を見付けたときに，「公益通報」をすべきだと思いますか。

1　思う

2　思わない

Ｑ８－２（Ｑ８－１で「思う」と答えた場合）あなたの考える「公益」は次のいずれの利益ですか。

1　国家

2　社会全体

3　あなたと家族

4　分からない

Ｑ９　あなたの会社にはどのようなコンプライアンス上の問題が存在すると思いますか。（複数回答可）

1　国籍に関する差別的言動

2　人種に関する差別的言動

3　宗教に関する差別的言動

4　1～3以外の人権侵害

5　現地法違反

6　日本法違反

7　贈収賄

8　会社資産の横領

　9　情報漏洩

　10　セクシャルハラスメント

　11　パワーハラスメント

　12　その他（　　　　　　　　　　　　　　）

Q10　あなたの会社を今より働きやすい環境にするためには，どのような点を改善すればよいと思いますか。自由に記入してください。

〔資料３■海外事業監査項目＜参考例＞〕

1．経営概況
(1) 経営方針と重点施策及び今後の経営課題とグループのそれとの整合
(2) 受注高，売上高及び損益の状況（過去３年間の推移と本年度の計画）
(3) 組織及び人員の状況
(4) 売上債権・借入金・債務保証と在庫管理の状況
(5) その他
　① 合弁事業運営上の問題点，ガバナンス上の問題点
　② 商社・現地ディーラー・エージェントの起用状況（含，選定基準，契約内容）
　③ 日本親会社への要望事項，現地親会社への要望事項

2．社会環境・現地法制への適合状況の点検・確認
(1) 現地法制への対応・法令遵守状況（会社法，税法，労働法，独占禁止法，知財法，環境保護法，その他主な関連法制への適合など）
(2) 日本の不正競争防止法（外国公務員等に対する不正の利益供与等の禁止規定）及び現地国におけるこれに相当する法律の遵守状況
(3) 現地採用者の雇用条件，活用の状況及び融和の状況（含，従業員就業規則類の整備状況）
(4) 地域社会との融和状況
(5) 派遣者及び家族の健康，安全，その他生活一般の状況
(6) 訴訟・紛争等の懸案事項（含，現地弁護士の活用状況）

3．適正な業務処理の遂行状況及び内部統制の状況の点検・確認
(1) リスク管理の状況（重大なリスクの認識と防止対策，発生時の備え等の検討状況）とリスク管理体制
(2) コンプライアンスへの取組み状況，コンプライアンス・オフィサー（CO）の配置状況，ヘルプラインの活用状況
(3) 内部監査の実施状況と監査結果フォロー状況
(4) 業務処理ルールの整備状況
(5) 適正な財務諸表の作成状況（含，公認会計士活用状況及び指摘事項への対応状況）

(6)　金銭管理の状況

(7)　親会社との取引条件・内容と移転価格税制への対応，グループ会社間での「非通例的な」取引チェック体制

(8)　設備・備品等の管理状況（含賃借物件）

(9)　業界団体・加入社外団体会費，交際費，寄附金等（無償の利益供与に相当する支出の内容）

(10)　ITの活用状況及び情報セキュリティーの状況

(11)　クレームへの対応状況及びアフターサービス体制の構築状況

## 4．ガバナンス体制の点検・確認

(1)　日本親会社グループの経営理念の浸透度合い

(2)　日本親会社からの派遣・出向役職員の権限・役割

(3)　海外子会社の意思決定への関与，承認状況

(4)　役員兼任の有無と情報伝達，報告経路

276

〔資料４■私家版・海外事業の法的リスクマップ＜参考例＞〕①

| | 国家体制／司法制度／法体系・法制度 |
|---|---|
| **中国**<br>（中華人民<br>共和国） | • 中国は，共産党の指導下，「人民民主主義の社会主義国家」であり，人民の代表が集まる全人代（全国人民代表大会）が，最高の国家権力機関である。三権分立はあるが，全人代の下に行政府，司法府が配置されており，三権が相互に抑制均衡をはかる統治体制にはなっていない。司法権の独立は，形の上で保障されているが，裁判官の独立は保障されていないきらいがある。<br>• 社会主義体制の基本は，計画経済・統制経済にあったが，1990年代に入ってからは，社会主義市場経済のスローガンの下，市場経済の"守り神"である独占禁止法の制定（2008年）などを行ってきた。 |
| **ロシア**<br>（ロシア<br>連邦） | • ソ連邦の崩壊（1991年）後，クーデター（91.8），大統領令による最高会議の解散（93.9）など政治的混乱を経て，議会下院選挙と同時に行われた国民投票で現行ロシア憲法が制定された。民主憲法の体裁をもち，人権尊重をうたう一方で，私的所有制度を導入，共産党独裁を廃している。形式的には，二院制の議会制度によってはいるが，実際には議会との緊張関係のなか強力な大統領制が特徴となっている。<br>• ロシア法は，大陸法体系に属しているため，成文法に基づく。主な法分野で，民法，刑法，労働法などが制定され整備されている。ビジネス関連で，商法が民法の特別法として制定されてはいない。法令の解釈，運用については，ロシア最高裁判所のガイドラインと判例によっている。 |
| **ベトナム**<br>（ベトナム<br>社会主義<br>共和国） | • 社会主義共和国であり，現下の政治体制は安定している。<br>• 独立と解放を果たし1945年9月，ベトナム民主共和国を樹立。フランスとのインドシナ戦争（46～54），アメリカとのベトナム戦争（55～75）を経て，1980年，大統領制に代わる最高国家機構として国家評議会を設置するソ連・東欧型の憲法を制定した。1992年改正憲法が国家評議会を廃止し，大統領（国家主席）制に戻し，議会を一院制国民議会とした。2001年12月，憲法は再度改正され，国会の権利拡大，1986年に導入したドイモイ政策に基づく法の整備を進めた。 |
| **タイ**<br>（タイ王国） | • 立憲君主制の王国。歴史的に政変が多く，繰り返されてきた。<br>• 1932年の立憲革命で専制君主制を廃止したが，国王はカリスマ的権威を保ってきた。過去には，軍事的に成功を収めたものの国王の承認が得られず失敗したクーデターもあった。 |
| **シンガポール**<br>（シンガ<br>ポール<br>共和国） | • 政体は，大統領を元首とする共和国であるが事実上の一党独裁制。全人口の75％が中国系だが，元来，マレー人の地であったことから，大統領には中国系以外から選んできたが，政治の実権は中国系人が握っている。内政は安定しており，非同盟中立政策を基本として，ASEANの他メンバーとも協調する姿勢をとる。<br>• 1963年イギリスから，1965年にはマレーシアから独立した。<br>• いまも英連邦に属することもあり，法制度の基本は英米法である。とくに会社法は英国法の影響が顕著で，現地法人の設立など，手続面でもやりやすい。 |

| 特徴的な分野別法的リスク |
| --- |
| • 1979年から外国企業の直接投資を呼び込むため，改革・開放政策を採りはじめ，"受け皿"用意のための合弁法を制定した。その後，合作法，独資法を制定したが，1989年6月の天安門事件によって，同投資は一気に冷え込んだ。そのいわば巻き返し策として採られた政策が「社会主義市場経済」である。1990年4月から始まった上海・浦東開発では，同開発区内であれば，金融，流通といった業種であっても外国企業に認可をすることにした。1994年には，有限責任原則適用を認める公司法（会社法）を制定し，2008年には，独占禁止法や労働契約法を制定し，資本主義的な市場経済を支える立法を相次いで行った。それらの規制法のなかには，外国企業の活動を"見張る"のを主目的とするのではないかとみられる法律もあり，注意を要する。<br>• 知的財産権法の分野では，WTO加盟（2001年）を機に法整備進むも執行が追いつかない。 |
| • ロシア側に知的財産の使用許諾をする場合，特許や商標などの登録を特許庁で行ったうえでライセンス契約などを登録する必要がある。<br>• 独占禁止法規定としては，2006年7月26日付連邦法「競争保護について」（競争保護法）があり，取締機関は連邦反独占局（FAS）である。 |
| • 中国の改革・開放（1979年から）のあとを追って，1986年からドイモイ（刷新）政策を行いつつ，社会主義市場経済のための立法を進めてきた。元来，社会主義の下で行われる計画経済，統制経済は，市場経済とは相容れない。ルールを明確化することで外国企業がより自由で参入しやすい環境を整えるためであった。ただ，社会主義体制の維持発展のための市場経済化であり，事実上共産党の一党独裁政治体制，計画経済の枠内での「刷新」である。また，ソビエト流社会主義の流れを汲み，裁判所はもともと行政の一部として扱われてきたので，司法の独立および三権分立が確立しているとは言い難い法的リスクがある。 |
| • 海外子会社の設置に関係の深い会社法には，公開会社法と非公開会社法がある。かつては一つの会社法として，民商法典中の「契約」の部に規定されていたが，1978年の改正によって，従来の会社法を株式の公募や社債発行を禁じて閉鎖的非公開会社に適合するように整備する一方で，イギリスの会社法をモデルに特別法として公開株式会社を定めた。もともとタイの会社法はイギリス法をベースにつくられていたが，現在は大陸法やアメリカ法の影響を受けた規定も多くみられ混然とした体系となっている。タイで合弁会社を設立するほとんどのケースが，非公開株式会社法によっている。 |
| • ビジネス法は，開かれた自由な市場の確保に重点が置かれている。もっともはっきり表れているのが外資導入政策である。外資導入にあたっては，工業化，とりわけ輸出指向型産業を優先させ政策は，経済拡大奨励（所得税免除）法に基づいて行われ，これを執行してきたのが経済開発庁である。その投資優遇策の内容は，税制面を中心にしてきた。<br>• 英米法に属する特徴がとくに表れるのが，会社法の分野である。イギリスの会社法を基本とし，同じく英連邦のオーストラリアの会社法の影響も受けている。シンガポールで現地法人を設立するには，会社法に従わなければならないが，イギリスの会社法についての知識があればこれを生かすことができる。この点は，ほかのASEAN諸国に比べやりやすい。 |

〔資料４■私家版・海外事業の法的リスクマップ＜参考例＞〕②

| | 投資規制／撤退／ステークホルダー構造 |
|---|---|
| 中国 | ・2018年から本格化した米中摩擦のなか，米国は，対中輸出入規制を実施し，米企業は中国との間でサプライチェーンを築くのが難しくなった。この影響は日本企業にも及んでおり，増大するチャイナリスクを避けるため，現地子会社の撤退，転進などを検討する企業が出ている。チャイナプラスワンで，ベトナムやタイに海外子会社を新たに設け，リスクを分散することも，以前にも増して行われている。ポイントは，撤退にも地方政府などの認可が必要な点にあり，許認可当局との良好な関係を保つとともに，ステークホルダー構造の見極めがとくに重要である。 |
| ロシア | ・「ウクライナ侵攻」（2022年２月）は，大統領令１本で外国企業の投下資産の撤収が命じうる"独裁制"に近い体制を一時生んだ。<br>・「ウクライナ侵攻」を受け，日本を含む西側諸国による経済制裁が行われ，外国企業による操業停止，撤退，サプライチェーンの混乱が生じ，投資環境は大きく変わった。経済制裁への対抗措置として，日本を含む「非友好国」への債務をルーブル建てで返済可とする法律や，200品目のロシアからの輸出を禁止する法律が成立し，大統領がロシア産天然ガスを購入する非友好国・地域の企業に対し，ルーブルによる支払を認める法案に署名するなどした。 |
| ベトナム | ・中国と同様，社会主義を基本とするため，外国からの直接投資については，業種，投資形態，進出地域などによって，進出から撤退までのほとんどすべてが許認可にかかるといってもよい。1986年からの「ドイモイ政策」の下，「市場経済化」に向けた諸立法にしても，単純に日本や欧米諸国におけるようなコンプライアンス"感覚"で対応しないほうがよい。特有のステークホルダー構造の見極めが問われる。 |
| タイ | ・投資奨励法（1977年制定）の下での奨励事業にさまざまな恩典を与える。同法は，投資奨励の基本方針を，①タイ国内において近代化が遅れている，②タイ国の経済・社会，安全保障にとって重要かつ有益である，または③輸出に寄与する産業分野に置くこととしている。<br>・投資奨励の下，首相直属の政府機関が投資委員会（BOI）であり，投資奨励業種ごとに操業場所，輸出比率などを条件に優遇措置の内容を決める。BOIとのコンタクトは欠かせないが，BOIの日本事務所もあるので事前の情報収集には便利である。<br>・大きな政局の混乱があると，国王が"仲介"に乗り出し，これを収めることが繰り返されてきた。この国特有のステークホルダー構造といえるであろう。 |
| シンガポール | ・アジア／オセアニア地域統括のための現地法人を設置するのに向く。法人所得税は17％で法人住民税などはなく，シンガポール国外源泉徴収は原則として課税対象にならない。地域統括拠点としての機能をもった現地法人は，IHQ（International Headquarters）ステータスを申請することにより法人所得税の減免を受けられる。<br>・豪亜地域の統括拠点として，一昔前は香港と優劣をつけ難かったが，近時，地政学リスクやサプライチェーン強化の物流管理面で優位性が増大した。 |

| ブロック法務／地政学リスク |
| --- |

- TPP加盟を模索し，2021年９月には加盟申請した。加入には全参加国の同意を要し，同じ頃，台湾も加盟申請していることから，見通しはつけ難い。
- 地域によりサプライチェーンの人権リスクあり
- "台湾有事"，香港民主化のリスクあり
- 2014年11月，中国開催のアジア太平洋経済協力首脳会議で，習近平国家主席が「一帯一路」経済圏構想を提唱した。これは(1)中国西部から中央アジアを経由してヨーロッパにつながる「シルクロード経済ベルト」（一帯）と，(2)中国沿岸部から東南アジア，インド，アラビア半島の沿岸部，アフリカ東岸を結ぶ「21世紀海上シルクロード」（一路）でもって，交通インフラ整備，貿易と資金の往来を促進する構想である。"

- NATOとの軍事的緊張激化や内政の不安定化を招き，連邦が再度分裂，崩壊するリスクが増した。
- 地理的にみて，ロシアはヨーロッパ大陸に属する地域とアジア大陸に属する地域とに大きく分けることができる。日本企業の投資先としては，両地域のいずれかによって投資目的・動機が全く異なる。「ウクライナ侵攻」は，ウクライナの"西欧"入りロシア離れを阻止するために行われた。アジア地域，とくに極東地域においては，シベリア開発，サハリンにおけるエネルギー資源開発を推進するうえで，日本の協力は欠かせない。「撤退」問題は，この「地域差」を抜きに論じられない。
- ウクライナは，2023年５月，TPP加盟申請をした。

- 1977年国連加盟。1995年ASEANに加盟，対米関係も正常化した。
- TPP加盟の11か国のうちに入っており，ASEAN，APECの加盟国でもある。これら各種のFTA活用を期待できるのがベトナム投資の一大メリットである。
- 1980年代から90年代にかけては，カンボジア紛争，中越戦争など近隣国との紛争があったが，近時は落ちついており，国内の治安状態も良い。地理的に，中国華南に接し，東南アジアのほぼ中心にあって，南シナ海に沿って長い海岸線をもつ投資先としての優位性がある。
- 2022年以降，経済成長鈍化や地政学リスクを懸念し，新興国投資先を中国からインドやベトナムに移す動きが目立った。

- 2011年８月，９月の大洪水は，地政学リスクではないものの，日本企業のサプライチェーンの寸断を招いた。ただ，大洪水後タイから撤退した日本企業はほとんどなく，「チャイナ・プラスワン」の最有力候補国・地域であり続けている。
- 2008年11月，新バンコク国際空港が反政府勢力の占拠で閉鎖されるリスクが顕在化したように，時折，政局が混乱することがある。2013年10月，タクシン元首相の帰国を可能にする「恩赦法案」をめぐって，与野党の対立が激化，「タイリスク」がいわれ隣国のラオスに「転進」をはかる日本企業もあった。

- 地域統括会社を置くうえでのメリットが，とりわけアジア・オセアニア地域を対象にして大きいとされる。その理由は，①独立当時から英語を公用語にしている，②労働者の質が高く勤勉である，③インフラが先進国並みに整っている，④治安が良く政治的に安定している，などにある。
- 国を挙げて多国籍企業の地域統括会社を誘致している。
- ブロックのルール形成を主導してきた。2006年には，TPPをシンガポールなど４か国で発効させた。ASEANは，1967年，インドネシアイ，タイ，フィリピン，マレーシアと共に５か国で結成させた。

〔資料４■私家版・海外事業の法的リスクマップ＜参考例＞〕③

| | 国家体制／司法制度／法体系・法制度 |
|---|---|
| **イギリス**（グレート・ブリテンおよび北アイルランド連合王国） | ・上下両院からなる議会を国権の最高機関とする立憲君主制をとる。国王は「君臨すれども統治はせず」で，権限は名目にとどまる。憲法は成文化されず，慣習法と慣行から成る。憲法上主権者は，元首たる国王であるが，政治的権限は議会に移されている。<br>・英米法の母国であり，EC（現EU）加盟時（1973年）に，大陸法の旗頭国フランスが，会社法分野などの法制度ギャップを指摘したことが，BREXITの遠因とも考えられる。 |
| **EU**（ヨーロッパ連合） | ・マーストリヒト条約により設立されたヨーロッパ地域統合体である。EUは，国家ではないが，独自の法秩序，EU法をもっている。EU法は，①条約，②共同体立法，③EU裁判所の判例，および④加盟国に共通する法の一般原則から成る。②の主な立法形式に，規則（Regulation）と指令（Directive）があり，規則は加盟国において直接拘束力をもち，指令は宛てられた加盟国を拘束するが，市民や企業に直接適用されない。EUは，これらを分野によって使い分けながら，域内における法の調和（ハーモナイゼーション）をはかってきた。 |
| **インド**（インド共和国） | ・1947年英国から独立，1950年憲法を制定・施行，大統領を元首とする連邦共和国になった。<br>・英国式の議会制民主主義がとられ，法体系の基本は英米法である。<br>・1991年の開放政策開始前から，法治国家の基盤となる法制度のうち，とくに市場経済を支える会社法，証券取引関連法，外国為替管理法などは整っていた。<br>・法治の人的インフラともいうべき，弁護士制度，会計士制度は整っており，これらプロフェッションの数は多い。 |
| **アメリカ**（アメリカ合衆国） | ・連邦共和国で，元首は任期4年の大統領。三権分立が理想に近く行われており，外交を含め，大きな問題の対応にあたっては，大統領と議会，裁判所との緊張関係が繰り返されてきた。<br>・合衆国憲法の制定（1789年）以来，連邦政府に対抗して州権をどこまで主張できるかについて，議論が行われてきた。<br>・法制度，裁判制度は，連邦と州の二重構造になっている。連邦法が州法の上位に位置するかといえば，必ずしもそうではなく，むしろ，基本的なコモンローの契約法や会社法などは，州法が適用されるべき分野である。 |

| 特徴的な分野別法的リスク |
|---|
| • 「不統一法国」であるため，コモンローの「各国法」の上にUK法があり，BREXIT前までは，その上にさらにEU法が位置する三重の法適用構造であった。契約準拠法としては「各国法」レベルのイングランド法を指定することになる。<br>• かつての大英帝国は「七つの海を支配する」といわれた通商大国であったため，貿易取引を支える金融，保険，海運の分野における法制度を先駆的につくってきた。<br>• 世界の法体系を二分するともいわれるのが，大陸法と英米法である。英米法は，コモンローと称され，英国はその「ルーツ国」である。以前植民地であったアメリカやインドなどのほか，コモンウェルス（英連邦）諸国において，判例法・慣習法の体系であるコモンローが行われている。 |
| • 2018年5月に発効したGDPR（一般データ保護規則）はRegulationであるから，域内の個人や法人だけでなく，域外適用が認められ，日本親会社が制裁を受けるおそれがある。GDPRは，違反に対する制裁金の大きさからも，世界で最も厳しい個人情報保護法とされる。制裁金は，EU競争法（独禁法）にならったものである。<br>• 競争法は，域内「単一市場」におけるモノ，サービス，資本の自由な流通を目指すEUにとって重要な「法律」である。海外事業を展開する企業には，アメリカの連邦反トラスト法と並んでコンプライアンス面で最も気を付けるべき現地法規制である。<br>• EU域内に子会社を設けようとすれば，現地会社法の適用が避けられないが，会社法分野ではEUはたびたび指令（Directive）を発し，"間接的に"加盟各国の会社法令の統一をめざしてきた。2023年3月29日，欧州委員会が，いわゆるデジタル会社法の改正指令案を採択した。" |
| • 独立のさいソ連の支援を得たことから，労働法制が労働者に有利にできている。<br>• 多数の労働者を解雇するには，裁判所の許可を要することがある。<br>• 労働法制は，社会主義国法の影響を受けて労働者寄りであるが，国として統一できているわけではなく，連邦，州，産業別に労働法が存在するといってもよい実態がある。<br>• 労務管理上，労働者の権利意識は，とくに上層部においては英米式の契約社会でもまれてきたせいか非常に高い。<br>• IT分野を中心に科学技術分野において高等教育修了者が多い反面，総人口の半数近くが文字を十分に読めないともいわれる。 |
| • 企業の活動を規制する法律としては，連邦法の意義が大きい。企業法の基本は，各州の会社法にあるが，外国企業を含む州外企業の活動を制約する法律として，制裁との関係でも大きいのは，連邦法としての独占禁止法と証券諸法の存在である。前者は，連邦反トラスト法と総称され，経済民主主義における自由で公正な活動を担保し，後者は，デスクロージャー（情報開示）規制を基軸に，投資における知る権利を確保しようとする。<br>• 近時は，コロナ禍パンデミック，ウクライナ侵攻，米中摩擦による危機的状況に対応するため，重要物資のサプライチェーンの安全確保，経済制裁など，経済安全保障を強く意識した連邦法令制定が相次いだ。これらの法令の多くは，日本企業にも域外適用され活動規制されうる。 |

〔資料４■私家版・海外事業の法的リスクマップ＜参考例＞〕④

| | 投資規制／撤退／ステークホルダー構造 |
|---|---|
| イギリス | ・議会制民主主義のモデルになるような基本的に「開かれた国」であり，ステークホルダー構造は，透明性が高くわかりやすい。<br>・撤退は，手続的には難しい点があるわけではない。資金管理面を中心にロンドンに置いた地域統括の現地法人を，BREXITを機に撤退させるかどうかの，実質的判断にせまられるようになった。 |
| ＥＵ | ・英国のEU離脱が，EUを取り巻く投資環境にどう影響を与えるかに注目が集まっている。EUの存続，存在意義にもかかわる議論が，一部で起こった。<br>・EUのステークホルダー構造は，加盟各国との関係でわかりにくい面がある。関税同盟としてはじまり，マーストリヒト条約（1991年）によって，経済・通貨統合をめざしたが，デンマークが92年6月，同条約の批准を拒否，その後再度の国民投票を行って，逆転可決するなど，フランス，イギリス，ドイツにおいても紆余曲折を経て，1993年11月，ようやく発効にこぎつけた。これに伴ってECがEUへと衣がえした。今後，当初めざした政治的統合まで進むのかは，予断を許さない。 |
| インド | ・1991年以来，経済開放路線，新経済政策の下で，規制を廃止，外資を含む民間資本による投資拡大を図り，日本や欧米，ASEAN諸国からの投資の急拡大をもたらした。<br>・1993年1月の外国為替規制法改正によってほとんどの分野で産業ライセンス制度が撤廃され，外国企業も，原則としてインド企業と同様の事業活動ができるようになった。<br>・多民族，多宗教国家であるが，独立以来，軍事クーデターは一度も起こっていない。政党政治と議会制度が安定しており，世界最大の民主主義国家といわれる。 |
| アメリカ | ・アメリカは，移民国家であり，外国からの直接投資にも開かれた国でありつづけてきた。だが，東西冷戦時代や現下における米中摩擦の時期には，国家安全保障の視点から，外国資本による米企業のM&Aによる取得を制限，禁止する法的措置をとることがふえた。<br>・現地法人を取り巻くステークホルダー構造は，他の国・地域にくらべると透明性があってわかりやすい。法的リスクの点からみると，最も警戒を要するのが，消費者や地域住民が起こしうる巨大クラスアクションである。個人データの大量ネット流出による集団訴訟のリスクも高まっており，格別のステークホルダー構造に注意しなくてはならない。<br>・現地法人に対し，巨額の損害賠償責任を認める判決を下されたために，同法人を戦略的に倒産させてしまうケースが起こる。現地法人の撤退を考えるうえでは，再建型の「チャプター・イレブン」倒産が，債務超過が現実化していない段階で利用できるのは，柔軟な対応を可能にさせてくれる。 |

| ブロック法務／地政学リスク |
|---|

- EU離脱の移行期間終了後の2021年1月から，英・EU通商協力協定（TCA）が適用になった。EU以外の国とは，移行期間終了時にEUが締結していたFTAの大半を継承し，新たなFTA締結の動きもみられた。
- 2023年7月，TPPの加盟11か国は，ニュージーランドでの閣僚会合でイギリスの参加を発足以来初めて新規加盟国として正式承認した。同月ブルネクで発効し全11か国で効力が生じイギリスには24年にも発効の見通しで，同国の"脱欧入亜"が進む。
- スコットランドの"独立問題"は，まだ完全に収まったわけではなく，内政上の"火種"ともみられる。

- 英国はEUを離脱したが，アイルランドはUKに属さない独立国としてEUの加盟国でありつづけてきたことから，TCAでEU・英国間の関税を回避できるかどうかにつき，離脱協定に付属するアイルランド・北アイルランド議定書の運用を巡り，英国とEU間で対立がみられた。
- 英国のなかでイングランドは，一大国際金融センターであるロンドン市の金融街シティを"市中の市"としてかかえる，特別な投資先である。国際的資金管理機能をここに置いた現地法人に担わせるかどうかがポイントになる。
- BREXITを受け，英国から，EU内に欧州拠点を移す日本企業が増えた。拠点増が大きいEU加盟国は，順にオランダ，ドイツ，イタリア，チェコなどであった。逆に減少が最大だったのは，英国で，次いでEU加盟国のフィンランドであった（2022年外務省調査）。

- 2021年以降，2国間EPAの締結を進めてきた。2023年までに締結したEPAは，日印CEPAを含む計13件となった。2022年1月には，英国とのEPA交渉を開始，同年6月，EUとの同交渉を再開，同年3月には，カナダとも同交渉の再開に合意した。
- 2022年5月に発効した米主導のインド太平洋経済枠組み（IPEF）には当初から参加した。
- 隣国パキスタンとは，軍事衝突を繰り返してきた。中国とも，国境紛争があった。ロシアとは，独立当時から良好な関係が続いてきたが，2004年発足のQUADは，2022年5月日本で首脳会合を開き，印，日，米間の協力体制を強め中国をけん制する一方，「反西側」のBRICSにも参加，独自路線を歩んでいる。

- アメリカ，カナダ，メキシコの3国間で相互に市場を開放する目的で，NAFTA（北米自由貿易協定）が94年に発効した。2017年に発足したトランプ政権は，保護主義的政策に舵を切り，TPPから脱退する一方でNAFTAの下で，メキシコからのモノの輸入に関税をかける動きを見せた。2020年7月新NAFTA（USMCA）を発効させた。2021年発足のバイデン政権の下，同年7月，新協定は発効1年を迎えたが，当初の狙いとは逆に，メキシコ投資が再びふえはじめた。
- 2022年10月，米政府は半導体関連の先端技術などの輸出を禁じ，2023年8月，半導体，AI，量子技術などの分野で中国への投資を規制する新制度導入を発表した。

# 索　引

## 英　字

ADR ……………………………………… 102
AI ………………………………………… 206, 207
ASEAN ……… 116, 276, 277, 279, 282, 283
BCP ……………………………………… 6, 85
BEPS …………………………………… 182
BREXIT ………………… 38, 68, 69, 280-283
BRICs（諸国）………………………… 25, 63
BRICS …………………………………… 283
CEO ……………………………………… 24, 101
CFO ……………………………………… 28, 29, 31
COSO …………………………………… 40
CSA ……………………………………… 42
CSR ………………… 92, 145, 147, 149, 150
DOJ ……………………………………… 101
EC（ローマ）条約 …………………… 113
ERM ……………………………………… 40
ESG ……………………………………… 92, 149
EU
　9, 38, 47, 68, 69, 116, 117, 147, 157, 209,
　280-283
EU委員会 ……………………………… 117
EU独禁法 ……………………………… 113, 114
EUの機能に関する条約 ……………… 69
EU法 …………… 38, 47, 68, 111, 120, 280, 281
eディスカバリー ……………………… 118
FCPA …………… 93, 96, 97, 100-102
FCPAガイドライン …………………… 102
FTA ……………………………………… 47, 68, 75
GDPR …………………… 12-13, 53-56, 281
GRC ……………………………………… 41, 43
IFRS …………………………………… 46, 209-212
ILO ……………………………………… 146
IT ………………………………………… 207
LGBT …………………………………… 137

M&A ……… 30, 102, 120, 155-158, 211, 223
MBO ……………………………………… 223
NGO ……………………………………… 145
NHTSA ………………………………… 34, 35
OECD
　90, 96, 97, 100, 147, 148, 172, 173, 176, 180,
　181
OECD条約 …………………………… 90, 91, 94
PDCA …………………………………… 5, 52, 74
PDCAサイクル
　10, 40, 52, 74, 79, 179, 185, 231, 238
SDGs …………………………… 92, 93, 148-150
SEC …………………………………… 101, 147, 148
SOX ……………………………………… 185
SPC ……………………………………… 59, 61, 158
TPP ………………………………… 47, 68, 279, 283
TRIPs …………………………………… 130
U.S. GAAP ……………………………… 209
UK法 …………………………………… 68, 281
WTO …………………………………… 130, 277

## あ　行

アクション・プログラム ……………… 79
アセスメント …………………………… 42
アファーマティブ・アクション ……… 80
アルジェリア人質事件 ………………… 20
安全配慮義務 …………………………… 15, 16
域外適用 ………………………………… 95, 100
イスラム原理主義 ……………………… 88
委託契約 ……………………… 41, 98, 103, 104
移転価格 ……………… 23, 73, 177, 181, 182
移転価格税制 ……… 142, 171, 172, 171-179
移転価格ポリシー ……………………… 180
移転価格問題 ……… 167, 170, 179, 204, 240
委任契約 ………………………………… 200
イラン・イラク戦争 …………………… 21

イラン革命 ………………………………21
「ウクライナ侵攻」……5, 227, 278, 279
裏金 ………………………100, 240, 241
営業秘密 ……………………………125
エージェント ……98, 102, 103, 104, 106

### か 行

改革・開放路線 ………………8, 86, 140
会計監査人 ……………196, 209, 224
会計処理条項 ………………………100
会計不正 ………31, 41, 62, 77, 226
外国為替及び外国貿易法 ……157, 240
海賊版書籍・CD ……………………123
外部監査人 ……………………42, 195
ガバナンス ………………………………
　3-5, 28, 41-45, 47, 48, 50, 52, 53, 184, 185, 274
ガバナンス体制 ………………………
　42, 47-49, 119, 165, 182, 184, 185, 197, 275
株主代表訴訟 …………………………51
カルテル ………42, 111-117, 119, 120
監査等委員会設置会社 ……………195
監査報告書 ……………236, 240, 245
監査役員（会）………………………73
監査役監査基準 ……………………220
監視義務 ……………………………222
関連当事者間の取引 ………………168
企業集団内部統制 ………5, 9, 17, 25, 41, 44, 45, 53, 56, 67, 167, 184, 226, 229-231
企業風土 …………………4, 48, 242
技術流出防止 ………………………125
共同研究開発 ………………………120
記録化・文書化 ……………………213
金融商品取引法 …………………57, 59
クッキー ……………………………13
クーデター ………………17, 276, 282
クラスアクション ……50, 51, 80, 117, 187, 282
グローバルサプライチェーン …………14
グローバル人材 …………………10, 11
グローバル訴訟マネジメント …………128

クロスボーダーM&A ……64, 158, 159, 223
経営判断原則 ………………………223
ケイレツ …………………………144, 145
「ケイレツ」取引 ……………………144
現代奴隷法 …………………………146
現地法コンプライアンス体制 …………79
現地法人化 ……………………………18
公正取引委員会 ……116, 117, 119
合弁 ………19, 21, 26, 125, 157
公民権法 …………………………23, 78
コーポレートガバナンス …169, 170, 220, 239
子会社調査権 ……………………73, 189
国営企業 ………………………………94
国際会計基準 ………………………209
国際カルテル ……110, 116, 119, 121
国際ライセンス契約 ………………125
国際連合条約 …………………………68
国有企業 ………………………………94
国連腐敗防止条約 ……………………91
雇用機会均等委員会 ………………138
雇用差別 ……………………………137
雇用差別禁止法 ……………78, 80, 187
雇用差別訴訟 …………………………51
コロナ禍パンデミック ……207, 227, 281
コンサルタント ………………16, 102
コンソーシアム ………………19, 21
コンプライアンス・オフィサー ………
　27, 52, 184, 203
コンプライアンス・プログラム …………80
コンプライアンス・マニュアル …………
　92, 95, 232, 239
コンプライアンス意識 ……74, 91, 241, 242
コンプライアンス基本方針 ……77, 91, 239
コンプライアンス体制 ………………
　4, 27, 44, 47, 52, 63, 67, 72-75, 77-79, 93, 96, 100-102, 104, 116, 123, 138-140, 143, 165, 187, 203, 226, 240, 241

### さ 行

再委託 ………………………………41

再発防止策 ………………………… 243
財務報告に係る内部統制 ………… 243
差止め・仮処分 …………………… 132
差止措置による救済 ……………… 127
差止措置容認条項 ………………… 127
サステナビリティ ………… 227, 228
サプライチェーン … 6, 85, 145-148, 180, 182
サプライチェーン透明化法 ……… 146
三様監査 ……… 53, 193, 195, 196
事業報告 …………… 60, 226, 230
実質支配力基準 …………………… 56
支店 …………………………… 16, 118
支配力基準 ……… 9, 41, 225, 229
司法省 …… 110, 112, 113, 116, 117
シャーマン法1条 ……… 110, 112
社外監査役 ……………… 219, 224
社会主義市場経済 ………………… 86
集団訴訟 …………… 78, 80, 117
主要株主間契約 …………………… 45
四様監査 …………………………… 196
商業賄賂 …………………………… 94
証券取引所法 ……………………… 101
情報流出防止 ……………… 20, 125
職務発明 …………………………… 130
人事労務トラブル ………………… 25
ステークホルダー ………………
　　44, 48, 63, 167-170, 177, 187, 223, 278, 282
スチュワードシップ・コード ……… 63, 64
製造物責任（PL）………………… 24
セグメント情報 …………………… 219
善管注意義務（善良な管理者の注意義務）…
　　25, 58, 59, 62, 123
租税条約 …………………… 157, 173
租税法律主義 ……………………… 72
損失引当金 ………………… 29, 245

**た 行**

多国籍企業 ………………………… 165
タックスヘイブン …… 27, 32, 171-174
タックスヘイブン・コーポレーション ……

　　　　　　　　　　　　　 171, 176
談合 ………………………………… 119
ダンピング ………………………… 23
地域統括会社 ……… 159, 205, 231
地域ハブ …… 8, 28, 48, 76, 77, 163, 165, 205
地政学リスク ………… 5, 279, 283
チーフ・クオリティ・オフィサー ……… 51
チーフ・コンプライアンス・オフィサー …
　　27, 75, 178, 203
チェンジ・オブ・コントロール ……… 159
チャイナプラスワン ………… 86, 278
チャイナリスク …………………… 18
中国独禁法 ……………… 114, 115
駐在員事務所 ……………… 16, 118
ディスカバリー …………………… 52
ディスクロージャー ……… 225, 281
ディストレスM&A ……………… 156
適法性監査 ………………………… 224
撤退 … 25, 88, 142, 143, 163, 169, 278, 282
データガバナンス ………… 11, 14, 53
データサプライチェーン ………… 151
データセキュリティ ……………… 11
デッドロック条項 ………………… 26
デューデリジェンス ………………
　　102, 106, 120, 148, 155, 159
テロ ………………………………… 17
テロ対策 …………………………… 16
天安門事件 ………………………… 25
同時文書化 ……………… 178, 179
独立企業間価格 …………… 172, 178
独立第三者監査 …………………… 148
ドッド・フランク法 ……… 147, 148
飛ばし … 30, 41, 61, 77, 118, 167, 179, 226
奴隷労働 …………………………… 146

**な 行**

内部監査部門 …31, 42, 53, 185, 186, 193-199,
　　　　　　　　　　　 201, 205, 227
内部告発 …………………………… 26
内部通報システム・制度 …… 44, 76, 231, 242

内部統制監査 ……………………… 186, 220
内部統制システム ……… 44, 74, 220, 230
内部統制報告書 ……… 61, 235, 242, 243
内乱 ………………………………… 17, 21
ナショナルスタッフ（NS）………………
　　　　　　　　 23, 50, 137, 142, 269
二重課税 ………………… 73, 172, 179
偽ブランド商品 ………………………… 123
日本人会 …………………… 118, 119
ニューヨーク証券取引所 ………………… 57
のれん ……………………… 29, 30, 211

**は 行**

買収監査 …………………… 102, 155
パスポート制度 ……………………… 69
反スパイ法 ……………………… 143
反トラスト法 ……… 96, 111, 120
反日デモ ……………………… 25
販売代理店契約 ……………………… 23
「非通例的」取引 ……………………… 204
ファシリテーション・ペイメント …………
　　　　　　　 90, 103, 104, 106
ファンド ……………… 31, 59, 61
フォルクスワーゲン ……………………… 7
不可抗力条項 ……………………… 21
不正競争防止法 ……… 90, 95, 107
不買運動 ……………………… 25
プライバリー・アクト …… 93, 94, 96, 97, 103
ブランド価値 ……………………… 30
粉飾決算 ……… 31, 57, 61, 226
紛争鉱物 ……………………… 147
米国会計基準 ……………………… 30
ペーパーカンパニー ……… 171, 172
ヘルプライン …………………………

…… 31, 39, 76, 97, 116, 203, 255, 274
法人格否認の法理 ……………… 8, 58, 62
ホールディング・カンパニー ……… 235
ポジティブ・アクション ……………… 79
ポストマージャー問題 …… 155, 158, 159
ホットライン ……………………… 76

**ま 行**

マドリッド協定議定書 ……………… 132
みなし公務員 ……………………… 95
無限（連帯）責任 ……………………… 8
持株会社 ……………… 9, 48, 60, 205
モニタリング …… 105, 215, 222, 237, 242

**や 行**

役員兼任 ……………………… 27, 118
有限責任原則 ……… 7, 56, 186, 277

**ら 行**

利益相反管理 ……………………… 187
リコール ……………… 7, 24, 35, 50
リスク管理規程 ……………………… 230
リスクコントロール ……………………… 5
リスクベースアプローチ ……………… 5
リニエンシー制度 … 111, 114-117
リベート ……………… 103, 241
量刑ガイドライン ……………………… 112
レピュテーションリスク …… 6, 12, 138, 187
リーマンショック ……………………… 85
連結子会社 ……………… 181, 243
連結財務諸表 ……… 210, 215, 218
連結外し ……………………… 61
ローカルパートナー ………… 17, 19, 20

〈著者略歴〉

長谷川　俊明（はせがわ　としあき）

1973年早稲田大学法学部卒業。1977年弁護士登録。1978年米国ワシントン大学法学修士課程修了（比較法学）。元国土交通省航空局総合評価委員会委員，元司法試験考査委員（商法）。現在，渉外弁護士として，企業法務と共に国際金融取引や国際訴訟を扱う傍ら，企業の社外役員を務める。長谷川俊明法律事務所代表。

**主な著書**：『海外進出の法律実務』『国際ビジネス判例の見方と活用』『海外子会社の契約書管理』『アクティビスト対応の株主総会準備』『英文契約一般条項の基本原則』『新しい取締役会の運営と経営判断原則（第2版）』『データ取引契約の基本と書式』『個人情報保護・管理の基本と書式（第2版）』『サプライチェーン契約の基本と書式』（以上，中央経済社），『株主代表訴訟対応マニュアル100カ条』『訴訟社会』（訳書）（以上，保険毎日新聞社），『ビジネス法律英語入門』『リスクマネジメントの法律知識』（以上，日経文庫），『紛争処理法務』『国際法務』（以上，税務経理協会），『実践　個人情報保護対策Ｑ＆Ａ』『マイナンバー時代の身近なコンプライアンス』『国際商事法の事件簿』（以上，経済法令），『個人情報保護法と企業の安全管理態勢』（金融財政事情研究会），『ローダス21最新法律英語辞典』（東京堂出版），『改訂版　条項対訳英文契約リーディング』『改訂版　法律英語の用法・用語』『改訂版　法律英語と紛争処理』『法律英語とガバナンス』（以上，第一法規）ほか。

## 海外子会社のリスク管理と監査実務（第3版）

2017年 3月 1日　第1版第1刷発行
2019年 1月30日　第1版第5刷発行
2020年 3月 1日　第2版第1刷発行
2022年 9月20日　第2版第2刷発行
2023年10月15日　第3版第1刷発行

著　者　　長谷川　俊明
発行者　　山　本　　継
発行所　　㈱中央経済社
発売元　　㈱中央経済グループ
　　　　　パブリッシング

〒101-0051　東京都千代田区神田神保町1-35
電話 03（3293）3371（編集代表）
　　 03（3293）3381（営業代表）
https://www.chuokeizai.co.jp
印刷／東光整版印刷㈱
製本／㈲井上製本所

ⓒ Hasegawa Toshiaki 2023
Printed in Japan

JN059513